DIREITO
PENAL

O GEN | Grupo Editorial Nacional – maior plataforma editorial brasileira no segmento científico, técnico e profissional – publica conteúdos nas áreas de concursos, ciências jurídicas, humanas, exatas, da saúde e sociais aplicadas, além de prover serviços direcionados à educação continuada.

As editoras que integram o GEN, das mais respeitadas no mercado editorial, construíram catálogos inigualáveis, com obras decisivas para a formação acadêmica e o aperfeiçoamento de várias gerações de profissionais e estudantes, tendo se tornado sinônimo de qualidade e seriedade.

A missão do GEN e dos núcleos de conteúdo que o compõem é prover a melhor informação científica e distribuí-la de maneira flexível e conveniente, a preços justos, gerando benefícios e servindo a autores, docentes, livreiros, funcionários, colaboradores e acionistas.

Nosso comportamento ético incondicional e nossa responsabilidade social e ambiental são reforçados pela natureza educacional de nossa atividade e dão sustentabilidade ao crescimento contínuo e à rentabilidade do grupo.

Exame nacional da
Magistratura ENAM

DIREITO PENAL

2ª edição revista e atualizada

CLEBER MASSON

■ O autor deste livro e a editora empenharam seus melhores esforços para assegurar que as informações e os procedimentos apresentados no texto estejam em acordo com os padrões aceitos à época da publicação, e todos os dados foram atualizados pelo autor até a data de fechamento do livro. Entretanto, tendo em conta a evolução das ciências, as atualizações legislativas, as mudanças regulamentares governamentais e o constante fluxo de novas informações sobre os temas que constam do livro, recomendamos enfaticamente que os leitores consultem sempre outras fontes fidedignas, de modo a se certificarem de que as informações contidas no texto estão corretas e de que não houve alterações nas recomendações ou na legislação regulamentadora.

■ Fechamento desta edição: 28.06.2024

■ O Autor e a editora se empenharam para citar adequadamente e dar o devido crédito a todos os detentores de direitos autorais de qualquer material utilizado neste livro, dispondo-se a possíveis acertos posteriores caso, inadvertida e involuntariamente, a identificação de algum deles tenha sido omitida.

■ **Atendimento ao cliente:** (11) 5080-0751 | faleconosco@grupogen.com.br

■ Direitos exclusivos para a língua portuguesa
Copyright © 2024 *by*
Editora Forense Ltda.
Uma editora integrante do GEN | Grupo Editorial Nacional
Travessa do Ouvidor, 11 – Térreo e 6º andar
Rio de Janeiro – RJ – 20040-040
www.grupogen.com.br

■ Reservados todos os direitos. É proibida a duplicação ou reprodução deste volume, no todo ou em parte, em quaisquer formas ou por quaisquer meios (eletrônico, mecânico, gravação, fotocópia, distribuição pela Internet ou outros), sem permissão, por escrito, da Editora Forense Ltda.

■ Capa: Carla Lemos

■ **CIP-BRASIL. CATALOGAÇÃO NA PUBLICAÇÃO**
SINDICATO NACIONAL DOS EDITORES DE LIVROS, RJ

M372d
2. ed.

Masson, Cleber, 1976-
    Direito penal / [autor e organizador da coleção] Cleber Masson. - 2. ed. – [2. Reimp]. – Rio de Janeiro : Método, 2025.
    240 p. ; 23 cm.   (Exame Nacional da Magistratura - ENAM)

    Inclui bibliografia
    material suplementar
    ISBN 978-85-3099-535-5

    1. Direito penal - Brasil. 2. Serviço público - Brasil - Concursos. I. Título. II. Série.

24-92593

CDU: 343.2(81)

Gabriela Faray Ferreira Lopes - Bibliotecária - CRB-7/6643

Apresentação

O Exame Nacional da Magistratura (ENAM) foi criado pela Resolução n. 531, editada pelo Conselho Nacional de Justiça (CNJ) no dia 14 de novembro de 2023.

Suas finalidades consistem em *(a)* instituir habilitação nacional como pré-requisito para inscrição nos concursos da magistratura, de modo a garantir um processo seletivo idôneo e com um mínimo de uniformidade; *(b)* fazer com que o processo seletivo valorize o raciocínio, a resolução de problemas e a vocação para a magistratura, mais do que a mera memorização de conteúdos; e *(c)* democratizar o acesso à carreira da magistratura, tornando-a mais diversa e representativa.

Trata-se de exame eliminatório (e não classificatório), cuja aprovação é imprescindível à inscrição preliminar em concursos de todas as carreiras da magistratura. Não há necessidade de superar as notas de relevante parcela dos demais candidatos. Basta alcançar a pontuação mínima exigida, a saber, 70% para a ampla concorrência, ou 50%, no caso de candidatos autodeclarados negros ou indígenas.

A prova, de caráter objetivo, abrange as seguintes disciplinas: Direito Administrativo, Direito Civil, Direito Constitucional, Direito Empresarial, Direito Penal, Direito Processual Civil, Direitos Humanos e Noções Gerais de Direito e Formação Humanística.

Na condição de coordenador da presente coleção, escolhemos professores qualificados, com indiscutível experiência na preparação para provas e concursos públicos. Bruno Betti Costa, Monica Queiroz, Rafael de Oliveira Costa, Alexandre Gialluca, Alexandre Freitas Câmara, Marcelo Ribeiro, Valerio Mazzuoli e Alvaro de Azevedo Gonzaga são expoentes da docência, reconhecidos por toda a comunidade jurídica.

Os livros que integram esta coletânea visam à preparação objetiva e completa para o ENAM, fornecendo as informações necessárias para a sua aprovação, inclusive com a utilização de recursos didáticos diferenciados, consistentes em quadros e gráficos repletos de conteúdo.

Além disso, as obras não se esgotam nos textos impressos. Você, leitora ou leitor, tem acesso ao Ambiente Virtual de Aprendizagem (AVA), dotado de materiais complementares, questões para treino e aperfeiçoamento do aprendizado, bem como de vídeos com dicas dos autores.

Bons estudos e muito sucesso nessa jornada. Conte conosco!

Cleber Masson
Promotor de Justiça em São Paulo. Doutor e Mestre em Direito Penal pela Pontifícia Universidade Católica de São Paulo (PUC-SP). Professor de Direito Penal no Curso G7 Jurídico. Palestrante e conferencista em todo o Brasil.

Sumário

CAPÍTULO 1 – FUNÇÕES DO DIREITO PENAL 1
   1. Finalidades 1
   2. Teoria constitucionalista do delito 2
   3. Funcionalismo e imputação objetiva no Direito Penal 2
      3.1. Funcionalismo 2
      3.2. Teoria da imputação objetiva 4
   4. Teoria do garantismo penal 4

CAPÍTULO 2 – PRINCÍPIOS DO DIREITO PENAL 9
   1. Conceito 9
   2. Princípios em espécie 9
      2.1. Princípio da reserva legal ou da estrita legalidade 9
      2.2. Princípio da anterioridade 10
      2.3. Princípio da insignificância ou da criminalidade de bagatela ... 11
      2.4. Princípio da individualização da pena 15
      2.5. Princípio da alteridade 15
      2.6. Princípio da confiança 16
      2.7. Princípio da adequação social 16
      2.8. Princípio da intervenção mínima 16
      2.9. Princípio da proporcionalidade 17

2.10. Princípio da humanidade... 18
2.11. Princípio da ofensividade ou da lesividade........................... 18
2.12. Princípio da exclusiva proteção do bem jurídico 19
2.13. Princípio da imputação pessoal 19
2.14. Princípio da responsabilidade pelo fato 19
2.15. Princípio da personalidade ou da intranscendência 20
2.16. Princípio da responsabilidade penal subjetiva...................... 20
2.17. Princípio do *ne bis in idem*... 20
2.18. Princípio da isonomia.. 21

CAPÍTULO 3 – TEMPO DO CRIME... 25
1. Tempo do crime.. 25
2. Lei penal no tempo... 26
   2.1. Direito Penal intertemporal e o conflito de leis penais no tempo.. 26
   2.2. Lei penal temporária e lei penal excepcional 29
   2.3. As leis penais em branco e o conflito de leis no tempo 30
3. Lei penal no espaço... 31

CAPÍTULO 4 – DO CRIME.. 37
1. Do crime... 37
   1.1. Sujeitos do crime 39
   1.2. Objeto do crime... 41
2. Relação de causalidade 41
   2.1. Concausas.. 44
   2.2. Relevância da omissão... 46
3. Culpabilidade e exculpantes.. 48
   3.1. Culpabilidade.. 48
   3.2. Exculpantes ou dirimentes 53
4. Crime consumado.. 53
5. Crime tentado.. 54
6. Crime impossível... 58
7. Crimes de dano e de perigo.. 62
8. Desistência voluntária e arrependimento eficaz......................... 63
   8.1. Desistência voluntária.. 64
   8.2. Arrependimento eficaz 65

9. Arrependimento posterior	67
10. Do crime doloso, culposo e preterdoloso	69
10.1. Crime doloso	69
10.1.1. Espécies de dolo	70
10.2. Crime culposo	75
10.3. Crime preterdoloso	77

CAPÍTULO 5 – TIPICIDADE ... 85

1. Conceito	85
2. Evolução doutrinária	85
3. Teoria dos elementos negativos do tipo	87
4. Teoria da tipicidade conglobante	87
5. Adequação típica: conceito e espécies	87

CAPÍTULO 6 – ERRO DO TIPO ... 91

1. Erro de tipo	91
1.1. Descriminantes putativas	93
1.2. Erro de tipo acidental	95
2. Erro de proibição	99
3. Coação moral irresistível e obediência hierárquica	102
3.1. Coação moral irresistível	102
3.2. Obediência hierárquica	104
4. Causas de exclusão da ilicitude	105
5. imputabilidade penal	110
5.1. Imputabilidade diminuída ou restrita	114
5.2. A teoria da *actio libera in causa*	116

CAPÍTULO 7 – CONCURSO DE PESSOAS ... 123

1. Concurso de pessoas	123
1.1. Autoria	124
1.2. Punibilidade no concurso de pessoas	127
1.3. Coautoria	128
1.4. Participação	133
1.5. Circunstâncias incomunicáveis: o art. 30 do Código Penal	138
1.6. Concurso de pessoas e crimes de autoria coletiva	142
1.7. Concurso de pessoas e crimes culposos	143

CAPÍTULO 8 – CONCURSO DE CRIMES 147
1. Concurso de crimes 147
   1.1. Concurso material 147
   1.2. Concurso formal 149
   1.3. Crime continuado 150

CAPÍTULO 9 – DAS PENAS 157
1. Espécies 157
2. Cominação 166
3. Aplicação 167
4. Da suspensão condicional da pena 173
   4.1. Requisitos da suspensão condicional da execução da pena... 174
   4.2. Espécies de *sursis* 175
   4.3. Revogação 177
   4.4. Cassação do *sursis* 179
   4.5. Prorrogação do período de prova 180
   4.6. Extinção da pena 181
5. Do livramento condicional 181
   5.1. Requisitos para concessão do livramento condicional 182
   5.2. Revogação do livramento condicional 186
   5.3. Suspensão do livramento condicional 187
   5.4. Prorrogação do período de prova 188
   5.5. Extinção da pena 189
6. Efeitos da condenação e reabilitação 189
   6.1. Efeitos da condenação 189
   6.2. Reabilitação 192
7. Medidas de segurança 196
8. Extinção da punibilidade 202
   8.1. Causas da extinção da punibilidade 204

Para otimizar ainda mais seus estudos, consulte o Ambiente Virtual desta coleção com **Dicas, Gabarito do exame anterior, questões para treino, videoaulas, artigos** e conteúdos extras. Instruções de acesso na orelha da capa.

Capítulo 1

Funções do Direito Penal

1. FINALIDADES

O Direito Penal é um importante **instrumento para a convivência dos homens em sociedade.** Mas não é só, possui, atualmente, diversas funções, dentre as quais destacam-se:

1) **Direito Penal como proteção de bens jurídicos**: o Direito Penal tem como função a **proteção de bens jurídicos**, de modo que apenas valores ou interesses **mais relevantes** são erigidos à categoria de bens jurídicos penais, em face do caráter fragmentário e da subsidiariedade do Direito Penal. A proteção de bens jurídicos é a **missão precípua**, que **fundamenta e confere legitimidade** ao Direito Penal.

2) **Direito Penal como instrumento de controle social**: ao Direito Penal é também reservado o controle social ou a preservação da paz pública, compreendida como a ordem que deve existir em determinada coletividade.

3) **Direito Penal como garantia**: o Direito Penal tem a função de garantia, funcionando como um **escudo** aos cidadãos, uma vez que só pode haver punição caso sejam praticados os fatos expressamente previstos em lei como infração penal.

4) **Função ético-social do Direito Penal**: o Direito Penal desempenha a **função "educativa"** em relação aos cidadãos, fomentando valores ético-sociais, mesmo no tocante a bens que ainda não tenham sido assumidos pela sociedade como fundamentais. Busca-se um **efeito moralizador**, almejando assegurar um "mínimo ético" que deve reinar em toda a comunidade.

5) **Função simbólica do Direito Penal**: a função simbólica do Direito Penal produz efeitos apenas na mente dos: (i) **governantes**, ao acarretar a sensação de terem feito algo para a proteção da paz pública; e (ii) **cidadãos**, ao ser proporcionada a falsa impressão de que o problema da criminalidade se encontra sob o controle das autoridades, buscando transmitir à opinião pública a impressão tranquilizadora de um legislador atento e decidido. Manifesta-se, comumente, no **direito penal do terror**, que se verifica com a **inflação legislativa (Direito Penal de emergência)**, criando-se exageradamente figuras penais desnecessárias, ou então com o aumento

desproporcional e injustificado das penas para os casos pontuais (**hipertrofia do Direito Penal**).

6) **Função motivadora do Direito Penal**: o Direito Penal motiva os indivíduos a não violarem suas normas, mediante a **ameaça de imposição cogente de sanção** na hipótese de ser lesado ou colocado em perigo determinado bem jurídico.

7) **Função de redução da violência estatal**: o Direito Penal moderno possui a finalidade de **reduzir ao mínimo a própria violência estatal**, já que a imposição de pena, embora legítima, representa sempre uma agressão aos cidadãos. Destarte, deve-se buscar de forma constante a incriminação de condutas somente nos casos estritamente necessários, em homenagem ao direito constitucional à liberdade.

8) **Função promocional do Direito Penal**: o Direito Penal não deve se preocupar em manter os valores da sociedade em que se insere. Ao revés, destina-se a atuar como **instrumento de transformação social**, auxiliando a dinamizar a ordem social e promovendo as mudanças estruturais necessárias para a evolução da comunidade.

2. TEORIA CONSTITUCIONALISTA DO DELITO

De acordo com a **teoria constitucionalista do delito**, a definição de condutas criminosas é válida apenas quando alberga valores constitucionalmente consagrados. As regras e princípios constitucionais são os **parâmetros de legitimidade** das leis penais e delimitam o **âmbito de sua aplicação**.

Dessa forma, qualquer lei, penal ou não, elaborada ou aplicada em descompasso com o texto constitucional, não goza de validade. Exemplo: o art. 5.º, XLVII, *a*, da Constituição Federal proíbe, em situação de normalidade, a pena de morte. Consequentemente, o Direito Penal não pode criar ou impor a pena capital, seja por apelo da população, seja a pedido do próprio condenado.

O Direito Penal desempenha **função complementar** das normas constitucionais. Destarte, a tipificação penal do homicídio tem o propósito de resguardar o direito constitucional à vida, o crime de calúnia protege a honra, e assim por diante.

3. FUNCIONALISMO E IMPUTAÇÃO OBJETIVA NO DIREITO PENAL

3.1. Funcionalismo

O funcionalismo, também chamado de **pós-finalismo**, iniciou-se na Alemanha, a partir dos anos 1970, com o intuito de submeter a dogmática penal aos fins específicos do Direito Penal. Pretendia-se abandonar o tecnicismo jurídico no enfoque da adequação típica, possibilitando ao tipo penal desempenhar sua efetiva função de mantenedor da paz social e aplicador da política criminal.

O funcionalismo penal questiona a validade do conceito de conduta desenvolvido pelos sistemas clássico e finalista. E, ao conceber o Direito como regulador da sociedade, delimita o âmbito das expectativas normativas de conduta, vinculando-se à **teoria da imputação objetiva**.

Busca-se o desempenho pelo Direito Penal de sua tarefa primordial, qual seja, possibilitar o adequado funcionamento da sociedade. Isso é mais importante do que seguir à risca a letra fria da lei, sem desconsiderá-la totalmente, sob pena de autorizar o arbítrio da atuação jurisdicional.

Essa mitigação do texto legal encontra limites e, neste ponto, o funcionalismo apresenta duas concepções:

1) **Funcionalismo moderado, dualista ou de política criminal** - Claus Roxin (Escola de Munique): Roxin preocupa-se com os fins do Direito Penal, priorizando valores e princípios garantistas, por meio da proteção de bens jurídicos indispensáveis ao desenvolvimento do indivíduo e da sociedade e do respeito aos limites impostos pelo ordenamento jurídico. Claus Roxin[1] elaborou sua teoria, calcada na política criminal, vinculando aos elementos do delito, individualmente, diversos valores predominantes:

   a) Para a **tipicidade** associa-se a determinação da lei penal em conformidade com o princípio da reserva legal, refletindo no redescobrimento e dotação funcional da **teoria da imputação objetiva** no marco da tipicidade, pois, enquanto para as doutrinas clássica, neoclássica e finalista os problemas de relação nos delitos de resultado entre este e a ação se reduziriam, na maioria dos casos, a uma questão de relação de causalidade, a nova tendência utiliza como critério decisivo de imputação do resultado no tipo objetivo a regra em virtude da qual se examina a criação, por meio da ação, de um risco não permitido dentro do fim de proteção da norma.

   b) Para a **ilicitude** se assinala o âmbito de soluções sociais dos conflitos. Roxin concebe a ilicitude como uma espécie de elemento negativo do tipo.

   c) Para a **culpabilidade** associa-se a necessidade de pena com uma finalidade predominantemente preventiva.

   Claus Roxin privilegia um **conceito bipartido do delito**, em que se consideram seus elementos fundamentais dois juízos de valor: o **injusto penal** (fato típico + ilicitude) e a **responsabilidade**, que inclui a culpabilidade.

2) **Funcionalismo radical, monista ou sistêmico** - Günther Jakobs (Escola de Bonn): Jakobs se satisfaz com os fins da pena, que seria a reafirmação da autoridade do Direito, a qual não encontra limites externos, mas somente internos. Os dois pilares

---

1 ROXIN, Claus. *Política criminal e sistema jurídico-penal*. Trad. Luís Greco. Rio de Janeiro: Renovar, 2002. p. 32 e ss.

básicos de sua perspectiva normativista estão constituídos pela função preventiva geral positiva atribuída à pena e pelas normas jurídico-penais como objeto de proteção, devendo o sujeito ser eficazmente punido ao descumprir a sua função na sociedade. Destarte, a função do Direito Penal é aplicar o comando contido na norma penal, pois somente sua reiterada incidência lhe confere o merecido respeito. Como consectário de seu funcionalismo sistêmico, Günther Jakobs desenvolveu a **teoria do direito penal do inimigo**.

3.2. Teoria da imputação objetiva

Para os adeptos da teoria da imputação objetiva, o sistema finalista, ao limitar o tipo objetivo à relação de causalidade, de acordo com a teoria da equivalência dos antecedentes, não resolve todos os problemas inerentes à imputação. Assim, para resolver os casos sem solução possível pelo sistema finalista, a teoria da imputação objetiva insere duas novas **elementares** no tipo objetivo, que deixa de ser só causalidade, e passa a ser: a **causalidade**, a **criação de um risco proibido** e a **realização de risco no resultado**.

A proposta dos defensores da teoria da imputação objetiva é a inclusão de novas elementares no tipo objetivo, criando-se o conceito de **causalidade normativa**, em oposição à causalidade natural presente na teoria finalista.

Claus Roxin visa, com o desenvolvimento da teoria, determinar um **critério de imputação capaz de concretizar a finalidade da norma penal**. Para ele, um resultado só deve ser imputado como sua obra e preenche o tipo objetivo unicamente quando: (1) o comportamento do autor cria um risco não permitido para o objeto da ação; (2) o risco se realiza no resultado concreto; e (3) este resultado se encontra dentro do alcance do tipo (ROXIN, Claus[2]).

Günther Jakobs acrescenta ao conceito de imputação o elemento da **imputação objetiva do comportamento**. Entende pela ausência de imputação em quatro hipóteses: (1) risco permitido, (2) princípio da confiança, (3) proibição do regresso e (4) competência ou capacidade da vítima. Sustenta, ainda, a permanência da causalidade natural na aferição da responsabilidade criminal, funcionando a imputação como critério de restrição do nexo causal.

4. TEORIA DO GARANTISMO PENAL

A doutrina do garantismo penal, cujo principal entusiasta foi **Luigi Ferrajoli**, corresponde a um modelo destinado a contribuir com a moderna crise que assola os sistemas penais, desde o nascedouro da lei até o final do cumprimento da sanção penal, atingindo inclusive particularidades inerentes ao acusado depois da execução penal.

---

2 ROXIN, Claus. *Estudos de direito penal*. Trad. Luís Greco. Rio de Janeiro: Renovar, 2006. p. 104.

Cap. 1 – Funções do Direito Penal

Engloba, assim, diversas fases: a criação da lei penal, com eleição dos bens jurídicos tutelados, validade das normas e princípios do direito e do processo penal, o respeito pelas regras e garantias inerentes à atividade jurisdicional, a regular função dos sujeitos processuais, as peculiaridades da execução penal etc.

> **Importante**
>
> Ferrajoli assenta seu sistema garantista (também chamado de **cognitivo** ou **de legalidade estrita**) em dez axiomas ou princípios axiológicos fundamentais, que compõem um **modelo-limite** (FERRAJOLI, Luigi[3]), a saber:
>
> 1) *Nulla poena sine crimine*: princípio da retributividade ou da consequencialidade da pena em relação ao delito;
> 2) *Nullum crimen sine lege*: princípio da reserva legal;
> 3) *Nulla lex (poenalis) sine necessitate*: princípio da necessidade ou da economia do direito penal;
> 4) *Nulla necessitas sine injuria*: princípio da lesividade ou da ofensividade do resultado;
> 5) *Nulla injuria sine actione*: princípio da materialidade ou da exterioridade da ação;
> 6) *Nulla actio sine culpa*: princípio da culpabilidade ou da responsabilidade pessoal;
> 7) *Nulla culpa sine judicio*: princípio da jurisdicionalidade;
> 8) *Nullum judicium sine accusatione*: princípio acusatório ou da separação entre juiz e acusação;
> 9) *Nulla accusatio sine probatione*: princípio do ônus da prova ou da verificação; e
> 10) *Nulla probatio sine defensione*: princípio do contraditório ou da defesa, ou da falseabilidade.

> **Atenção**
>
> A doutrina moderna divide o garantismo penal em:
> - Monocular: preocupa-se unicamente com os interesses do acusado. Em situações extremas, caracterizadas pelo favorecimento exagerado aos anseios do agente, é rotulado como **hiperbólico monocular**.
> - Binocular (ou integral): volta sua atenção igualmente às pretensões do acusado e da sociedade.

---

3 FERRAJOLI, Luigi. *Direito e razão*: teoria do garantismo penal. Trad. Ana Paula Zomer Sica, Fauzi Hassan Choukr, Juarez Tavares e Luiz Flávio Gomes. 2. ed. São Paulo: RT, 2006. p. 91.

EM RESUMO:

Finalidades do Direito Penal	1) Direito Penal como proteção de bens jurídicos; 2) Direito Penal como instrumento de controle social; 3) Direito Penal como garantia; 4) função ético-social do Direito Penal; 5) função simbólica do Direito Penal; 6) função motivadora do Direito Penal; 7) função de redução da violência estatal; 8) função promocional do Direito Penal.
Teoria constitucionalista do delito	De acordo com a teoria constitucionalista do delito, a definição de condutas criminosas é válida apenas quando alberga valores constitucionalmente consagrados. As regras e princípios constitucionais são os **parâmetros de legitimidade** das leis penais e delimitam o **âmbito de sua aplicação**.
Funcionalismo e imputação objetiva no Direito Penal	O funcionalismo penal busca abandonar o tecnicismo jurídico no enfoque da adequação típica, possibilitando ao tipo penal desempenhar sua efetiva função de mantenedor da paz social e aplicador da política criminal. Além disso, questiona a validade do conceito de conduta desenvolvido pelos sistemas clássico e finalista. E, ao conceber o Direito como regulador da sociedade, delimita o âmbito das expectativas normativas de conduta, vinculando-se à **teoria da imputação objetiva**. Apresenta duas concepções: 1) **Funcionalismo moderado, dualista ou de política criminal** - Claus Roxin (Escola de Munique): Roxin preocupa-se com os fins do Direito Penal, priorizando valores e princípios garantistas, por meio da proteção de bens jurídicos indispensáveis ao desenvolvimento do indivíduo e da sociedade e do respeito aos limites impostos pelo ordenamento jurídico; 2) **Funcionalismo radical, monista ou sistêmico** - Günther Jakobs (Escola de Bonn): Jakobs se satisfaz com os fins da pena, que seria a reafirmação da autoridade do Direito, a qual não encontra limites externos, mas somente internos. Pilares básicos de sua perspectiva normativista: função preventiva geral positiva atribuída à pena e normas jurídico-penais como objeto de proteção, devendo o sujeito ser eficazmente punido ao descumprir a sua função na sociedade.

Teoria do Garantismo Penal	Trata-se de um modelo destinado a contribuir com a moderna crise que assola os sistemas penais, englobando diversas fases: criação da lei penal, com eleição dos bens jurídicos tutelados, validade das normas e princípios do direito e do processo penal, o respeito pelas regras e garantias inerentes à atividade jurisdicional, a regular função dos sujeitos processuais, as peculiaridades da execução penal etc. A doutrina moderna divide o garantismo penal em monocular (volta a atenção aos interesses do acusado) e binocular (volta a atenção igualmente às pretensões do acusado e da sociedade).

Capítulo 2

Princípios do Direito Penal

1. CONCEITO

Princípios são os **valores fundamentais** que inspiram a criação e a manutenção do sistema jurídico. Eles têm a função de **orientar o legislador ordinário**, e também o aplicador do Direito Penal, no intuito de limitar o poder punitivo estatal mediante a imposição de garantias aos cidadãos.

A quantidade e a denominação dos princípios penais variam entre os doutrinadores. Vejamos os principais.

2. PRINCÍPIOS EM ESPÉCIE

2.1. Princípio da reserva legal ou da estrita legalidade

Encontra-se previsto no art. 5.º, XXXIX, da Constituição Federal, bem como no art. 1.º do Código Penal, tratando-se de **cláusula pétrea**.

Preceitua, basicamente, a **exclusividade da lei** para a criação de delitos (e contravenções penais) e cominação das respectivas penas. De fato, não há crime sem lei que o defina, nem pena sem cominação legal (*nullum crimen nulla poena sine lege*).

No Brasil, os crimes (e também as contravenções penais) são instituídos por leis ordinárias. Em tese, nada impede o desempenho dessa função pela lei complementar, no entanto, a Constituição Federal indica expressamente as hipóteses de cabimento de tal espécie legislativa, entre as quais não se encaixam a criação de crimes e a cominação de penas.

É vedada a edição de medidas provisórias sobre matéria relativa a Direito Penal (CF, art. 62, § 1.º, I, alínea *b*), seja ela prejudicial ou mesmo favorável ao réu. Nada obstante, o Supremo Tribunal Federal historicamente firmou jurisprudência no sentido de que as medidas provisórias podem ser utilizadas na esfera penal, desde que benéficas ao agente.

O princípio da reserva legal **possui três fundamentos**:

- Fundamento **jurídico**: é a **taxatividade, certeza** ou **determinação**, pois implica, por parte do legislador, a determinação precisa, ainda que mínima, do conteúdo do tipo penal e da sanção penal a ser aplicada, bem como, da parte do juiz, na máxima vinculação ao mandamento legal, inclusive na apreciação de benefícios legais.
- Fundamento **político**: é a **proteção do ser humano** em face do arbítrio do Estado no exercício do seu poder punitivo. Enquadra-se, destarte, entre os **direitos fundamentais de 1.ª geração** (ou **dimensão**).
- Fundamento **democrático** ("dimensão democrática do princípio da reserva legal"): revela a aceitação pelo povo, representado pelo Congresso Nacional, da opção legislativa no âmbito criminal em que os parlamentares, eleitos pelos cidadãos brasileiros, elaboram a legislação penal.

A Constituição Federal brasileira estabelece mandados expressos (ou explícitos) e tácitos (ou implícitos) de criminalização (ou penalização), indicando matérias sobre as quais o legislador ordinário não tem a faculdade de legislar, mas a obrigatoriedade de tratar para proteger determinados bens ou interesses de forma adequada e, dentro do possível, integral.

Mandados de criminalização expressos na Constituição Federal:

- art. 5.º, incisos XLII (racismo), XLIII (tortura, tráfico ilícito de entorpecentes e drogas afins, terrorismo e crimes hediondos) e XLIV (ação de grupos armados, civis ou militares, contra a ordem constitucional e o Estado democrático), e § 3.º (os tratados e convenções internacionais sobre direitos humanos que forem aprovados, em cada Casa do Congresso Nacional, em dois turnos, por três quintos dos votos dos respectivos membros, serão equivalentes às emendas constitucionais);
- art. 7.º, inciso X (retenção dolosa do salário dos trabalhadores);
- art. 227, § 4.º (abuso, violência e exploração sexual da criança ou adolescente);
- art. 225 (condutas lesivas ao meio ambiente).

Mandado tácito de criminalização na Constituição Federal:

- combate eficaz à corrupção eleitoral.

2.2. Princípio da anterioridade

Decorre também do art. 5.º, XXXIX, da Constituição Federal e do art. 1.º do Código Penal, quando estabelecem que o crime e a pena devem estar definidos em lei **prévia** ao fato cuja punição se pretende.

A lei penal produz efeitos a partir da data em que entra em vigor. Daí deriva a sua irretroatividade: não se aplica a comportamentos pretéritos, salvo se beneficiar o réu (CF, art. 5º, XL).

É proibida a aplicação da lei penal inclusive aos fatos praticados durante seu período de **vacatio**. Embora já publicada e formalmente válida, a lei ainda não estará em vigor e não alcançará as condutas praticadas em tal período.

2.3. Princípio da insignificância ou da criminalidade de bagatela

O princípio da insignificância, também conhecido como criminalidade de bagatela, sustenta ser vedada a atuação penal do Estado quando a conduta não é capaz de lesar ou no mínimo de colocar em perigo o bem jurídico tutelado pela norma penal, destinando-se a realizar uma **interpretação restritiva da lei penal**.

Trata-se de **causa de exclusão da tipicidade material**, pois opera-se a **tipicidade formal** (juízo de adequação entre o fato praticado na vida real e o modelo de crime descrito na norma penal), porém falta a **tipicidade material** (lesão ou perigo de lesão ao bem jurídico).

O reconhecimento do princípio da insignificância depende de requisitos:

1) **Objetivos** (relacionados ao fato):
    a) mínima ofensividade da conduta;
    b) ausência de periculosidade social da ação;
    c) reduzido grau de reprovabilidade do comportamento;
    d) inexpressividade da lesão jurídica.

2) **Subjetivos** (relacionados ao agente e à vítima):
    a) Condições pessoais do agente: que o agente não seja:
        a.1) reincidente (há divergência no STF quanto a esse requisito);
        a.2) criminoso habitual;
        a.3) militar.
    b) Condições da vítima: há que se conjugar a importância do objeto material para a vítima, levando-se em consideração a sua condição econômica, o valor sentimental do bem, como também as circunstâncias e o resultado do crime, tudo de modo a determinar, subjetivamente, se houve relevante lesão.

> **Atenção**
>
> O princípio da insignificância é aplicável a qualquer **delito que seja com ele compatível**, e não somente aos crimes patrimoniais. Porém, há delitos que são logicamente incompatíveis com a criminalidade de bagatela, como os crimes hediondos e equiparados (tráfico de drogas, tortura e terrorismo), o racismo e a ação de grupos armados, civis ou militares, contra a ordem constitucional e o Estado Democrático.

Principais situações em que se discute a incidência ou a proibição do reconhecimento da criminalidade de bagatela:

a) **Roubo e demais crimes cometidos com grave ameaça ou violência à pessoa:** não há espaço para o princípio da insignificância, pois os reflexos derivados destes crimes não podem ser considerados irrelevantes, ainda que o objeto material apresente ínfimo valor econômico.

b) **Crimes contra a Administração Pública:** em uma visão tradicional, o princípio da insignificância jamais foi admitido nos crimes contra a Administração Pública, pois em tais delitos, ainda que a lesão econômica seja irrisória, há ofensa à moralidade administrativa e à probidade dos agentes públicos. Esse é o entendimento consagrado na **Súmula 599 do Superior Tribunal de Justiça**: "o princípio da insignificância é inaplicável aos crimes contra a Administração Pública". O Supremo Tribunal Federal e o Superior Tribunal de Justiça, contudo, já decidiram em sentido contrário, admitindo o princípio da insignificância em hipóteses extremas.

c) **Crimes previstos na Lei 11.343/2006 – Lei de Drogas:** os crimes tipificados na Lei 11.343/2006 – Lei de Drogas são de perigo abstrato (ou presumido) e tutelam a saúde pública. No tráfico de drogas, delito constitucionalmente equiparado a hediondo, é firme o entendimento pela inadmissibilidade do princípio da insignificância. Igual raciocínio deve ser utilizado na posse de droga para consumo pessoal, pois entendimento diverso seria equivalente a descriminalizar, contra o espírito da lei, o porte de pequenas quantidades de drogas. O Supremo Tribunal Federal, todavia, já decidiu em sentido diverso, acolhendo o princípio da insignificância no crime catalogado no art. 28 da Lei 11.343/2006 (HC 110.475/SC, rel. Min. Dias Toffoli, 1.ª Turma, j. 14.02.2012, noticiado no *Informativo* 655).

d) **Descaminho e crimes tributários federais:** os Tribunais Superiores firmaram jurisprudência no sentido de que o princípio da insignificância incide nos **crimes federais de natureza tributária**, especialmente no **descaminho** (CP, art. 334), quando o tributo devido não ultrapassa o valor de R$ 20.000,00 (vinte mil reais), com fundamento no art. 20 da Lei 10.522/2002, regulamentado pelo art. 2.º da Portaria MF 75/2012. Este limite alcança somente os **tributos federais**. Com efeito, para os tributos estaduais e municipais deve existir previsão específica por cada ente federativo, no exercício da respectiva competência tributária, pois a arrecadação da Fazenda Nacional não se equipara à dos demais entes federativos. Ademais, um dos requisitos indispensáveis à aplicação do princípio da insignificância é a inexpressividade da lesão jurídica provocada, que pode se alterar de acordo com o sujeito passivo. Na apropriação indébita previdenciária (CP, art. 168-A), embora apresente indiscutível natureza tributária, o Supremo Tribunal Federal já rechaçou o princípio da insignificância, com fundamento no valor supraindividual do bem jurídico tutelado, o que torna irrelevante o pequeno valor das contribuições sociais desviadas da Previdência Social.

e) **Contrabando:** o princípio da insignificância não é aplicável ao delito de contrabando (CP, art. 334-A), em face da natureza proibida da mercadoria importada ou exportada. O Superior Tribunal de Justiça, contudo, admite o princípio da insignificância no **contrabando de cigarros**, quando a apreensão não ultrapassar 1.000 (mil) maços, conforme tese fixada no **Tema 1.143 do Recurso Repetitivo**.

f) **Crimes ambientais:** o princípio da insignificância soa como incompatível com os delitos ambientais, em face da natureza difusa e da relevância do bem jurídico protegido, reservado inclusive às futuras gerações. Em situações excepcionais, contudo, há espaço para a criminalidade de bagatela (STF, Inq. 3788/DF, rel. Min. Cármen Lúcia, 2.ª Turma, j. 01.03.2016, noticiado no *Informativo* 816).

g) **Crimes contra a fé pública:** nos crimes contra a fé pública, o bem jurídico tutelado é a credibilidade depositada nos documentos, nos sinais e símbolos empregados nas relações indispensáveis à vida em sociedade. Em face dessa dimensão, não há espaço para o princípio da insignificância.

h) **Tráfico internacional de arma de fogo:** o tráfico internacional de arma de fogo (Lei 10.826/2003, art. 18) não comporta o princípio da insignificância, pois se trata de crime de perigo abstrato e atentatório à segurança pública.

i) **Porte e posse ilegal de munição:** existem duas posições em sede jurisprudencial: **1.ª posição:** não se aplica o princípio da insignificância, por se tratar de crime de perigo abstrato (STF, HC 131.771/RJ, rel. Min. Marco Aurélio, 1.ª Turma, j. 19.10.2016, noticiado no *Informativo* 844); **2.ª posição:** aplica-se o princípio da insignificância, em situações excepcionais (STF, HC 133.984/MG, rel. Min. Cármen Lúcia, 2.ª Turma, j. 17.05.2016; HC 154.390/SC, rel. Min. Dias Toffoli, 2.ª Turma, j. 14.04.2018; STJ, REsp 1.978.284/GO, rel. Min. João Otávio de Noronha, 5.ª Turma, j. 14.06.2022).

j) **Rádio pirata:** o Supremo Tribunal Federal já admitiu o princípio da insignificância no delito de desenvolvimento de atividade de radiofrequência sem autorização do órgão regulador, previsto no art. 183 da Lei 9.472/1997 (HC 157.014 AgR/SE, rel. orig. Min. Cármen Lúcia, red. p/ o ac. Min. Ricardo Lewandowski, 2.ª Turma, j. 17.09.2019, noticiado no *Informativo* 952). Esse entendimento, contudo, não é pacífico: a Corte Suprema possui decisão pela inaplicabilidade do princípio da insignificância, mesmo na hipótese de baixa frequência das ondas de radiodifusão emitidas por rádio clandestina, por se tratar de delito formal e de perigo abstrato, pois compromete a regularidade do sistema de telecomunicações, independentemente da comprovação de qualquer prejuízo. Esta última posição também se encontra consagrada na **Súmula 606 do Superior Tribunal de Justiça:** "não se aplica o princípio da insignificância a casos de transmissão clandestina de sinal de internet via radiofrequência, que caracteriza o fato típico previsto no art. 183 da Lei 9.472/1997".

k) **Atos infracionais:** dependendo da natureza do ato infracional, o Supremo Tribunal Federal aceita a incidência do princípio da insignificância, pois, se para um indivíduo maior de idade é cabível o reconhecimento da criminalidade de bagatela, para um menor de 18 anos também o será.

l) **Evasão de divisas:** no crime de evasão de divisas, praticado mediante operação da modalidade "dólar-cabo" (Lei 7.492/1986, art. 22, parágrafo único, 1.ª parte), não se aplica o teto indicado pela Lei 10.522/2002 e fixado em R$ 20.000,00 pelo art. 2.º da Portaria MF 130/2012 como parâmetro para incidência do princípio da insignificância.

m) **Violência doméstica ou familiar contra a mulher:** não se aplica o princípio da insignificância em qualquer dos crimes praticados com violência doméstica ou familiar contra a mulher. Esse entendimento também se encontra consolidado na **Súmula 589 do Superior Tribunal de Justiça:** "é inaplicável o princípio da insignificância nos crimes ou contravenções penais praticados contra a mulher no âmbito das relações domésticas".

> **Importante**
>
> A quem compete valorar a incidência do princípio da insignificância? O Superior Tribunal de Justiça entende que somente o Poder Judiciário é dotado de poderes para efetuar o reconhecimento do princípio da insignificância. Destarte, a autoridade policial está obrigada a efetuar a prisão em flagrante, cabendo-lhe submeter imediatamente a questão à autoridade judiciária competente. Como já se decidiu, no momento em que toma conhecimento de um delito, surge para a autoridade policial o dever legal de agir e efetuar o ato prisional. O juízo acerca da incidência do princípio da insignificância é realizado apenas em momento posterior pelo Poder Judiciário, de acordo com as circunstâncias atinentes ao caso concreto.
>
> *Princípio da insignificância imprópria ou da criminalidade de bagatela imprópria*: de acordo com esse princípio, também sem previsão legal no Brasil, inexiste legitimidade na imposição da pena nas hipóteses em que, nada obstante a infração penal esteja indiscutivelmente caracterizada, a aplicação da reprimenda desponte como desnecessária e inoportuna. O fato é típico e ilícito, o agente é dotado de culpabilidade e o Estado possui o direito de punir (punibilidade), mas, após a prática do fato, a pena revela-se incabível no caso concreto, pois diversos fatores recomendam seu afastamento, tais como: sujeito com personalidade ajustada ao convívio social (primário e sem antecedentes criminais), colaboração com a Justiça, reparação do dano causado à vítima, reduzida reprovabilidade do comportamento, reconhecimento da culpa, ônus provocado pelo fato de ter sido processado ou preso provisoriamente etc. A análise da pertinência da bagatela imprópria há de ser realizada, obrigatoriamente, na situação fática, e jamais no plano abstrato. Nesse contexto, o fato real deve ser confrontado com

um princípio basilar do Direito Penal, qual seja, o da **necessidade da pena** (CP, art. 59, *caput*). Destarte, a bagatela imprópria funciona como **causa supralegal de extinção da punibilidade**.

2.4. Princípio da individualização da pena

Expressamente indicado pelo **art. 5.º, XLVI**, da Constituição Federal, repousa no princípio de justiça segundo o qual se deve distribuir a cada indivíduo o que lhe cabe, de acordo com as circunstâncias específicas do seu comportamento – o que em matéria penal significa a aplicação da pena levando em conta não a norma penal em abstrato, mas, especialmente, os **aspectos subjetivos e objetivos** do crime.

O princípio da individualização da pena desenvolve-se em três planos:

- **Legislativo**: o legislador descreve o tipo penal e estabelece as sanções adequadas, indicando precisamente seus limites, mínimo e máximo, e também as circunstâncias aptas a aumentar ou diminuir as reprimendas cabíveis.
- **Judicial (ou jurisdicional):** é efetivada pelo magistrado, mediante a aplicação da pena, utilizando-se de todos os instrumentais fornecidos pelos autos da ação penal, em obediência ao sistema trifásico delineado pelo art. 68 do Código Penal (pena privativa de liberdade) ou, ainda, ao sistema bifásico inerente à sanção pecuniária (CP, art. 49).
- **Administrativo:** é efetuado durante a execução da pena, quando o Estado deve zelar por cada condenado de forma singular, mediante tratamento penitenciário ou sistema alternativo no qual se afigure possível a integral realização das finalidades da pena: retribuição, prevenção (geral e especial) e ressocialização.

2.5. Princípio da alteridade

Criado por Claus Roxin, esse princípio proíbe a incriminação de atitude meramente interna do agente, bem como do pensamento ou de condutas moralmente censuráveis, incapazes de invadir o patrimônio jurídico alheio. Em síntese, **ninguém pode ser punido por causar mal apenas a si próprio,** pois uma das características inerentes ao Direito Penal moderno repousa na necessidade de intersubjetividade nas relações penalmente relevantes.

> **Atenção**
>
> Nesse princípio se fundamenta a impossibilidade de punição da autolesão, bem como a atipicidade da conduta de consumir drogas, uma vez que o crime tipificado pelo art. 28 da Lei 11.343/2006 tem a saúde pública como objetividade jurídica.

2.6. Princípio da confiança

Bastante difundido no Direito Penal espanhol, trata-se de requisito para a existência do fato típico e se baseia na premissa de que todos devem esperar por parte das demais pessoas comportamentos responsáveis e em consonância com o ordenamento jurídico, almejando evitar danos a terceiros.

Deve-se confiar que o comportamento dos outros se dará de acordo com as regras da experiência, levando-se em conta um juízo estatístico alicerçado naquilo que normalmente acontece (***id quod plerumque accidit***).

> **Importante**
>
> Foi desenvolvido inicialmente pela jurisprudência para enfrentar os problemas resultantes dos crimes praticados na direção de veículo automotor. Atualmente, sua utilização é bastante ampla, notadamente nos setores em que exista atuação conjunta de indivíduos, entendendo-se por isso as atividades comunitárias ou em divisão de trabalho.

2.7. Princípio da adequação social

De acordo com esse princípio, que funciona como **causa supralegal de exclusão da tipicidade**, pela ausência da tipicidade material, não pode ser considerado criminoso o comportamento humano que, embora tipificado em lei, **não afrontar o sentimento social de Justiça**. É o caso, exemplificativamente, dos trotes acadêmicos moderados e da circuncisão realizada pelos judeus.

2.8. Princípio da intervenção mínima

Pelo princípio da intervenção mínima ou da **necessidade**, é legítima a intervenção penal apenas quando a criminalização de um fato se constitui **meio indispensável para a proteção de determinado bem ou interesse**, não podendo ser tutelado por outros ramos do ordenamento jurídico.

A intervenção mínima tem como **destinatários principais:**

- **o legislador:** moderação no momento de eleger as condutas dignas de proteção penal, abstendo-se de incriminar aquelas que puderem ser contidas por outros ramos do Direito;
- **o intérprete do Direito**: não proceder à operação de tipicidade quando constatar que a pendência pode ser satisfatoriamente resolvida com a atuação de outros ramos do sistema jurídico, em que pese a criação, pelo legislador, do tipo penal incriminador.

É utilizado para amparar a corrente do **direito penal mínimo**. Vale ressaltar, contudo, que a compreensão daquilo que se entende por intervenção mínima varia de acordo com as correntes penais e com a interpretação dos operadores do Direito.

> **Importante**
>
> Do princípio da intervenção mínima decorrem outros dois:
>
> 1) *Princípio da fragmentariedade ou caráter fragmentário do Direito Penal*: estabelece que nem todos os ilícitos configuram infrações penais, mas apenas os que **atentam contra valores fundamentais para a manutenção e o progresso do ser humano e da sociedade**. Esse princípio deve ser utilizado no **plano abstrato**, para o fim de permitir a criação de tipos penais somente quando os demais ramos do Direito tiverem falhado na tarefa de proteção de um bem jurídico, referindo-se, assim, à **atividade legislativa**. Com a evolução da sociedade e a modificação dos seus valores, nada impede a **fragmentariedade às avessas**, nas situações em que um comportamento inicialmente típico deixa de interessar ao Direito Penal, sem prejuízo da sua tutela pelos demais ramos do Direito. Exemplo: adultério, o qual foi descriminalizado com a revogação do art. 240 do Código Penal pela Lei 11.106/2005, mas continua ilícito perante o Direito Civil.
>
> 2) *Princípio da subsidiariedade*: estabelece que a atuação do Direito Penal é cabível unicamente quando os outros ramos do Direito e os demais meios estatais de controle social tiverem se revelado impotentes para o controle da ordem pública. Esse princípio se projeta no **plano concreto**, isto é, em sua **atuação prática** o Direito Penal somente se legitima quando os demais meios disponíveis já tiverem sido empregados, sem sucesso, para proteção do bem jurídico, guardando relação, portanto, com a tarefa de **aplicação da lei penal**.

2.9. Princípio da proporcionalidade

De acordo com o princípio da proporcionalidade, também conhecido como **princípio da razoabilidade** ou da **convivência das liberdades públicas**, a criação de tipos penais incriminadores deve constituir-se em **atividade vantajosa** para os membros da sociedade, eis que impõe um ônus a todos os cidadãos, decorrente da ameaça de punição que a eles acarreta.

O princípio da proporcionalidade possui três destinatários:

- o **legislador** (**proporcionalidade abstrata**): são eleitas as penas mais apropriadas para cada infração penal (seleção qualitativa), bem como as respectivas graduações – mínimo e máximo (seleção quantitativa);

- o **juiz da ação penal** (**proporcionalidade concreta**): orienta-se o magistrado no julgamento da ação penal, promovendo a individualização da pena adequada ao caso concreto;

- os **órgãos da execução penal** (**proporcionalidade executória**): incidem regras inerentes ao cumprimento da pena, levando-se em conta as condições pessoais e o mérito do condenado.

> **Você precisa ler**
>
> Vale destacar que, modernamente, o princípio da proporcionalidade deve ser analisado sobre uma **dupla face**. Inicialmente, constitui-se em **proibição ao excesso**, pois é vedada a cominação e aplicação de penas em dose exagerada e desnecessária. Um exemplo marcante disto encontra-se na exagerada reprimenda cominada ao delito tipificado no art. 273, § 1.º-B, I, do Código Penal. Nesse contexto, o Plenário do Supremo Tribunal Federal decidiu, com repercussão geral (**Tema 1.003**), pela inconstitucionalidade da pena cominada a essa figura delitiva, em face da violação dos princípios da proporcionalidade, em sua vertente da proibição do excesso, e da individualização da pena, e determinou a repristinação da pena prevista ao art. 273 do Código Penal, em sua redação original – antes das alterações promovidas pela Lei 9.677/1998, qual seja, reclusão, de 1 (um) a 3 (três) anos, e multa.
>
> Se de um lado o princípio da proporcionalidade impõe a proibição do excesso, de outro lado esse postulado também impede a **proteção insuficiente de bens jurídicos**, pois não tolera a punição abaixo da medida correta.

2.10. Princípio da humanidade

Esse princípio apregoa a inconstitucionalidade da criação de tipos penais ou a cominação de penas que violam a incolumidade física ou moral de alguém. Dele resulta a impossibilidade de a pena passar da pessoa do condenado, com exceção de alguns efeitos extrapenais da condenação, como a obrigação de reparar o dano na esfera civil (CF, art. 5.º, XLV).

Decorre da **dignidade da pessoa humana**, consagrada no art. 1.º, III, da Constituição Federal como fundamento da República Federativa do Brasil. Foi com base nesse princípio, entre outros, que o Supremo Tribunal Federal declarou inconstitucional o regime integralmente fechado para cumprimento da pena privativa de liberdade nos crimes hediondos e equiparados, problema superado com a edição da Lei 11.464/2007.

2.11. Princípio da ofensividade ou da lesividade

Não há infração penal quando a conduta não tiver oferecido ao menos **perigo de lesão ao bem jurídico**. Esse princípio atende a manifesta exigência de **delimitação do Direito Penal**, tanto em nível legislativo como no âmbito jurisdicional.

Cap. 2 – Princípios do Direito Penal

2.12. Princípio da exclusiva proteção do bem jurídico

O Direito Penal moderno é o Direito Penal do bem jurídico. Nessa seara, o princípio da exclusiva proteção do bem jurídico veda ao Direito Penal a preocupação com as intenções e pensamentos das pessoas, do seu modo de viver ou de pensar, ou ainda de suas condutas internas, enquanto não exteriorizada a atividade delitiva.

O Direito Penal se destina à tutela de bens jurídicos, não podendo ser utilizado para resguardar questões de ordem moral, ética, ideológica, religiosa, política ou semelhantes. Com efeito, a função primordial do Direito Penal é a proteção de bens jurídicos fundamentais para a preservação e o desenvolvimento do indivíduo e da sociedade.

> **Atenção**
>
> O princípio da exclusiva proteção do bem jurídico não se confunde com o princípio da alteridade. Neste, há um bem jurídico a ser penalmente tutelado, mas pertencente exclusivamente ao responsável pela conduta legalmente prevista, razão pela qual o Direito Penal não está autorizado a intervir; naquele, por sua vez, não há interesse legítimo a ser protegido pelo Direito Penal.

> **Importante**
>
> De acordo com a teoria constitucional do Direito Penal, a tarefa de criação de crimes e cominação de penas somente se legitima quando são tutelados valores consagrados na Constituição Federal. Em outras palavras, a eleição dos bens jurídicos dignos de proteção penal deriva dos mandamentos constitucionais. Exemplificativamente, o fundamento de validade do delito de homicídio é o direito à vida (CF, art. 5.º, *caput*), assim como o arrimo dos crimes de calúnia, difamação e injúria encontra-se no art. 5.º, X, da Lei Suprema, relativo à inviolabilidade da honra.

2.13. Princípio da imputação pessoal

O Direito Penal não pode castigar um fato cometido por agente que atue sem culpabilidade, isto é, quando se tratar de agente inimputável, sem potencial consciência da ilicitude ou de quem não se possa exigir conduta diversa. O fundamento da responsabilidade penal pessoal é a culpabilidade (*nulla poena sine culpa*).

2.14. Princípio da responsabilidade pelo fato

Os tipos penais devem definir fatos, associando-lhes as penas respectivas, e não estereotipar autores em razão de alguma condição específica. Não se admite um **Direito Penal do autor**, mas somente um **Direito Penal do fato**.

Ninguém pode ser punido exclusivamente por questões pessoais. Ao contrário, a pena se destina ao agente culpável condenado, após o devido processo legal, pela prática de um fato típico e ilícito.

> **Atenção**
>
> A tese que sustenta ser a agravante genérica da reincidência resquício de um Direito Penal do autor não pode ser acolhida. Com efeito, uma vez caracterizada a recidiva, a agravação da pena é obrigatória, por se constituir em elemento que representa maior reprovação da conduta, pelo cometimento de novo crime depois da imposição definitiva de uma pena pela prática de um crime anterior, revelando que a sanção penal não atingiu suas finalidades de reprovação e prevenção de novos delitos.

2.15. Princípio da personalidade ou da intranscendência

Ninguém pode ser responsabilizado por fato cometido por terceira pessoa. Consequentemente, a pena não pode passar da pessoa do condenado (CF, art. 5.º, XLV).

2.16. Princípio da responsabilidade penal subjetiva

Nenhum resultado penalmente relevante pode ser atribuído a quem não o tenha produzido por dolo ou culpa. A disposição contida no art. 19 do Código Penal – "pelo resultado que agrava especialmente a pena, só responde o agente que o houver causado ao menos culposamente" – exclui a responsabilidade penal objetiva. O Direito Penal moderno é Direito Penal da culpa. Não se prescinde do elemento subjetivo.

> **Atenção**
>
> Apontam-se vestígios da responsabilidade objetiva em duas situações no Direito Penal brasileiro:
>
> 1) rixa qualificada (CP, art. 137, parágrafo único); e
>
> 2) punição das infrações penais praticadas em estado de embriaguez voluntária ou culposa, decorrente da ação da teoria da *actio libera in causa* (CP, art. 28, II).

2.17. Princípio do *ne bis in idem*

Esse princípio, derivado da dignidade da pessoa humana e consagrado no art. 8.º, 4, do Pacto de São José da Costa Rica, o qual foi ratificado no Brasil pelo Decreto 678/1992, proíbe de forma absoluta a **dupla punição pelo mesmo fato**.

Cap. 2 – Princípios do Direito Penal

> **Atenção**
>
> Com base nesse postulado foi editada a Súmula 241 do Superior Tribunal de Justiça: "a reincidência penal não pode ser considerada como circunstância agravante e, simultaneamente, como circunstância judicial". A reincidência como agravante genérica quando da prática de novo crime, contudo, não importa em violação desse princípio.

> **Importante**
>
> Na seara desse princípio, pode ocorrer uma situação curiosa, consistente na existência de duas condenações definitivas proferidas contra o mesmo agente, e com base em idêntico fato, a primeira, lançada por juízo incompetente (com pena maior), e a segunda, editada por juízo competente (com pena mais branda). Nesse caso, a solução adequada é a anulação da primeira decisão judicial, com a necessária relativização dos efeitos da coisa julgada.

2.18. Princípio da isonomia

Consagrou-se o princípio da isonomia, ou da igualdade, como a obrigação de tratar igualmente aos iguais, e desigualmente aos desiguais, na medida de suas desigualdades.

No Direito Penal, importa dizer que as pessoas (nacionais ou estrangeiras) em igual situação devem receber idêntico tratamento jurídico, e aquelas que se encontram em posições diferentes merecem um enquadramento diverso, tanto por parte do legislador como também pelo juiz. Exemplificativamente, um traficante de drogas, primário e com o qual foi apreendida a quantidade de dez gramas de cocaína, deve ser apenado mais suavemente do que outro traficante reincidente e preso em flagrante pelo depósito de uma tonelada da mesma droga.

EM RESUMO:

Princípio da reserva legal ou da estrita legalidade	Preceitua a exclusividade da lei para a criação de delitos (e contravenções penais) e cominação das respectivas penas. Fundamentos: jurídico (taxatividade, certeza ou determinação), político (proteção do ser humano) e democrático (aceitação pelo povo).

Princípio da anterioridade	O crime e a pena devem estar definidos em lei prévia ao fato cuja punição se pretende.
Princípio da insignificância ou da criminalidade de bagatela	Veda a atuação penal do Estado quando a conduta não é capaz de lesar ou no mínimo de colocar em perigo o bem jurídico tutelado pela norma penal, destinando-se a realizar uma interpretação restritiva da lei penal. Trata-se de causa de exclusão da tipicidade material.
Princípio da individualização da pena	Deve-se distribuir a cada indivíduo o que lhe cabe, de acordo com as circunstâncias específicas do seu comportamento, levando em conta não a norma penal em abstrato, mas, especialmente, os aspectos subjetivos e objetivos do crime.
Princípio da alteridade	Proíbe a incriminação de atitude meramente interna do agente, bem como do pensamento ou de condutas moralmente censuráveis, incapazes de invadir o patrimônio jurídico alheio.
Princípio da confiança	Baseia-se na premissa de que todos devem esperar por parte das demais pessoas comportamentos responsáveis e em consonância com o ordenamento jurídico, almejando evitar danos a terceiros.
Princípio da adequação social	Não pode ser considerado criminoso o comportamento humano que, embora tipificado em lei, não afrontar o sentimento social de justiça. Trata-se de causa supralegal de exclusão da tipicidade material.
Princípio da intervenção mínima	Preceitua que é legítima a intervenção penal apenas quando a criminalização de um fato se constitui meio indispensável para a proteção de determinado bem ou interesse, não podendo ser tutelado por outros ramos do ordenamento jurídico. Do princípio da intervenção mínima decorrem outros dois: 1) *princípio da fragmentariedade ou caráter fragmentário do Direito Penal* (plano abstrato); 2) *princípio da subsidiariedade* (plano concreto).
Princípio da proporcionalidade	Preceitua que a criação de tipos penais incriminadores deve constituir-se em atividade vantajosa para os membros da sociedade, eis que impõe um ônus a todos os cidadãos, decorrente da ameaça de punição que a eles acarreta. Destinatários: legislador (proporcionalidade abstrata); juiz da ação penal (proporcionalidade concreta); e órgãos da execução penal (proporcionalidade executória). Dupla face: proíbe o excesso e impede a proteção insuficiente dos bens jurídicos.

Cap. 2 – Princípios do Direito Penal

Princípio da humanidade	Apregoa a inconstitucionalidade da criação de tipos penais ou a cominação de penas que violam a incolumidade física ou moral de alguém.
Princípio da ofensividade ou da lesividade	Não há infração penal quando a conduta não tiver oferecido ao menos perigo de lesão ao bem jurídico.
Princípio da exclusiva proteção do bem jurídico	O Direito Penal se destina à tutela de bens jurídicos, sendo vedada a preocupação com as intenções e pensamentos das pessoas, do seu modo de viver ou de pensar, ou ainda de suas condutas internas, enquanto não exteriorizada a atividade delitiva.
Princípio da imputação pessoal	O Direito Penal não pode castigar um fato cometido por agente que atue sem culpabilidade, isto é, quando se tratar de agente inimputável, sem potencial consciência da ilicitude ou de quem não se possa exigir conduta diversa.
Princípio da responsabilidade pelo fato	Os tipos penais devem definir fatos, associando-lhes as penas respectivas, e não estereotipar autores em razão de alguma condição específica.
Princípio da personalidade ou da intranscendência	A pena não pode passar da pessoa do condenado.
Princípio da responsabilidade penal subjetiva	Nenhum resultado penalmente relevante pode ser atribuído a quem não o tenha produzido por dolo ou culpa. Todavia, existem vestígios da responsabilidade objetiva em duas situações no Código Penal: 1) rixa qualificada (art. 137, parágrafo único); e 2) punição das infrações penais praticadas em estado de embriaguez voluntária ou culposa (art. 28, II).
Princípio do ne bis in idem	Proíbe de forma absoluta a dupla punição pelo mesmo fato.
Princípio da isonomia	As pessoas (nacionais ou estrangeiras) em igual situação devem receber idêntico tratamento jurídico, e aquelas que se encontram em posições diferentes merecem um enquadramento diverso, tanto por parte do legislador como também pelo juiz.

Capítulo 3

Tempo do Crime

1. TEMPO DO CRIME

É necessária a identificação do momento em que se considera praticado o crime, para que se opere a aplicação da lei penal ao seu responsável. Três teorias buscam explicar o momento em que o crime é cometido:

1) **Teoria da atividade**: considera-se praticado o crime no momento da conduta (ação ou omissão), pouco importando o momento do resultado. Essa foi a teoria acolhida pelo art. 4º do Código Penal: "considera-se praticado o crime no momento da ação ou da omissão, ainda que outro seja o momento do resultado".[1]

2) **Teoria do resultado** ou do **evento**: reputa praticado o crime no momento em que ocorre a consumação, sendo irrelevante a ocasião da conduta.

3) **Teoria mista** ou da **ubiquidade**: busca conciliar as anteriores. Para ela, o momento do crime tanto é o da conduta como também o do resultado.

> **Importante**
>
> A adoção da teoria da atividade apresenta relevantes consequências, tais como:
>
> a) aplica-se a lei em vigor ao tempo da conduta, exceto se a do tempo do resultado for mais benéfica;
>
> b) a imputabilidade é apurada ao tempo da conduta. Exemplo: "A", com a idade de 17 anos, 11 meses e 20 dias, efetua disparos de arma de fogo contra "B", nele provocando diversos ferimentos. A vítima vem a ser socorrida e internada em hospital, falecendo 15 dias depois. Não se aplicará ao autor o Código Penal, em face

---

1   Essa teoria interessa somente aos **crimes materiais** (ou **causais**), pois a consumação depende da produção do resultado naturalístico. Nos crimes formais (de consumação antecipada ou de resultado cortado) e também nos crimes de mera conduta (ou de simples atividade), a consumação se verifica no momento da prática da conduta.

de sua inimputabilidade ao tempo do crime, mas sim as disposições do Estatuto da Criança e do Adolescente – Lei 8.069/1990;

c) no crime permanente em que a conduta tenha se iniciado durante a vigência de uma lei, e prossiga durante o império de outra, aplica-se a lei nova, ainda que mais severa. Fundamenta-se o raciocínio na reiteração de ofensa ao bem jurídico, já que a conduta criminosa continua a ser praticada depois da entrada em vigor da lei nova, mais gravosa;

d) no crime continuado em que os fatos anteriores eram punidos por uma lei, operando-se o aumento da pena por lei nova, aplica-se esta última a toda a unidade delitiva, desde que sob a sua vigência continue a ser praticada. O crime continuado, em que pese ser constituído de vários delitos parcelares, é considerado crime único para fins de aplicação da pena (teoria da ficção jurídica). Dispõe a **Súmula 711 do Supremo Tribunal Federal:** "a lei penal mais grave aplica-se ao crime continuado ou ao crime permanente, se a sua vigência é anterior à cessação da continuidade ou da permanência";

e) no crime habitual em que haja sucessão de leis, deve ser aplicada a nova, ainda que mais severa, se o agente insistir em reiterar a conduta criminosa.

Atenção

Em matéria de **prescrição**, o art. 111, I, do Código Penal preferiu a **teoria do resultado**, uma vez que a causa extintiva da punibilidade tem por termo inicial a data da consumação da infração penal.

2. LEI PENAL NO TEMPO

2.1. Direito Penal intertemporal e o conflito de leis penais no tempo

Depois de cumprir todas as fases do processo legislativo previsto na Constituição Federal, a lei penal ingressa no ordenamento jurídico e, assim como as demais leis em geral, vigora até ser revogada por outro ato normativo de igual natureza (**princípio da continuidade das leis**).

A revogação é a **retirada da vigência de uma lei**. Essa é a regra geral: uma lei somente é revogada por outra lei. Há exceções em relação às leis temporárias e excepcionais, que são autorrevogáveis.

Como a lei pode ser revogada, instauram-se situações de conflito. As regras e princípios que buscam solucionar o conflito de leis penais no tempo constituem o **direito penal intertemporal**.

A análise do art. 5.º, XL, da Constituição Federal e dos arts. 2.º e 3.º do Código Penal permite a conclusão de que, uma vez criada, a eficácia da lei penal no tempo deve obedecer a uma regra geral e a várias exceções.

A regra geral é a da prevalência da lei que se encontrava em vigor quando da prática da conduta (*tempus regit actum*), resguardando-se a reserva legal, bem como a anterioridade da lei penal, em cumprimento às diretrizes do texto constitucional.

As exceções se verificam, por outro lado, na hipótese de sucessão de leis penais que disciplinem, total ou parcialmente, a mesma matéria. E, se o fato tiver sido praticado durante a vigência da lei anterior, cinco situações podem ocorrer:

1) **A lei cria uma nova figura penal (*novatio legis* incriminadora)**: a neocriminalização somente pode atingir situações consumadas após sua entrada em vigor, não podendo retroagir, em hipótese alguma, conforme determina o art. 5.º, XL, da Constituição Federal.

2) **A lei posterior se mostra mais rígida em comparação à lei anterior (*lex gravior*)**: se mais grave, a lei terá aplicação apenas a fatos posteriores à sua entrada em vigor. Jamais retroagirá, conforme expressa determinação constitucional. Essa regra tem incidência sobre todas as leis com conteúdo material, estejam alocadas tanto no Código Penal (Parte Geral ou Parte Especial) ou na legislação penal extravagante, sejam incriminadoras ou reguladoras da imputabilidade, das causas excludentes da ilicitude, da aplicação da pena ou de qualquer outra classe jurídica atentatória do poder punitivo.

3) **A lei posterior extingue o crime (*abolitio criminis*)**: é a nova lei que exclui do âmbito do Direito Penal um fato até então considerado criminoso, tendo previsão legal no art. 2.º, *caput*, do Código Penal e natureza jurídica de **causa de extinção da punibilidade** (art. 107, III). Alcança a execução e os efeitos penais da sentença condenatória, não servindo como pressuposto da reincidência, e também não configura maus antecedentes. Sobrevivem, entretanto, os efeitos civis de eventual condenação, quais sejam, a obrigação de reparar o dano provocado pela infração penal e constituição de título executivo judicial. São necessários dois requisitos para a caracterização da *abolitio criminis*: (a) revogação formal do tipo penal; e (b) supressão material do fato criminoso. É cabível, ainda, o reconhecimento da ***abolitio criminis* temporária** nas situações em que a lei prevê a descriminalização transitória de uma conduta, como os arts. 30 a 32 da Lei 10.826/2003 – Estatuto do Desarmamento –, ao autorizar a extinção da punibilidade no tocante aos responsáveis pelos crimes de posse e de porte ilegal de arma de fogo que efetuaram voluntariamente a entrega de armas de fogo de uso permitido dentro dos prazos neles estabelecidos.

4) **A lei posterior é benigna em relação à sanção penal ou à forma de seu cumprimento (*lex mitior* ou *novatio legis in mellius*)**: é a que se verifica quando, ocorren-

do sucessão de leis penais no tempo, o fato previsto como crime ou contravenção penal tenha sido praticado na vigência da lei anterior, e o novel instrumento legislativo seja mais vantajoso ao agente, favorecendo-o de qualquer modo. A lei mais favorável deve ser obtida no caso concreto, aplicando-se a que produzir o resultado mais vantajoso ao agente (teoria da ponderação concreta) (TAIPA DE CARVALHO, Américo A.[2]). A retroatividade é automática, dispensa cláusula expressa e alcança inclusive os fatos já definitivamente julgados.

5) **A lei posterior contém alguns preceitos mais rígidos e outros mais brandos (*lex tertia*):** em alguns julgados, o Supremo Tribunal Federal já se filiou à **teoria da ponderação diferenciada**, pela qual, considerada a complexidade de cada uma das leis em conflito no tempo e a relativa autonomia de cada uma das disposições, é preciso proceder-se ao confronto de cada uma das disposições de cada lei, podendo, portanto, acabar por se aplicar ao caso *sub iudice* disposições de ambas as leis (TAIPA DE CARVALHO, Américo A.[3]). Entretanto, atualmente e tradicionalmente, o Supremo Tribunal Federal acolhe a **teoria da ponderação unitária**, ou **global**, de modo a repelir a combinação de leis penais, em homenagem aos princípios da reserva legal e da separação dos Poderes do Estado, sob o argumento de ser vedada ao Poder Judiciário a criação de uma terceira pena. Com igual orientação, o **Superior Tribunal de Justiça** editou a **Súmula 501**: "é cabível a aplicação retroativa da Lei 11.343/2006, desde que o resultado da incidência das suas disposições, na íntegra, seja mais favorável ao réu do que o advindo da aplicação da Lei 6.368/1976, sendo vedada a combinação de leis".

> **Atenção**
>
> Qual é o **juízo competente para aplicar a *abolitio criminis* e a nova lei mais favorável?** A lei será sempre aplicada pelo órgão do Poder Judiciário em que a ação penal (ou inquérito policial) estiver em trâmite. Extraem-se as seguintes ilações:
>
> 1.ª) em se tratando de inquérito policial ou de ação penal que se encontre em 1.º grau de jurisdição, ao juiz natural compete a aplicação da lei mais favorável;
>
> 2.ª) no caso de ação penal em grau de recurso, ou ainda na hipótese de crime de competência originária dos Tribunais, tal mister será tarefa do tribunal respectivo;
>
> 3.ª) se a condenação já tiver sido alcançada pelo trânsito em julgado, a competência será do juízo da Vara das Execuções Criminais (Lei de Execução Penal, art. 66, I, e STF, Súmula 611).

---

2   TAIPA DE CARVALHO, Américo A. *Sucessão de leis penais*. 3. ed. Coimbra: Coimbra Editora, 2008. p. 246.
3   TAIPA DE CARVALHO, Américo A. *Sucessão de leis penais*. 3. ed. Coimbra: Coimbra Editora, 2008. p. 248.

Vimos que somente se pode falar em **retroatividade** quando a lei posterior for mais benéfica ao agente, em comparação àquela que estava em vigor quando o crime foi praticado. Mas pode ocorrer, ainda, **ultratividade** da lei mais benéfica, quando o crime foi praticado durante a vigência de uma lei, posteriormente revogada por outra prejudicial ao agente, subsistindo, no caso, os efeitos da lei anterior, mais favorável, pois a lei penal mais grave jamais retroagirá.

> **Importante**
>
> A Constituição Federal, no art. 5.º, XL, e o Código Penal, no parágrafo único do art. 2.º, impõem a retroatividade da lei favorável ao réu. Quanto à retroatividade da lei penal benéfica, portanto, não há nenhuma dúvida. Cuida-se de direito fundamental do ser humano. Discute-se, entretanto, se é possível a retroatividade de precedente judicial favorável ao acusado. **A resposta é negativa**. A Lei Suprema, excepcionando a regra do *tempus regit actum* – aplica-se a lei que estava em vigor ao tempo da prática do fato – admite somente a retroatividade de lei favorável ao réu. Como se sabe, normas excepcionais devem ser interpretadas restritivamente, levando em conta sua natureza extraordinária. Não se pode criar hipótese de retroatividade não prevista pelo texto constitucional, sob risco de insegurança jurídica indispensável à manutenção do Estado de Direito. Além disso, a coisa julgada também tem assento constitucional (art. 5.º, XXXVI), e somente pode ser superada por disposição expressa criada pela própria Constituição Federal. O Supremo Tribunal Federal compartilha dessa linha de pensamento (Rcl 32.655 AgR/PR, rel. Min. Edson Fachin, 2.ª Turma, j. 23.04.2019, noticiado no *Informativo* 938).

2.2. Lei penal temporária e lei penal excepcional

Lei penal temporária é aquela que tem a sua **vigência predeterminada no tempo**, isto é, o seu termo final é explicitamente previsto em data certa do calendário. É o caso da Lei 12.663/2012, conhecida como Lei Geral da Copa do Mundo de Futebol de 2014, cujo art. 36 contém a seguinte redação: "os tipos penais previstos neste Capítulo terão vigência até o dia 31 de dezembro de 2014".

Lei penal excepcional, por outro lado, é a que se verifica quando a sua duração está relacionada a **situações de anormalidade**. Exemplo: é editada uma lei que diz ser crime, punido com reclusão de seis meses a dois anos, tomar banho com mais de dez minutos de duração durante o período de racionamento de energia.

Essas leis são **autorrevogáveis**, bastando a superveniência do dia nela previsto (lei temporária) ou o fim da situação de anormalidade (lei excepcional) para que deixem, automaticamente, de produzir efeitos jurídicos. Por esse motivo, são classificadas como **leis intermitentes**.

Se não bastasse, possuem **ultratividade**, pois se aplicam ao fato praticado durante sua vigência, embora decorrido o período de sua duração (temporária) ou cessadas as circunstâncias que as determinaram (excepcional), conforme art. 3.º do Código Penal.

2.3. As leis penais em branco e o conflito de leis no tempo

Lei penal em branco é aquela cujo **preceito secundário é completo**, mas o **preceito primário necessita de complementação**. Há previsão precisa da sanção, mas a narrativa da conduta criminosa é incompleta. O complemento pode constituir-se em outra lei, ou ainda em ato da Administração Pública.

O problema relativo ao assunto consiste em saber se, uma vez alterado o complemento da lei penal em branco, posteriormente à realização da conduta criminosa, ou seja, com a infração penal já consumada, e beneficiando o agente, deve operar-se a retroatividade.

A descrição do tipo penal continua a mesma, mas a conduta praticada pelo agente não mais encontra adequação típica, em face de não mais se enquadrar no complemento a que anteriormente se sujeitava.

Em que pese a acirrada discussão, basta encará-la em sintonia com o art. 3.º do Código Penal. Com efeito, o complemento da lei penal em branco pode assumir duas faces distintas:

- Quando o complemento se revestir de situação de **normalidade**, a sua modificação favorável ao réu revela a alteração do tratamento penal dispensado ao caso, pois a situação que se buscava incriminar passa a ser irrelevante. Nesse caso, a retroatividade é obrigatória (CF, art. 5.º, XL). Exemplo: Suponhamos que alguém seja preso em flagrante, por ter sido encontrada em seu poder relevante quantidade de determinada droga. O crime de tráfico (Lei 11.343/2006, art. 33, *caput*) constitui-se em lei penal em branco, pois a classificação de determinada substância como "droga" depende de enquadramento em relação constante de Portaria editada pelo Poder Executivo Federal. Se ao tempo em que a conduta foi praticada, a droga apreendida com o agente era definida como ilícita e se após o oferecimento de denúncia pelo Ministério Público, ou mesmo depois de proferida a condenação, inclusive com trânsito em julgado, a Portaria é modificada, e de seu rol deixa de constar a substância com que estava o agente, deve operar-se a retroatividade, uma vez que não havia situação de anormalidade.

- Quando o complemento se inserir em um contexto de **anormalidade**, de **excepcionalidade**, a sua modificação, ainda que benéfica ao réu, não pode retroagir.

Fundamenta-se essa posição na **ultratividade** das leis penais excepcionais, alicerçada no art. 3.º do Código Penal. Essa é a posição do Supremo Tribunal Federal, lançada na análise de caso relativo ao art. 269 do Código Penal, por ter ocorrido alteração na relação de doenças de notificação compulsória pelo médico (HC 73.168-6/SP, rel. Min. Moreira Alves, 1.ª Turma, j. 21.11.1995).

Finalmente, nas **leis penais em branco ao avesso** – aquelas em que o preceito primário é completo, mas o preceito secundário depende de complementação – a revogação do complemento inviabiliza a punibilidade. Embora a conduta criminosa tenha perfeita descrição normativa, não será possível a imposição de pena, diante da lacuna legislativa a seu respeito.

3. LEI PENAL NO ESPAÇO

O Código Penal brasileiro limita o campo de validade da lei penal com observância de dois vetores fundamentais:

- a **territorialidade** (art. 5.º): é a regra;
- a **extraterritorialidade** (art. 7.º): é a exceção, admitindo-se outros princípios, que são os da personalidade, do domicílio, da defesa, da justiça universal e da representação.

Princípio da territorialidade

Cuida-se da principal forma de delimitação do espaço geopolítico de validade da lei penal nas relações entre Estados soberanos. A soberania do Estado, nota característica do princípio da **igualdade soberana** de todos os membros da comunidade internacional (art. 2.º, § 1.º, da Carta da ONU), fundamenta o exercício de todas as competências sobre crimes praticados em seu território. Nesse sentido, dispõe o art. 5.º do Código Penal: "aplica-se a lei brasileira, sem prejuízo de convenções, tratados e regras de direito internacional, ao crime cometido no território nacional". **Essa é a regra geral**.

Em termos jurídicos, território é o **espaço em que o Estado exerce sua soberania política**. O território brasileiro compreende:

a) o espaço territorial delimitado pelas fronteiras, sem solução de continuidade, inclusive rios, lagos, mares interiores e ilhas, bem como o respectivo subsolo;

b) o mar territorial, ou marginal, que corre ao longo da costa como parte integrante do território brasileiro e que tem uma faixa de doze milhas marítimas de largura, medidas a partir da baixa-mar do litoral continental e insular brasileiro, na forma definida pela Lei 8.617/1993. A soberania brasileira alcança também o leito e o subsolo do mar territorial. O conceito de território não obsta, contudo, o **direito de passagem inocente**, isto é, a prerrogativa de navios mercantes ou militares de qualquer

Estado de transitarem livremente pelo mar territorial, embora sujeitos ao poder de polícia do Brasil;

c) a plataforma continental, medindo 200 milhas marítimas a partir do litoral brasileiro (ou 188 milhas, deduzidas as 12 milhas do mar territorial), como zona econômica exclusiva, instituída pela Lei 8.617/1993, que incorporou a Convenção da ONU de 1982, sobre o direito do mar;

d) o espaço aéreo, compreendido como a dimensão estatal da altitude. Em relação ao domínio aéreo, adotou-se a **teoria da absoluta soberania do país subjacente**, pela qual o Brasil exerce completa e exclusiva soberania sobre o espaço aéreo acima de seu território e mar territorial (art. 11 da Lei 7.565/1986);

e) os navios e aeronaves, de natureza particular, em alto-mar ou no espaço aéreo correspondente ao alto-mar;

f) os navios e aeronaves, de natureza pública, onde quer que se encontrem;

g) os rios e lagos internacionais, que são aqueles que atravessam mais de um Estado. Se forem **sucessivos**, ou seja, passarem por dois ou mais países, mas sem separá-los, considera-se o trecho que atravessa o Brasil. Caso sejam **simultâneos** ou **fronteiriços**, isto é, separarem os territórios de dois ou mais países, a delimitação da parte pertencente ao Brasil é fixada por tratados ou convenções internacionais entre os Estados interessados.

Consideram-se como **extensão do território nacional** as embarcações e aeronaves brasileiras, de natureza pública ou a serviço do governo brasileiro onde quer que se encontrem, bem como as aeronaves e embarcações brasileiras, mercantes ou de propriedade privada, que se achem, respectivamente, no espaço aéreo correspondente ou em alto-mar (CP, art. 5.º, § 1.º).

Extraterritorialidade – outros princípios

O Código Penal adotou como regra geral o princípio da territorialidade, porém há exceções (hipóteses de **extraterritorialidade**), motivo pelo qual se fala em territorialidade temperada ou mitigada:

1) **Princípio da personalidade ou da nacionalidade**: autoriza a submissão à lei brasileira dos crimes praticados no estrangeiro por autor brasileiro (ativa) ou contra vítima brasileira (passiva).

   a) **Personalidade ativa**: o agente é punido de acordo com a lei brasileira, independentemente da nacionalidade do sujeito passivo e do bem jurídico ofendido, conforme previsto no art. 7.º, I, alínea "d", e II, alínea "b", do Código Penal. Seu fundamento constitucional é a relativa proibição de extradição de brasileiros (CF, art. 5.º, LI), evitando a impunidade de nacionais que, após praticarem crimes no exterior, fogem para o Brasil.

Cap. 3 – Tempo do Crime

b) **Personalidade passiva**: aplica-se nos casos em que a vítima é brasileira. É adotado pelo art. 7.º, § 3.º, do Código Penal.

2) **Princípio do domicílio**: o autor do crime deve ser julgado em consonância com a lei do país em que for domiciliado, pouco importando sua nacionalidade. Previsto no art. 7.º, I, alínea "d" ("domiciliado no Brasil"), do Código Penal, no tocante ao crime de **genocídio** no qual o **agente não é brasileiro, mas apenas domiciliado no Brasil**.

3) **Princípio da defesa**, **real** ou da **proteção**: permite submeter à lei penal brasileira os crimes praticados no estrangeiro que ofendam bens jurídicos pertencentes ao Brasil, qualquer que seja a nacionalidade do agente e o local do delito. Adotado pelo Código Penal, em seu art. 7.º, I, alíneas "a", "b" e "c", compreendendo os crimes contra:

   a) a vida ou a liberdade do Presidente da República;

   b) o patrimônio ou a fé pública da União, do Distrito Federal, de Estado, de Território, de Município, de empresa pública, sociedade de economia mista, autarquia ou fundação instituída pelo Poder Público; e

   c) a administração pública, por quem está a seu serviço.

4) **Princípio da justiça universal**, da **justiça cosmopolita**, da **competência universal**, da **jurisdição universal**, da **jurisdição mundial**, da **repressão mundial** ou da **universalidade do direito de punir**: é característico da cooperação penal internacional, porque todos os Estados da comunidade internacional podem punir os autores de determinados crimes que se encontrem em seu território, de acordo com as convenções ou tratados internacionais, pouco importando a nacionalidade do agente, o local do crime ou o bem jurídico atingido. Fundamenta-se no dever de solidariedade na repressão de certos delitos cuja punição interessa a todos os povos e foi adotado no art. 7.º, II, "a", do Código Penal: "os crimes que, por tratado ou convenção, o Brasil se obrigou a reprimir".

5) **Princípio da representação**, do **pavilhão**, da **bandeira**, **subsidiário** ou da **substituição**: aplica-se a lei penal brasileira aos crimes cometidos em aeronaves ou embarcações brasileiras, mercantes ou de propriedade privada, quando estiverem em território estrangeiro e aí não sejam julgados. É adotado pelo art. 7.º, II, "c", do Código Penal. **E se a aeronave ou embarcação brasileira for pública ou estiver a serviço do governo brasileiro?** Não incide no caso o princípio da representação, mas sim o da territorialidade, pois aeronaves e embarcações brasileiras, públicas ou a serviço do governo brasileiro, constituem extensão do território nacional (art. 5.º, § 1.º, do Código Penal).

EM RESUMO:

Tempo do crime	Três teorias buscam explicar o momento em que o crime é cometido: 1) **Teoria da atividade**: considera-se praticado o crime no momento da conduta (ação ou omissão), pouco importando o momento do resultado (CP, art. 4.º); 2) **Teoria do resultado** ou do **evento**: considera-se praticado o crime no momento em que ocorre a consumação, sendo irrelevante a ocasião da conduta; 3) **Teoria mista** ou da **ubiquidade**: busca conciliar as duas teorias.
Lei penal no tempo	**Direito Penal intertemporal e o conflito de leis penais no tempo** Regra: prevalência da lei que se encontrava em vigor quando da prática da conduta (*tempus regit actum*). Exceção: sucessão de leis penais que disciplinem, total ou parcialmente, a mesma matéria. **Se o fato tiver sido praticado durante a vigência da lei anterior**: situações que podem surgir: 1) a lei cria uma nova figura penal (*novatio legis incriminadora*): não pode retroagir; 2) a lei posterior se mostra mais rígida em comparação com a lei anterior (*lex gravior*): não retroage; 3) a lei posterior extingue o crime (*abolitio criminis*): retroage e possui natureza jurídica de causa de extinção da punibilidade; 4) a lei posterior é benigna em relação à sanção penal ou à forma de seu cumprimento (*lex mitior* ou *novatio legis in mellius*): retroage; 5) a lei posterior contém alguns preceitos mais rígidos e outros mais brandos (*lex tertia*): STF e STJ acolhem a teoria da ponderação unitária, ou global, vedando a combinação de leis penais. **Lei penal temporária e lei penal excepcional** **Lei penal temporária**: tem a sua vigência predeterminada no tempo. **Lei penal excepcional**: se verifica quando a sua duração está relacionada a situações de anormalidade. Ambas são autorrevogáveis e possuem ultratividade. **As leis penais em branco e o conflito de leis no tempo** Quando o complemento se revestir de situação de **normalidade** e a sua modificação for favorável ao réu: a retroatividade é obrigatória (CF, art. 5.º, XL). Quando o complemento se inserir em um contexto de **anormalidade**, de excepcionalidade, a sua modificação, ainda que benéfica ao réu, não pode retroagir (CP, art. 3.º).

Lei penal no espaço	**Regra**: **Princípio da Territorialidade**: Aplica-se a lei brasileira ao crime cometido no território nacional (CP, art. 5.º). Território é o espaço em que o Estado exerce sua soberania política. Consideram-se como extensão do território nacional as embarcações e aeronaves brasileiras, de natureza pública ou a serviço do governo brasileiro onde quer que se encontrem, bem como as aeronaves e embarcações brasileiras, mercantes ou de propriedade privada, que se achem, respectivamente, no espaço aéreo correspondente ou em alto-mar (CP, art. 5.º, § 1.º). **Exceção**: **Extraterritorialidade** (territorialidade temperada ou mitigada): 1) **Princípio da personalidade ativa** (CP, art. 7.º, I, alínea "d", e II, alínea "b") ou **passiva** (CP, art. 7.º, § 3.º); 2) **Princípio do domicílio**; 3) **Princípio da defesa** (CP, art. 7.º, I, alíneas "a", "b" e "c"); 4) **Princípio da justiça universal** (CP, art. 7.º, II, "a"); 5) **Princípio da representação** (CP, art. 7.º, II, "c").

Capítulo 4

Do Crime

1. DO CRIME

O crime pode ser conceituado levando em conta três aspectos:

1) **Critério material ou substancial**: crime é toda **ação ou omissão humana** que **lesa ou expõe a perigo de lesão bens jurídicos penalmente tutelados.** Essa fórmula leva em conta a **relevância do mal produzido** aos interesses e valores selecionados pelo legislador como merecedores da tutela penal. Destina-se a orientar a formulação de políticas criminais, incumbindo ao legislador a tipificação como infrações penais exclusivamente das condutas que causarem danos ou ao menos colocarem em perigo bens jurídicos penalmente relevantes, assim reconhecidos pelo ordenamento jurídico. Com efeito, esse conceito de crime serve como **fator de legitimação** do Direito Penal em um Estado Democrático de Direito, não se mostrando suficiente o mero atendimento do princípio da reserva legal.

2) **Critério legal**: o conceito de crime é o **fornecido pelo legislador**. O art. 1.º da Lei de Introdução ao Código Penal (Decreto-lei 3.914, de 9 de dezembro de 1941) dispõe: "considera-se crime a infração penal a que a lei comina pena de reclusão ou de detenção, quer isoladamente, quer alternativa ou cumulativamente com a pena de multa; contravenção, a infração penal que a lei comina, isoladamente, pena de prisão simples ou de multa, ou ambas, alternativa ou cumulativamente". Assim, quando o **preceito secundário cominar pena de reclusão ou detenção**, teremos um crime, podendo tais modalidades de pena estarem previstas isoladamente, ou ainda alternativa ou cumulativamente com a pena pecuniária. Por outro lado, **se o preceito secundário não apresentar as palavras "reclusão" ou "detenção", estará se referindo a uma contravenção penal,** uma vez que **a lei a ela comina pena de prisão simples ou de multa**, isoladas, alternativa ou cumulativamente. Ainda nesse ponto, o Direito Penal brasileiro acolheu um **sistema dicotômico**, ao fracionar o gênero infração penal em duas espécies: **crime (ou delito) e contravenção penal**.

> **Atenção**
>
> No crime de **posse de droga para consumo pessoal** (Lei 11.343/2006, art. 28), embora sejam cominadas as penas de advertência sobre os efeitos das drogas, prestação de serviços à comunidade e medida educativa de comparecimento a programa ou curso educativo, o Supremo Tribunal Federal e o Superior Tribunal de Justiça decidiram não ter havido a descriminalização da conduta (existe crime), e sim a **despenalização**, em face da supressão da pena privativa de liberdade. Conclui-se que a Lei de Introdução ao Código Penal fornece um conceito **genérico** de crime, aplicável sempre que não existir disposição especial em sentido contrário. Além disso, a sua finalidade precípua não é dizer sempre o que se entende por crime, mas diferenciá-lo da contravenção penal. O art. 1.º da Lei de Introdução ao Código Penal permite, assim, a definição de conceito diverso de crime por leis extravagantes, reservando-se a sua aplicação para casos omissos.

3) **Critério analítico, formal ou dogmático**: se funda nos **elementos** que compõem a **estrutura do crime**.

a) **Posição quadripartida** (Basileu Garcia): sustentava ser o crime composto por quatro elementos: **fato típico, ilicitude, culpabilidade** e **punibilidade**. Essa posição é claramente minoritária e deve ser afastada, pois a **punibilidade** não é elemento do crime, mas **consequência** da sua prática.

b) **Posição tripartida** (Nélson Hungria, Aníbal Bruno, E. Magalhães Noronha, Francisco de Assis Toledo, Cezar Roberto Bitencourt e Luiz Regis Prado): seriam elementos do crime: **fato típico, ilicitude** e **culpabilidade.** Quem aceita um conceito tripartido de crime tanto pode ser clássico como finalista. A distinção entre os perfis clássico e finalista reside, principalmente, na alocação do dolo e da culpa, e não em um sistema bipartido ou tripartido relativamente à estrutura do delito.

c) **Posição bipartida** (René Ariel Dotti, Damásio E. de Jesus e Julio Fabbrini Mirabete): seriam elementos do crime: **fato típico** e **ilícito.** Para os seguidores dessa **teoria bipartida,** a **culpabilidade** deve ser excluída da composição do crime, uma vez que se trata de **pressuposto de aplicação da pena**. Destarte, para a configuração do delito bastam o fato típico e a ilicitude, ao passo que a presença ou não da culpabilidade importará na possibilidade ou não de a pena ser imposta. A teoria bipartida relaciona-se intimamente com a teoria finalista da conduta.

> **Importante**
>
> O Código Penal de 1940, em sua redação original, acolhia um conceito tripartido de crime, relacionado com o sistema clássico, que tinha como elementos o *fato típico*, a *ilicitude* e a *culpabilidade*.

Com a edição da Lei 7.209/1984, responsável pela redação da nova Parte Geral do Código Penal, **ficou a impressão** de ter sido adotado um conceito bipartido de crime, ligado obrigatoriamente à teoria finalista da conduta, pelos seguintes motivos:

1º: O Título II da Parte Geral do Código Penal trata "Do Crime", enquanto logo em seguida o Título III cuida "Da Imputabilidade Penal", ficando a impressão de que crime é o fato típico e ilícito, independentemente da culpabilidade, que tem a imputabilidade penal como um dos seus elementos.

2º: Ao tratar das causas de exclusão da ilicitude, determina o Código Penal em seu art. 23 que **"não há crime"**, enquanto ao relacionar-se às causas de exclusão da culpabilidade (arts. 26, *caput*, e 28, § 1.º, por exemplo), diz que o autor é **"isento de pena"**.

3º: O art. 180, § 4.º, do Código Penal preceitua: "a receptação é punível, ainda que desconhecido ou **isento de pena** o **autor do crime** de que proveio a coisa". Conclui-se que, nada obstante a isenção de pena do agente e, portanto, da falta de culpabilidade (**isenção da pena = exclusão da culpabilidade**), ainda assim existe o crime do qual proveio a coisa.

Em que pesem tais argumentos, há respeitados penalistas que adotam posições contrárias, no sentido de ter o Código Penal se filiado a um sistema tripartido.

1.1. Sujeitos do crime

Sujeitos do crime são as pessoas ou entes relacionados à prática e aos efeitos da empreitada criminosa. Dividem-se em sujeito ativo e sujeito passivo.

1) **Sujeito ativo**: é a pessoa que realiza direta ou indiretamente a conduta criminosa, seja isoladamente, seja em concurso. Autor e coautor realizam o crime de forma direta, ao passo que o partícipe e o autor mediato o fazem indiretamente.

Importante

Discute-se se a pessoa jurídica pode ser considerada sujeito ativo de crimes. Para a **teoria da ficção jurídica,** idealizada por **Savigny,** a pessoa jurídica não tem existência real, não tem vontade própria, sendo impossível a prática de crimes por pessoas jurídicas.

De outro lado, a **teoria da realidade, orgânica, organicista ou da personalidade real,** de **Otto Gierke,** mais aceita no Direito, sustenta ser a pessoa jurídica um ente autônomo e distinto de seus membros, dotado de vontade própria e sujeito de direitos e obrigações. Com a opção pela segunda corrente, pode-se dizer que a Constituição Federal admitiu a responsabilidade penal da pessoa jurídica nos crimes contra a ordem econômica e financeira, contra a economia popular e contra o meio ambiente, autorizando o legislador ordinário a cominar penas compatíveis com sua natureza, independentemente da responsabilidade individual dos seus dirigentes (CF, arts. 173, § 5.º, e 225, § 3.º).

Já foi editada a Lei 9.605/1998, no tocante aos crimes contra o meio ambiente, e o seu art. 3.º, parágrafo único, dispõe expressamente sobre a responsabilização penal da pessoa jurídica. O Supremo Tribunal Federal e do Superior Tribunal de Justiça admitem a responsabilidade penal da pessoa jurídica em todos os crimes ambientais, dolosos ou culposos. Em relação aos crimes contra a economia popular e a ordem econômica e financeira, ainda não sobreveio lei definidora dos crimes da pessoa jurídica, sendo inviável a sua responsabilização penal.

Ao se aceitar a responsabilidade penal da pessoa jurídica, deve destacar-se que esse reconhecimento não exclui a responsabilidade da pessoa física coautora ou partícipe do delito. É o que se denomina **sistema paralelo de imputação (teoria da dupla imputação),** previsto no art. 3.º, parágrafo único, da Lei 9.605/1998, e com amparo nos arts. 13, *caput*, e 29, *caput*, ambos do Código Penal.

É de se observar, entretanto, que a condenação da pessoa jurídica não acarreta, automaticamente, em igual medida no tocante à pessoa física, pelo mesmo crime. Exigem-se provas seguras da autoria e da materialidade do fato delituoso relativamente a todos os envolvidos na infração penal. (STF, RE 548.181/PR, rel. Min. Rosa Weber, 1.ª Turma, j. 06.08.2013, noticiado no *Informativo* 714; e STJ, RMS 39.173/BA, rel. Min. Reynaldo Soares da Fonseca, 5.ª Turma, j. 06.08.2015, noticiado no *Informativo* 566).

2) **Sujeito passivo**: É o titular do bem jurídico protegido pela lei penal violada por meio da conduta criminosa. Pode ser denominado **vítima** ou **ofendido**, e divide-se em duas espécies:

   a) **Sujeito passivo constante, mediato, formal, geral, genérico ou indireto:** é o Estado, pois a ele pertence o direito público subjetivo de exigir o cumprimento da legislação penal, figurando, portanto, como sujeito passivo de todos os crimes.

   b) **Sujeito passivo eventual, imediato, material, particular, acidental ou direto**: é o titular do bem jurídico especificamente tutelado pela lei penal. Exemplo: o proprietário do carro subtraído no crime de furto. O Estado sempre figura como sujeito passivo constante, mas também pode ser sujeito passivo eventual, tal como ocorre nos crimes contra a Administração Pública.

Cap. 4 – Do Crime

> **Atenção**
>
> Os mortos e os animais não podem ser sujeitos passivos de crimes. No caso da figura definida pelo art. 138, § 2.º, do Código Penal, não é o morto o sujeito passivo do crime, mas sim os seus familiares, preocupados em zelar pelo respeito reservado às suas recordações. Em relação aos crimes contra a fauna (Lei 9.605/1998, arts. 29 a 37), é a coletividade que figura como vítima, pois ela é a titular do interesse de ver preservado todo o patrimônio ambiental.
>
> Ninguém pode praticar um crime contra si próprio em razão do princípio da alteridade. Assim, no crime previsto no art. 171, § 2.º, V, do Código Penal (fraude para recebimento de indenização ou valor de seguro), a vítima é a seguradora que se pretende ludibriar. Na hipótese da autoacusação falsa (art. 341 do Código Penal), a vítima é o Estado, ofendido em sua função de administrar a Justiça.

> **Importante**
>
> Não se deve confundir o sujeito passivo com o prejudicado pelo crime, ainda que muitas vezes tais características se reúnam na mesma pessoa. Sujeito passivo é o titular do bem jurídico protegido pela lei penal violada, enquanto prejudicado pelo crime é qualquer pessoa a quem o crime traga danos, patrimoniais ou não. Exemplo: sujeito passivo do homicídio é o ser humano de quem foi tirada a vida, ao passo que prejudicado pelo crime é a esposa da vítima.

1.2. Objeto do crime

É o bem ou objeto contra o qual se dirige a conduta criminosa. O objeto pode ser:

1) **Jurídico**: é o bem jurídico, isto é, o interesse ou valor protegido pela norma penal. No art. 121 do Código Penal, a título ilustrativo, a objetividade jurídica recai na vida humana.

2) **Material**: é a pessoa ou a coisa que suporta a conduta criminosa. No homicídio, exemplificativamente, é o ser humano que teve sua vida ceifada pelo comportamento do agente.

2. RELAÇÃO DE CAUSALIDADE

Relação de causalidade é o vínculo formado entre a conduta praticada por seu autor e o resultado por ele produzido. É por meio dela que se conclui se o resultado foi ou não provocado pela conduta, autorizando, se presente a tipicidade, a configuração do fato típico.

O estudo da relação de causalidade tem pertinência apenas aos **crimes materiais**, os quais exigem a produção do resultado naturalístico para a consumação. O nexo causal liga a conduta do agente ao resultado material. Nos crimes de atividade, o resultado naturalístico pode ocorrer (formais) ou não (de mera conduta), mas é dispensável, pois se consumam com a simples prática da conduta ilícita.

> **Importante**
>
> Destacam-se três teorias na busca de definir a relação de causalidade:
>
> 1) **Teoria da equivalência dos antecedentes:** também chamada de **teoria da equivalência das condições, teoria da condição simples, teoria da condição generalizadora**, ou, finalmente, **teoria da *conditio sine qua non***, foi criada por **Glaser**, e posteriormente desenvolvida por **Von Buri** e **Stuart Mill**, em 1873. Para essa teoria, causa é todo fato humano sem o qual o resultado não teria ocorrido, quando ocorreu e como ocorreu.
>
> 2) **Teoria da causalidade adequada**: também chamada de **teoria da condição qualificada**, ou **teoria individualizadora**, originou-se dos estudos de **Von Kries**. *Causa*, nesse contexto, é o antecedente, não só necessário, mas adequado à produção do resultado. Para que se possa atribuir um resultado a determinada pessoa, é necessário que ela, além de praticar um antecedente indispensável, realize uma atividade adequada à sua concretização, com base na **regularidade estatística**, excluindo os acontecimentos extraordinários, fortuitos, excepcionais, anormais. Não são levadas em conta todas as circunstâncias necessárias, mas somente aquelas que, além de indispensáveis, sejam idôneas à produção do resultado (COSTA JR., Paulo José[1]). Portanto, a causa adequada é aferida de acordo com o juízo do homem médio e com a experiência comum. Não basta contribuir de qualquer modo para o resultado: a contribuição deve ser eficaz.
>
> 3) **Teoria da imputação objetiva**: em uma perspectiva clássica, o tipo penal apresentava apenas aspectos **objetivos**, representados na relação de causalidade. Considerava-se realizado o tipo toda vez que alguém causava o resultado nele previsto, de acordo com a teoria da equivalência dos antecedentes, gerando, assim, o problema do *regressus ad infinitum*, cuja restrição só podia ser efetuada no âmbito da ilicitude, ou, na maior parte das vezes, da culpabilidade, que englobava o dolo e a culpa. Para resolver esse problema, o sistema **finalista** conferiu ao tipo penal também uma feição **subjetiva**, com a inclusão na

---

1 COSTA JR., Paulo José. *Nexo causal*. 2. ed. São Paulo: Malheiros, 1996. p. 88.

conduta do dolo e da culpa. Exemplo: Se "A", fabricante de armas de fogo, produz aquela que posteriormente foi adquirida por "B" para matar "C", não poderá ser penalmente responsabilizado. Para a teoria clássica, por ausência de culpabilidade; para a teoria finalista, porque o fato é atípico (uma vez ausente o dolo ou a culpa). Para os adeptos da teoria da imputação objetiva, contudo, o sistema finalista, ao limitar o tipo objetivo à relação de causalidade, de acordo com a teoria da equivalência dos antecedentes, não resolve todos os problemas inerentes à imputação. Assim, a **teoria da imputação objetiva** insere duas novas **elementares** no tipo objetivo, que passa a ter, além da **causalidade**, a **criação de um risco proibido** e a **realização do risco no resultado**. Logo, com a adoção da teoria da imputação objetiva, a relação de causalidade somente estaria caracterizada quando ultrapassadas três etapas: 1.ª: teoria da equivalência dos antecedentes; 2.ª: imputação objetiva; 3.ª: dolo ou culpa.

A proposta dos defensores da teoria da imputação objetiva é a inclusão de novas elementares no tipo objetivo, criando-se o conceito de **causalidade normativa**, em oposição à causalidade natural presente na teoria finalista. A inclusão de tais elementos (a **criação de um risco proibido** e a **realização do risco no resultado**) visa resolver, no âmbito do fato típico, certos casos que para as demais teorias seriam solucionados em outros aspectos, como a ilicitude e a culpabilidade. Rogério Greco[2] faz uma compilação de conclusões acerca da teoria da imputação objetiva: a) a imputação objetiva é uma análise que antecede à imputação subjetiva; b) a imputação objetiva pode dizer respeito ao resultado ou ao comportamento do agente; c) a expressão mais apropriada seria teoria da não imputação, uma vez que a teoria visa, com as suas vertentes, evitar a imputação objetiva (do resultado ou do comportamento) do tipo penal a alguém; d) a teoria da imputação foi criada, inicialmente, para se contrapor aos dogmas da teoria da equivalência, erigindo uma relação de causalidade jurídica ou normativa, ao lado daquela outra de natureza material; e) uma vez concluída pela não imputação objetiva, afasta-se o fato típico.

Atenção

A teoria da imputação objetiva **não se confunde com a responsabilidade penal objetiva.** Sua função é completamente diversa: **limitar a responsabilidade penal,** pois a atribuição de um resultado a uma pessoa não é determinada pela relação de causalidade, mas é necessário outro nexo, de modo que esteja presente a realização de um risco proibido pela norma.[3]

---

2 GRECO, Rogério. *Curso de direito penal*: parte geral. 10. ed. Rio de Janeiro: Impetus, 2008. p. 246.
3 CAMARGO, Antonio Luís Chaves. *Imputação objetiva e direito penal brasileiro*. São Paulo: Cultural Paulista, 2002. p. 70.

> **Importante**
>
> O Código Penal acolheu, **como regra, a teoria da equivalência dos antecedentes**. É o que se extrai do art. 13, *caput, in fine*: "considera-se causa a ação ou omissão sem a qual o resultado não teria ocorrido".
>
> *Causa* é todo o comportamento humano, comissivo ou omissivo, que de qualquer modo concorreu para a produção do resultado naturalístico. Para se constatar se algum acontecimento insere-se ou não no conceito de causa, emprega-se o **"processo hipotético de eliminação"**, desenvolvido em 1894 pelo sueco **Thyrén**. Suprime-se mentalmente determinado fato que compõe o histórico do crime: se desaparecer o resultado naturalístico, é porque era também sua causa; todavia, se com a sua eliminação permanecer íntegro o resultado material, não se pode falar que aquele acontecimento atuou como sua causa.
>
> Para que um acontecimento ingresse na relação de causalidade, não basta a mera dependência física. Exige-se ainda a **causalidade psíquica (*imputatio delicti*)**, reclamando-se a presença do dolo ou da culpa por parte do agente em relação ao resultado. De fato, a falta do dolo ou da culpa afasta a conduta, a qual, por seu turno, obsta a configuração do nexo causal.
>
> **Excepcionalmente**, o Código Penal adota, no § 1.º do art. 13, a **teoria da causalidade adequada**.

2.1. Concausas

A palavra concausa diz respeito à concorrência de causas, ou seja, é a convergência de uma causa externa à vontade do autor da conduta e que influi na produção do resultado naturalístico por ele desejado.

Causa dependente é a que precisa da conduta do agente para provocar o resultado, ou seja, não é capaz de produzi-lo por si própria, razão pela qual **não exclui a relação de causalidade**. Exemplo: "A" tem a intenção de matar "B". Após espancá-lo, coloca uma corda em seu pescoço, amarrando-a ao seu carro. Em seguida dirige o automóvel, arrastando a vítima ao longo da estrada, circunstância que provoca a sua morte. A estrada, a corda e o carro não são capazes de matar a vítima, se isoladamente consideradas. De fato, tais acontecimentos somente levaram ao óbito porque o agente havia previamente espancado a vítima e depois a amarrou com uma corda ao carro e arrastou o corpo pela via pública.

Causa independente, por sua vez, é aquela capaz de produzir por si só o resultado. Divide-se em:

1) Causas absolutamente independentes: São aquelas que não se originam da conduta do agente, isto é, são absolutamente desvinculadas da sua ação ou omissão ilícita, produzindo por si sós o resultado naturalístico. Dividem-se em:

a) **Preexistentes** (ou estado anterior): são aquelas que existem **anteriormente** à prática da conduta. O resultado naturalístico teria ocorrido da mesma forma, mesmo sem o comportamento ilícito do agente. Exemplo: "A" efetua disparos de arma de fogo contra "B", atingindo-o em regiões vitais. O exame necroscópico, todavia, conclui ter sido a morte provocada pelo envenenamento anterior efetuado por "C".

b) **Concomitantes**: incidem **simultaneamente** à prática da conduta. Surgem no mesmo instante em que o agente realiza seu comportamento criminoso. Exemplo: "A" efetua disparos de arma de fogo contra "B" no momento em que o teto da casa deste último desaba sobre sua cabeça.

c) **Supervenientes**: são as que se concretizam **posteriormente** à conduta praticada pelo agente. Exemplo: "A" subministra dose letal de veneno a "B", mas, antes que se produzisse o efeito almejado, surge "C", antigo desafeto de "B", que nele efetua inúmeros disparos de arma de fogo por todo o corpo, matando-o.

Em todas as modalidades (preexistentes, concomitantes e supervenientes), o resultado naturalístico ocorre independentemente da conduta do agente. Por corolário, devem ser imputados ao agente somente os atos praticados, e não o resultado naturalístico, em face da quebra da relação de causalidade, respeitando-se, assim, a teoria da equivalência dos antecedentes ou *conditio sine qua non*, adotada pelo art. 13, *caput, in fine*, do Código Penal. Nos exemplos mencionados, o agente responde somente por tentativa de homicídio, e não por homicídio consumado.

2) **Causas relativamente independentes:** originam-se da própria conduta efetuada pelo agente. Daí serem relativas, pois não existiriam sem a atuação criminosa. Como, entretanto, tais causas são independentes, têm idoneidade para produzir, por si sós, o resultado, já que não se situam no normal trâmite do desenvolvimento causal. Classificam-se em:

a) **Preexistentes** (ou estado anterior): existem **previamente** à prática da conduta do agente. Antes de seu agir ela já estava presente. Exemplo: "A", com ânimo homicida, efetua disparos de arma de fogo contra "B", atingindo-a de raspão. Os ferimentos, contudo, são agravados pela diabete da vítima, que vem a falecer. Em obediência à teoria da equivalência dos antecedentes ou *conditio sine qua non*, adotada pelo art. 13, *caput, in fine*, do Código Penal, o agente responde pelo resultado naturalístico, pois suprimindo-se mentalmente a sua conduta, o resultado material (morte da vítima) não teria ocorrido quando e como ocorreu.

b) **Concomitantes**: ocorrem **simultaneamente** à prática da conduta. Exemplo: "A" aponta uma arma de fogo contra "B", o qual, assustado, corre em direção a movimentada via pública. No momento em que é alvejado pelos disparos, é atropelado por um caminhão, morrendo. Em obediência à teoria da equivalência dos antecedentes ou *conditio sine qua non*, adotada pelo art. 13, *caput, in fine,* do Código Penal, o agente responde pelo resultado naturalístico, pois suprimindo-se mentalmente a sua conduta, o resultado material (morte da vítima) não teria ocorrido quando e como ocorreu.

c) **Supervenientes**: em face da regra prevista no art. 13, § 1.º, do Código Penal, as causas supervenientes relativamente independentes podem ser divididas em dois grupos:

(c.1) as que **não produzem por si sós** o resultado: Incide a **teoria da equivalência dos antecedentes ou da conditio *sine qua non***, adotada como regra geral no tocante à relação de causalidade (CP, art. 13, *caput, in fine*). O agente responde pelo resultado naturalístico, pois, suprimindo-se mentalmente a sua conduta, o resultado não teria ocorrido como e quando ocorreu. Exemplo: "A", com a intenção de matar, efetua disparos de arma de fogo contra "B". Por má pontaria, atinge-o em uma das pernas, não oferecendo risco de vida. Contudo, "B" é conduzido a um hospital e, por imperícia médica, vem a morrer; e

(c.2) as que **produzem por si sós** o resultado: É a situação tratada pelo § 1.º do art. 13 do Código Penal, no qual foi acolhida a **teoria da causalidade adequada**: "A superveniência de causa relativamente independente exclui a imputação quando, **por si só**, produziu o resultado; os fatos anteriores, entretanto, imputam-se a quem os praticou". Os exemplos famosos são: (1) pessoa atingida por disparos de arma de fogo que, internada em um hospital, falece não em razão dos ferimentos, e sim queimada por um incêndio que destrói toda a área dos enfermos; e (2) ferido que morre durante o trajeto para o hospital, em face de acidente de tráfego que atinge a ambulância que o transportava. Nos exemplos mencionados, conclui-se que qualquer pessoa que estivesse na área da enfermaria do hospital, ou no interior da ambulância, poderia morrer em razão do acontecimento inesperado e imprevisível, e não somente a ferida pela conduta praticada pelo agente. Portanto, a simples concorrência (de qualquer modo) não é suficiente para a imputação do resultado material, produzido por uma causa idônea e adequada, por si só, para fazê-lo. O art. 13, § 1.º, cuidou exclusivamente das causas **supervenientes** relativamente independentes que produzem por si sós o resultado.

2.2. Relevância da omissão

A **omissão penalmente relevante** encontra-se disciplinada pelo art. 13, § 2.º, do Código Penal: "A omissão é penalmente relevante quando o omitente devia e podia agir para evitar o resultado".

O dispositivo é aplicável somente aos **crimes omissivos impróprios, espúrios ou comissivos por omissão**, isto é, aqueles em que o tipo penal descreve uma ação, mas a inércia do agente, que podia e devia agir para impedir o resultado naturalístico, conduz à sua produção. São crimes materiais, como é o caso do homicídio, cometido em regra por ação, mas passível também de ser praticado por inação, desde que o agente ostente o **poder** e o **dever de agir**.

De fato, os crimes omissivos próprios ou puros não alojam em seu bojo um resultado naturalístico. A omissão é descrita pelo próprio tipo penal, e o crime se consuma com a simples inércia do agente. Não são, assim, compatíveis com a figura da tentativa. É o que se dá na omissão de socorro (CP, art. 135): ou o sujeito presta assistência ao necessitado, e não há crime; ou omite-se, consumando automaticamente o delito.

Esse é o significado da expressão **"penalmente relevante"**: a omissão que não é típica, por não estar descrita pelo tipo penal, somente se torna penalmente relevante quando presente o dever de agir.

Nos crimes omissivos impróprios, a omissão **pode**, com o dever de agir, ser penalmente relevante. Por outro lado, nos crimes omissivos próprios, a omissão **sempre é** penalmente relevante, pois se encontra descrita pelo tipo penal, tal como nos arts. 135 e 269 do Código Penal.

Importante

O art. 13, § 2.º, do Código Penal, no tocante à natureza jurídica da omissão, acolheu a **teoria normativa**, pela qual a omissão é um nada, e "do nada, nada surge". Não é punível de forma independente, ou seja, não se pune alguém pelo simples fato de ter se omitido. Só tem importância jurídico-penal quando presente o **dever de agir**. A omissão somente interessa ao Direito Penal quando, diante da inércia do agente, o ordenamento jurídico lhe impunha uma ação, um fazer.

Há dois critérios acerca da fixação do dever de agir:

1) **Critério legal**: é a lei que deve arrolar, taxativamente, as hipóteses do dever de agir. Cuida-se de critério mais seguro, por afastar incertezas e impedir variantes indesejadas que poderiam surgir na interpretação da situação submetida à análise do Poder Judiciário. **Por ele optou o legislador pátrio**, ao indicar nas alíneas "a", "b" e "c" do § 2.º do art. 13 do Código Penal as pessoas a quem incumbe o dever de agir. Além disso, esse ônus precisa ser especificamente dirigido a pessoa ou pessoas determinadas, e não genericamente a todos os indivíduos.

2) **Critério judicial** permite ao magistrado, no caso concreto, decidir pela presença ou não do dever de agir.

As hipóteses de **dever de agir** estão disciplinadas pelas alíneas "a" a "c" do § 2.º do art. 13 do Código Penal, incumbindo a quem:

a) *Tenha por lei obrigação de cuidado, proteção ou vigilância*: trata-se do **dever legal,** relativo às pessoas que, por lei, têm a obrigação de impedir o resultado, como os pais em relação aos filhos menores, bem como os policiais no tocante aos indivíduos em geral. O Código Penal utilizou a palavra "lei" em sentido amplo, englobando os deveres impostos pela ordem jurídica considerada em sua totalidade.

b) *De outra forma, assumiu a responsabilidade de impedir o resultado*: a expressão **"de outra forma"** significa qualquer obrigação de impedir o resultado que não seja decorrente da lei, versada pela alínea "a". Após a Reforma da Parte Geral do Código Penal pela Lei 7.209/1984, alargou-se o conceito de "garantidor", visando abranger, além dos negócios jurídicos em geral, as relações advindas da vida cotidiana, independentemente de vinculação jurídica entre os envolvidos. Nesse sentido, incumbe o dever de agir tanto ao professor de natação contratado para ensinar uma pessoa a nadar (negócio jurídico) como ao nadador experiente que convida um amigo iniciante a atravessar um canal de águas correntes e geladas (situação concreta da vida). A responsabilidade do garantidor subsiste enquanto ele estiver no local em que tem a obrigação de impedir o resultado.

c) *Com seu comportamento anterior, criou o risco da ocorrência do resultado*: cuida-se da **ingerência** ou **situação precedente**.

Em suma, aquele que, com o seu comportamento anterior, criou uma situação de perigo, tem o dever de agir para impedir o resultado lesivo ao bem jurídico. Exemplo: o marinheiro que lança ao mar um tripulante do navio tem o dever de salvá-lo da morte. Se não o fizer, responde pelo homicídio.

Atenção

No campo processual, é preciso destacar que a omissão penalmente relevante precisa ser expressamente descrita na inicial acusatória, sob pena de inépcia da denúncia ou da queixa-crime (STJ, RHC 39.627/RJ, rel. Min. Rogerio Schietti Cruz, 6.ª Turma, j. 08.04.2014, noticiado no *Informativo* 538).

3. CULPABILIDADE E EXCULPANTES

3.1. Culpabilidade

Culpabilidade é o **juízo de censura**, o **juízo de reprovabilidade** que incide sobre a formação e a exteriorização da vontade do responsável por um fato típico e ilícito, com o propósito de aferir a necessidade de imposição de pena.

Cap. 4 – Do Crime

A culpabilidade pode ser encarada como elemento do crime tanto para um simpatizante do sistema clássico como também para um partidário do sistema finalista, desde que se adote um conceito tripartido de crime. Para os adeptos do finalismo bipartido, contudo, a culpabilidade funciona como pressuposto de aplicação da pena, e não como elemento do crime.

A maior ou menor culpabilidade do autor da infração penal constitui-se em circunstância judicial, destinada à dosimetria da pena em compasso com as regras estatuídas pelo art. 59, *caput*, do Código Penal.

> **Importante**
>
> **Concepção clássica, causalista, causal ou mecanicista da conduta**: dolo e culpa se alojam no interior da culpabilidade. Destarte, com a finalidade de evitar a responsabilidade penal objetiva, **a culpabilidade é elemento do crime**. Portanto, em um sistema causalista, o conceito analítico do crime é necessariamente **tripartido**: **"Fato típico e ilícito, praticado por agente culpável"**.
>
> **Concepção finalista**: o dolo e a culpa foram retirados da culpabilidade (**"culpabilidade vazia"**) e transferidos para o interior da **conduta**, possibilitando analisar o crime, no campo analítico, por dois critérios distintos:
>
> 1) **Conceito tripartido:** fato típico e ilícito, praticado por agente culpável, sendo a culpabilidade elemento do crime. Difere-se, todavia, da visão clássica, porque agora o dolo e a culpa, vale repetir, encontram-se na conduta, e não mais na culpabilidade; ou
>
> 2) **Conceito bipartido:** fato típico e ilícito: a culpabilidade não integra o crime, mas funciona como pressuposto para aplicação da pena.

> **Atenção**
>
> Em um Estado Democrático de Direito deve imperar um **direito penal do fato**, e jamais um direito penal do autor. Assim sendo, o juízo de culpabilidade recai sobre o autor para analisar se ele deve ou não suportar uma pena em razão do **fato cometido**, e não pela condição de ser quem ele é.

> **Importante**
>
> O Código Penal não apresenta o **conceito de culpabilidade**. Essa tarefa é da doutrina, que ao longo dos tempos formulou diversas **teorias**, dentre as quais destacam-se:

1) **Teoria psicológica**: Para essa teoria, idealizada por **Franz von Liszt e Ernst von Beling** e intimamente relacionada ao desenvolvimento da teoria clássica da conduta, o **pressuposto fundamental** da culpabilidade é a **imputabilidade**, compreendida como a capacidade do ser humano de entender o caráter ilícito do fato e de determinar-se de acordo com esse entendimento. A culpabilidade, que tem como pressuposto a imputabilidade, é definida como o **vínculo psicológico** entre o sujeito e o fato típico e ilícito por ele praticado. Esse vínculo pode ser representado tanto pelo **dolo** como pela **culpa**, que seriam **espécies da culpabilidade**, pois são as formas concretas pelas quais pode se revelar o vínculo psicológico entre o autor e a conduta praticada. Além disso, o dolo é **normativo**, ou seja, guarda em seu interior a consciência da ilicitude. E se a imputabilidade é pressuposto da culpabilidade, somente se analisa a presença do dolo ou da culpa se o agente for imputável, isto é, maior de 18 anos de idade e mentalmente sadio. Essa teoria somente é aplicável no campo da **teoria clássica da conduta**, em que o dolo e a culpa integram a culpabilidade.

Críticas: (i) impossibilidade em resolver as situações de **inexigibilidade de conduta diversa**, notadamente a coação moral irresistível e a obediência hierárquica à ordem não manifestamente ilegal. Nesses casos o sujeito age com dolo, mas o crime não pode ser a ele imputado, pois somente é punido o autor da coação ou da ordem (CP, art. 22); ii) não consegue explicar a culpa inconsciente (sem previsão), pois aqui não existe nenhum vínculo psicológico entre o autor e o fato por ele praticado, que sequer foi previsto.

Essa teoria não é atualmente aceita, pois a culpabilidade não pode ser um mero e frágil vínculo psicológico, devendo-se utilizar outros fatores para a sua constatação.

2) **Teoria normativa ou psicológico-normativa**: surge em **1907**, com a proposta de **Reinhart Frank**, relacionando a culpabilidade com a exigibilidade de conduta diversa. A culpabilidade deixa de ser um fenômeno puramente natural, de cunho psicológico, pois a ela se atribui um novo elemento, estritamente **normativo**, inicialmente chamado de **normalidade das circunstâncias concomitantes**, e, posteriormente, de **motivação normal**, atualmente definido como exigibilidade de conduta diversa. O conceito de culpabilidade assume um perfil complexo, constituído por elementos naturalísticos (vínculo psicológico, representado pelo dolo ou pela culpa) e normativos (normalidade das circunstâncias concomitantes ou motivação normal). Sua estrutura passa a ser composta por três elementos: **imputabilidade, dolo ou culpa e exigibilidade de conduta diversa**. A imputabilidade deixa de ser pressuposto da culpabilidade, para funcionar como seu elemento. Essa teoria não eliminou da culpabilidade o vínculo psicológico (dolo ou culpa) que une o autor imputável ao fato por ele praticado, mas a reforçou com a exigibilidade de conduta

diversa. **O dolo permanece normativo:** aloja em seu bojo a consciência da ilicitude, isto é, o conhecimento acerca do caráter ilícito do fato. Sua aplicação é restrita ao âmbito da **teoria causal (causalista ou mecanicista) da conduta**, pois nela o dolo e a culpa compõem a culpabilidade. Para essa teoria a estrutura do crime é a seguinte: fato típico (conduta, resultado naturalístico, relação de causalidade e tipicidade), ilicitude e culpabilidade (imputabilidade, dolo normativo ou culpa e exigibilidade de conduta diversa).

Essa teoria soçobrou com a superveniência da teoria finalista, que a fulminou por duas razões principais: (i) manutenção do dolo e da culpa como elementos da culpabilidade; e (ii) tratamento do dolo normativo, possuindo em seu interior a consciência **atual** da ilicitude.

3) **Teoria normativa pura**: surge nos anos de 1930, com o **finalismo penal de Hans Welzel**, sendo chamada de normativa pura porque os elementos psicológicos (dolo e culpa), que existiam nas teorias psicológica e psicológico-normativa da culpabilidade, foram transferidos pelo finalismo penal para o fato típico, alojando-se no interior da conduta. Dessa forma, a culpabilidade se transforma em um simples juízo de reprovabilidade que incide sobre o responsável pela prática de um fato típico e ilícito. **O dolo passa a ser natural, isto é, sem a consciência da ilicitude**. Com efeito, o dolo é levado para a conduta, deixando a consciência da ilicitude na culpabilidade. Aquele vai para o fato típico, esta permanece no local em que estava. Além disso, a consciência da ilicitude, que no sistema clássico era atual, isto é, deveria estar efetivamente presente no caso concreto, passa a ser **potencial**, ou seja, bastava, na situação real, a possibilidade de conhecer o caráter ilícito do fato praticado, com base em um juízo comum. Portanto, com o acolhimento da teoria normativa pura, possível somente em um sistema finalista, o conceito analítico de crime passa a ser composto pelos seguintes elementos: fato típico (conduta dolosa ou culposa, resultado naturalístico, relação de causalidade e tipicidade), ilicitude e culpabilidade (imputabilidade, potencial consciência da ilicitude e exigibilidade de conduta diversa). A teoria normativa pura da culpabilidade subdivide-se em outras duas, a saber:

a) *extremada, extrema ou estrita*: as descriminantes putativas sempre caracterizam **erro de proibição**;

b) *limitada*: a depender das peculiaridades do caso concreto, as descriminantes putativas podem caracterizar **erro de proibição** (em caso de erro relativo à existência de uma causa de exclusão da ilicitude ou aos limites de uma causa de exclusão da ilicitude) ou **erro de tipo** (em caso de erro relativo aos pressupostos de fato de uma causa de exclusão da ilicitude).

Em ambas as vertentes, a estrutura da culpabilidade é idêntica, ou seja, seus elementos são a imputabilidade, a potencial consciência da ilicitude e a exigibilidade de conduta diversa, distinguindo-se unicamente no tratamento dispensado às **descriminantes putativas**, em que o agente, incidindo em erro, supõe situação fática ou jurídica que, se existisse, tornaria sua ação legítima.

O Código Penal em vigor acolheu a **teoria normativa pura, em sua vertente limitada**, conforme seus arts. 20 e 21 e item 19 da Exposição de Motivos da Nova Parte Geral do Código Penal.

4) **Teoria funcional da culpabilidade**: capitaneada por Günther Jakobs, sustenta um **conceito funcional de culpabilidade**, consistente em substituir a culpabilidade fundada em um juízo de reprovabilidade por **necessidades reais ou supostas de prevenção** (STRATENWERTH, Günter[4]). Essa teoria, portanto, retira o elevado valor atribuído ao livre arbítrio do ser humano, e busca vincular o conceito de culpabilidade ao fim de prevenção geral da pena, e também à política criminal do Estado.

Teoria da coculpabilidade: aponta a parcela de responsabilidade social do Estado pela não inserção social, devendo, portanto, suportar o ônus do comportamento desviante do padrão normativo por parte dos atores sociais sem cidadania plena que possuem uma menor autodeterminação diante das concausas socioeconômicas da criminalidade urbana e rural. O art. 66 do Código Penal brasileiro dá ao juiz uma ferramenta para atenuar a resposta penal à desigualdade social de oportunidades ("a pena poderá ser ainda atenuada em razão de circunstância relevante, anterior ou posterior ao crime, embora não prevista expressamente em lei"),[5] porém o Superior Tribunal de Justiça não tem admitido a aplicação da teoria da coculpabilidade (AgRg no REsp 1.770.619/PE, rel. Min. Laurita Vaz, 6.ª Turma, j. 06.06.2019).

Teoria da coculpabilidade às avessas: foi desenvolvida em duas perspectivas fundamentais**:**

1) diz respeito à **identificação crítica da seletividade do sistema penal e à incriminação da própria vulnerabilidade**, pois o Direito Penal direciona seu arsenal punitivo contra os indivíduos mais frágeis, normalmente excluídos da vida em sociedade e das atividades do Estado;

2) envolve a **reprovação penal mais severa no tocante aos crimes praticados por pessoas dotadas de elevado poder econômico**, cuidando-se da face inversa da coculpabilidade: se os pobres, excluídos e marginalizados merecem um tratamento penal mais brando, porque o caminho da ilicitude lhes

---

4 STRATENWERTH, Günter. *Derecho penal*. Parte general I. El hecho punible. Trad. Manuel Cancio Meliá e Marcelo A. Sancinetti. Buenos Aires, 2005. p. 275.
5 COSTA, Álvaro Mayrink da. *Direito penal*: volume 1. Parte Geral. 8. ed. Rio de Janeiro: Forense, 2009. p. 1.205-1.206.

era mais atrativo, os ricos e poderosos não têm razão nenhuma para o cometimento de crimes.

A coculpabilidade às avessas não pode ser compreendida como agravante genérica, por duas razões: (a) falta de previsão legal; e (b) não há espaço para a analogia *in malam partem*. Destarte, a punição mais rígida deverá ser alicerçada unicamente na pena-base, levando em conta as circunstâncias judiciais desfavoráveis (conduta social, personalidade do agente, motivos, circunstâncias e consequências do crime), com fulcro no art. 59, *caput*, do Código Penal (STJ, HC 443.678/PE, rel. Min. Ribeiro Dantas, 5.ª Turma, j. 21.03.2019).

Culpabilidade formal: é a definida **em abstrato**, ou seja, o juízo de reprovabilidade realizado em relação ao provável autor de um fato típico e ilícito, se presentes os elementos da culpabilidade, no momento em que o legislador incrimina uma conduta. Serve, pois, para o legislador cominar os limites (mínimo e máximo) da pena atribuída a determinada infração penal.

Culpabilidade material: é estabelecida **em concreto**, dirigida a um agente culpável que cometeu um fato típico e ilícito. Destina-se, portanto, ao magistrado, colaborando com a aplicação concreta da pena.

3.2. Exculpantes ou dirimentes

São assim chamadas as **causas de exclusão da culpabilidade**. Podem ser sintetizadas da seguinte forma:

1) imputabilidade: doença mental, desenvolvimento mental retardado, desenvolvimento mental incompleto e embriaguez acidental completa;
2) potencial consciência da ilicitude: erro de proibição inevitável (ou escusável); e
3) exigibilidade de conduta diversa: coação moral irresistível e obediência hierárquica à ordem não manifestamente ilegal.

4. CRIME CONSUMADO

Dá-se a consumação, também chamada de crime consumado, crime pleno ou *summatum opus*, quando nele se reúnem todos os elementos de sua definição legal (CP, art. 14, I).

Verifica-se quando o autor concretiza todas as elementares descritas pelo preceito primário de uma lei penal incriminadora. No homicídio, em que a conduta é "matar alguém", a consumação ocorre com a morte de um ser humano, provocada por outra pessoa.

> **Importante**
>
> **Crimes materiais**, ou causais (aí se inserindo os culposos e omissivos impróprios, espúrios ou comissivos por omissão): aperfeiçoa-se a consumação com a superveniência do resultado naturalístico.
>
> - **Crimes formais**, de resultado cortado ou de consumação antecipada, e **crimes de mera conduta** ou de simples atividade: a consumação ocorre com a mera prática da conduta.
> - **Crimes qualificados pelo resultado**, incluindo os preterdolosos: a consumação se verifica com a produção do resultado agravador, doloso ou culposo. Exemplo: o crime tipificado pelo art. 129, § 3.º, do Código Penal se consuma com a morte do ofendido.
> - **Crimes de perigo concreto** se consumam com a efetiva exposição do bem jurídico a uma probabilidade de dano. Exemplo: o crime de direção de veículo automotor sem habilitação (Lei 9.503/1997, art. 309) se aperfeiçoa com a exposição a dano potencial da incolumidade de outrem.
> - **Crimes de perigo abstrato ou presumido**: se consumam com a mera prática da conduta definida pela lei como perigosa. Exemplo: o porte ilegal de arma de fogo de uso permitido (Lei 10.826/2003, art. 14) se consuma com o simples ato de portar arma de fogo de uso permitido sem autorização ou em desacordo com determinação legal ou regulamentar, independentemente da efetiva comprovação da situação de perigo.
> - **Crimes permanentes**: a consumação se arrasta no tempo, com a manutenção da situação contrária ao Direito, autorizando a prisão em flagrante a qualquer momento, enquanto não encerrada a permanência.
> - **Crimes habituais**: a consumação se dá com a reiteração de atos que revelam o estilo de vida do agente, pois cada um deles, isoladamente considerado, representa um indiferente penal.

5. CRIME TENTADO

Como bem define o art. 14, II, do Código Penal, tentativa é o início de execução de um crime que somente não se consuma por circunstâncias alheias à vontade do agente. Três elementos compõem a estrutura da tentativa: (1) início da execução do crime; (2) ausência de consumação por circunstâncias alheias à vontade do agente; e (3) dolo de consumação.

A tentativa constitui-se em **causa obrigatória de diminuição da pena**, incidindo na terceira fase de aplicação da pena privativa de liberdade. A liberdade do magistrado repousa unicamente no *quantum* da diminuição, balizando-se entre os limites legais, de 1 (um) a 2/3 (dois terços), conforme a maior ou menor proximidade do resultado almejado.

A norma definidora da tentativa é uma **norma de extensão** ou **de ampliação da conduta, já que** a conduta humana não se enquadra prontamente na lei penal incriminadora, reclamando-se, para complementar a tipicidade, a interposição do dispositivo contido no art. 14, II, do Código Penal. Opera-se uma **ampliação temporal** da figura típica, pois com a utilização da regra prevista no art. 14, II, do Código Penal, o alcance do tipo penal não se limita apenas ao momento da consumação do crime, mas também a períodos anteriores, antecipando a tutela penal para abarcar os atos executórios prévios à consumação.

> **Importante**
>
> Entre as teorias que buscam fundamentar a punibilidade da tentativa, quatro se destacam:
>
> 1) **Teoria subjetiva, voluntarística** ou **monista:** ocupa-se exclusivamente da vontade criminosa, que pode se revelar tanto na fase dos atos preparatórios como também durante a execução. O sujeito é punido por sua intenção, pois o que importa é o desvalor da ação, sendo irrelevante o desvalor do resultado.
>
> 2) **Teoria sintomática:** idealizada pela Escola Positiva de Ferri, Lombroso e Garofalo, sustenta a punição em razão da periculosidade subjetiva, isto é, do perigo revelado pelo agente. Possibilita a punição de atos preparatórios, pois a mera manifestação de periculosidade já pode ser enquadrada como tentativa, em consonância com a finalidade preventiva da pena (PUGLIA, Fernando[6]).
>
> 3) **Teoria objetiva, realística** ou **dualista:** a tentativa é punida em face do perigo proporcionado ao bem jurídico tutelado pela lei penal. Sopesam-se o desvalor da ação e o desvalor do resultado: a tentativa deve receber punição inferior à do crime consumado, pois o bem jurídico não foi atingido integralmente.
>
> 4) **Teoria da impressão** ou **objetivo-subjetiva:** representa um limite à teoria subjetiva, evitando o alcance desordenado dos atos preparatórios. A punibilidade da tentativa só é admissível quando a atuação da vontade ilícita do agente seja adequada para comover a confiança na vigência do ordenamento normativo e o sentimento de segurança jurídica dos que tenham conhecimento da conduta criminosa (ZAFFARONI, Eugenio Raúl[7]).

---

6 PUGLIA, Fernando. *Da tentativa*. Trad. Octavio Mendes. 2. ed. Lisboa: Clássica, 1907. p. 116.
7 ZAFFARONI, Eugenio Raúl. *Manual de derecho penal*. Parte general. 2. ed. Buenos Aires: Ediar, 2002. p. 814.

> **Atenção**
>
> O Código Penal acolheu **como regra** a **teoria objetiva, realística ou dualista,** ao determinar que a pena da tentativa deve ser correspondente à pena do crime consumado, diminuída de 1 (um) a 2/3 (dois terços). Como o desvalor do resultado é menor quando comparado ao do crime consumado, o *conatus* deve suportar uma punição mais branda.
>
> **Excepcionalmente,** entretanto, é aceita a **teoria subjetiva, voluntarística ou monista,** consagrada pela expressão **"salvo disposição em contrário".** Há casos, restritos, em que o crime consumado e o crime tentado comportam igual punição: são os **delitos de atentado** ou **de empreendimento.** Exemplos: (1) evasão mediante violência contra a pessoa (CP, art. 352), em que o preso ou indivíduo submetido a medida de segurança detentiva, usando de violência contra a pessoa, recebe igual punição quando se evade ou tenta evadir-se do estabelecimento em que se encontra privado de sua liberdade; e (2) Lei 4.737/1965 – Código Eleitoral, art. 309, no qual se sujeita a igual pena o eleitor que vota ou tenta votar mais de uma vez, ou em lugar de outrem.

> **Importante**
>
> A tentativa comporta a seguinte divisão:
>
> 1) **Tentativa branca** ou **incruenta**: o objeto material não é atingido pela conduta criminosa. Exemplo: "A" efetua disparos de arma de fogo contra "B", sem acertá-lo.
>
> 2) **Tentativa cruenta** ou **vermelha**: o objeto material é alcançado pela atuação do agente. Exemplo: "A", com intenção de matar, atira em "B", provocando-lhe ferimentos. Porém, a vítima é socorrida prontamente e sobrevive.
>
> 3) **Tentativa perfeita**, **acabada** ou **crime falho**: o agente esgota todos os meios executórios que estavam à sua disposição, e mesmo assim não sobrevém a consumação por circunstâncias alheias à sua vontade. Pode ser cruenta ou incruenta. Exemplo: "A" dispara contra "B" todos os seis cartuchos do tambor do seu revólver, com a intenção de matá-lo. A vítima, gravemente ferida, é socorrida por policiais, e sobrevive.
>
> 4) **Tentativa imperfeita**, **inacabada** ou **tentativa propriamente dita**: o agente inicia a execução sem, contudo, utilizar todos os meios que tinha ao seu alcance, e o crime não se consuma por circunstâncias alheias à sua vontade. Exemplo: "A", com o propósito de matar "B", sai à sua procura, portando um revólver municiado com 6 (seis) cartuchos intactos. Ao encontrá-lo, efe-

tua três disparos, atingindo-o. Quando, contudo, iria efetuar outros disparos, é surpreendido pela Polícia Militar e foge. A vítima é socorrida pelos agentes públicos e sobrevive.

Atenção

Algumas espécies de infrações penais não admitem a tentativa:

1) **Crimes culposos:** nestes crimes, o resultado naturalístico é involuntário, contrário à intenção do agente. Essa regra se excepciona no que diz respeito à **culpa imprópria,** compatível com a tentativa, pois nela há a intenção de se produzir o resultado. Cuida-se, em verdade, de dolo, punido por razões de política criminal a título de culpa, em face de ser a conduta realizada pelo agente com amparo em erro inescusável quanto à ilicitude do fato.

2) **Crimes preterdolosos:** nestes crimes, o resultado agravador é culposo, não desejado pelo agente. Por esse motivo, não se compactuam com a tentativa. Exemplo: lesão corporal seguida de morte (CP, art. 129, § 3.º).

3) **Crimes unissubsistentes:** são aqueles em que a conduta é exteriorizada mediante um único ato, suficiente para alcançar a consumação. Não é possível a divisão do *iter criminis*, razão pela qual é incabível a tentativa. Exemplo: desacato (CP, art. 331) cometido verbalmente.

4) **Crimes omissivos próprios** ou **puros:** ingressam no grupo dos crimes unissubsistentes. Exemplo: omissão de socorro (CP, art. 135), pois o sujeito tem duas opções: ou presta assistência ao necessitado, e não há crime, ou deixa de prestá-la, e o crime estará consumado. Os crimes omissivos impróprios, espúrios ou comissivos por omissão, de seu turno, admitem a tentativa.

5) **Crimes de perigo abstrato:** também se enquadram no bloco dos crimes unissubsistentes. Exemplo: porte ilegal de arma de fogo, pois ou o agente porta a arma de fogo em situação irregular, e o crime estará consumado, ou não o faz, e o fato será atípico. Os crimes de perigo concreto, por sua vez, comportam a tentativa.

6) **Contravenções penais:** embora no plano fático seja em tese possível, a tentativa de contravenção penal é juridicamente irrelevante, em face da regra contida no art. 4.º do Decreto-lei 3.688/1941 – Lei das Contravenções Penais: "não é punível a tentativa de contravenção".

7) **Crimes condicionados:** são aqueles cuja punibilidade está sujeita à produção de um resultado legalmente exigido.

8) **Crimes subordinados a condição objetiva de punibilidade:** tal como ocorre em relação aos falimentares (Lei 11.101/2005 – Lei de Falências, art. 180), pois se

o próprio delito completo não é punível se não houver aquela condição, muito menos o será a sua tentativa.[8]

9) **Crimes de atentado ou de empreendimento:** nesses crimes a figura tentada recebe igual pena destinada ao crime consumado. Exemplo: art. 352 do Código Penal ("evadir-se ou tentar evadir-se"). Antes de falar-se em inadmissibilidade do *conatus*, parece-nos mais correto dizer que a modalidade que seria normalmente classificada como tentativa foi, na verdade, equiparada à consumação.

10) **Crimes com tipo penal composto de condutas amplamente abrangentes:** em relação a esses crimes, no caso concreto é impossível dissociar a tentativa da consumação. Exemplo: parcelamento ou desmembramento irregular do solo para fins urbanos (Lei 6.766/1979, art. 50, I): "dar início, **de qualquer modo,** ou efetuar loteamento ou desmembramento do solo para fins urbanos, sem autorização do órgão público competente, ou em desacordo com as disposições desta Lei ou das normas pertinentes do Distrito Federal, Estados e Municípios".

11) **Crimes habituais:** são aqueles compostos pela reiteração de atos que demonstram um estilo de vida do agente. Cada ato, isoladamente considerado, representa um indiferente penal. Exemplo: curandeirismo (CP, art. 284, I), em que o ato de prescrever, uma única vez, qualquer substância é conduta atípica, pois a lei reclama a habitualidade. Mirabete faz uma adequada ressalva, suscitando divergência: há tentativa do crime previsto no art. 282 do Código Penal na conduta do sujeito que, sem ser médico, instala um consultório e é detido quando de sua primeira "consulta".[9] Não se devem confundir crimes habituais, entretanto, com crimes permanentes, nos quais a tentativa é perfeitamente cabível, como, por exemplo, a tentativa de sequestro (CP, art. 148).

12) **Crimes-obstáculo:** são os que retratam atos preparatórios tipificados de forma autônoma pelo legislador. Exemplo: crime de substância destinada à falsificação (CP, art. 277).

6. CRIME IMPOSSÍVEL

Crime impossível, nos termos do **art. 17 do Código Penal,** é o que se verifica quando, por ineficácia absoluta do meio ou por absoluta impropriedade do objeto, jamais ocorrerá a consumação. Trata-se de **causa de exclusão da tipicidade**.

---

8 NORONHA, E. Magalhães. Questões acerca da tentativa. *Estudos de direito e processo penal em homenagem a Nélson Hungria*. Rio de Janeiro: Forense, 1962. p. 247.
9 MIRABETE, Julio Fabbrini. *Manual de direito penal*. Parte geral. 24. ed. São Paulo: Atlas, 2007. v. 1, p. 153.

Importante

Teorias sobre o crime impossível:

1) **Teoria objetiva:** apregoa que a responsabilização de alguém pela prática de determinada conduta depende de elementos objetivos e subjetivos (dolo e culpa). Elemento objetivo é, no mínimo, o perigo de lesão para bens jurídicos penalmente tutelados. E quando a conduta não tem potencialidade para lesar o bem jurídico, seja em razão do meio empregado pelo agente, seja pelas condições do objeto material, não se configura a tentativa. É o que se chama de **inidoneidade,** que, conforme o seu grau, pode ser de natureza absoluta ou relativa. **Inidoneidade absoluta** é aquela em que o crime jamais poderia chegar à consumação; **relativa,** por seu turno, aquela em que a conduta poderia ter consumado o delito, o que somente não ocorreu em razão de circunstâncias estranhas à vontade do agente. Essa teoria se subdivide em outras duas:

   a) **Teoria objetiva pura:** para essa vertente, o Direito Penal somente pode proibir condutas lesivas a bens jurídicos, devendo apenas se preocupar com os resultados produzidos no mundo fenomênico. Portanto, quando a conduta é incapaz, por qualquer razão, de provocar a lesão, o fato há de permanecer impune. Essa impunidade ocorrerá **independentemente do grau da inidoneidade da ação,** pois nenhum bem jurídico foi lesado ou exposto a perigo de lesão. Assim, seja a inidoneidade do meio ou do objeto absoluta ou relativa, em nenhum caso estará caracterizada a tentativa.

   b) **Teoria objetiva temperada** ou **intermediária:** para a configuração do crime impossível e, por corolário, para o afastamento da tentativa, os meios empregados e o objeto do crime devem ser **absolutamente inidôneos** a produzir o resultado idealizado pelo agente. Se a inidoneidade for relativa, haverá tentativa. **Foi a teoria consagrada pelo art. 17 do Código Penal.**

2) **Teoria subjetiva:** leva em conta a intenção do agente, manifestada por sua conduta, pouco importando se os meios por ele empregados ou o objeto do crime eram ou não idôneos para a produção do resultado. Assim, seja a inidoneidade absoluta ou relativa, em qualquer hipótese haverá tentativa, pois o que vale é a vontade do agente, seu aspecto psíquico.

3) **Teoria sintomática:** preocupa-se com a **periculosidade do autor,** e não com o fato praticado. A tentativa e o crime impossível são manifestações exteriores de uma personalidade temerária do agente, incapaz de obedecer às regras jurídicas a todos impostas. Destarte, justifica-se, em qualquer caso, a aplicação de medida de segurança.

A leitura do art. 17 do Código Penal revela a existência de duas espécies de crime impossível:

1) **Crime impossível por ineficácia absoluta do meio:** dá-se a ineficácia absoluta quando o **meio de execução** utilizado pelo agente é, por sua natureza ou essência, **incapaz de produzir o resultado,** por mais reiterado que seja seu emprego. Exemplo: tentar matar o desafeto com uma arma de brinquedo ou com munição de festim. A inidoneidade do meio deve ser analisada **no caso concreto,** e jamais em abstrato. O emprego de açúcar no lugar de veneno para matar alguém pode constituir-se em meio absolutamente ineficaz em relação à ampla maioria das pessoas, mas é capaz de eliminar a vida de um diabético.

Se a **ineficácia for relativa**, estará caracterizada a tentativa. Exemplo: "A", desejando matar seu desafeto, nele efetua disparos de arma de fogo. O resultado naturalístico (morte) somente não se produz porque a vítima trajava um colete de proteção eficaz.

2) **Crime impossível por impropriedade absoluta do objeto:** o **objeto material** (pessoa ou coisa sobre a qual recai a conduta do agente) é absolutamente impróprio quando **inexistente antes do início da prática da conduta** ou ainda quando, nas circunstâncias em que se encontra, torna impossível a sua consumação. Exemplo: tentar matar pessoa já falecida; procurar abortar o feto de mulher que não está grávida.

A mera existência do objeto material é suficiente, por si só, para configurar a tentativa.

O *conatus* estará ainda presente no caso de **impropriedade relativa do objeto**. Exemplo: o larápio, mediante destreza, coloca a mão no bolso direito da calça da vítima, com o propósito de furtar o aparelho de telefonia celular, mas não obtém êxito, uma vez que o bem estava no bolso esquerdo.

> **Atenção**
>
> **Súmula 567 do Superior Tribunal de Justiça**: "sistema de vigilância realizado por monitoramento eletrônico ou por existência de segurança no interior de estabelecimento comercial, por si só, não torna impossível a configuração do crime de furto". É também o entendimento do Supremo Tribunal Federal (HC 111.278/MG, rel. orig. Min. Marco Aurélio, red. p/ o ac. Min. Luís Roberto Barroso, 1.ª Turma, j. 10.04.2018, noticiado no *Informativo* 897).

Importante

A comprovação do crime impossível acarreta a ausência de tipicidade do fato. Consequentemente, o Ministério Público deve determinar o arquivamento do inquérito policial. Se não o fizer, oferecendo denúncia, deve esta ser rejeitada, com fulcro no art. 395, II, do Código de Processo Penal, pois falta condição para o exercício da ação penal.

Se a denúncia for recebida, com a instauração do processo penal, o juiz deve ao final absolver o réu, nos termos do art. 386, III, do Código de Processo Penal, pelo motivo de o fato não constituir infração penal.

Em se tratando de crime da competência do Tribunal do Júri, ao final da primeira fase (*judicium accusationis*), deverá o acusado ser absolvido sumariamente, em conformidade com o art. 415, inciso III, do Código de Processo Penal, em face de o fato não constituir infração penal.

O *habeas corpus* não é instrumento adequado para trancamento de ação penal que tenha como objeto um crime impossível, pois nessa ação constitucional não é cabível a produção de provas para demonstrar a ineficácia absoluta do meio ou a impropriedade absoluta do objeto. Excetua-se essa regra em hipóteses teratológicas.

Atenção

Distinção entre crime impossível e tentativa:
- **Tentativa**: é possível atingir a consumação, pois os meios empregados pelo agente são idôneos e o objeto material contra o qual se dirige a conduta é um bem jurídico suscetível de sofrer lesão ou perigo de lesão, havendo, portanto, exposição do bem a dano ou perigo. A consumação somente não ocorre por circunstâncias alheias à vontade do agente.
- **Crime impossível**: o emprego de meios ineficazes ou o ataque a objetos impróprios inviabilizam a produção do resultado, inexistindo situação de perigo ao bem jurídico penalmente tutelado, de modo que a consumação sequer poderia ocorrer.

Distinção entre as figuras do crime impossível e do crime putativo:
- **Crime impossível**: é a situação em que o autor, com a intenção de cometer o delito, não consegue fazê-lo por ter se utilizado de meio de execução absolutamente ineficaz (impotente para lesar o bem jurídico), ou então em decorrência de ter direcionado a sua conduta a objeto material absolutamente impróprio

> (inexistente antes do início da execução, ou, no caso concreto, inadequado à consumação). Portanto, o erro do agente recai sobre a idoneidade do meio ou do objeto material.
>
> - **Crime putativo**: é aquele em que o agente, embora acredite praticar um fato típico, realiza um indiferente penal, seja pelo fato de a conduta não encontrar previsão legal (**crime putativo por erro de proibição**), seja pela ausência de um ou mais elementos da figura típica (**crime putativo por erro de tipo**), ou, ainda, por ter sido induzido à prática do crime, ao mesmo tempo que foram adotadas providências eficazes para impedir sua consumação (**crime putativo por obra do agente provocador**).

7. CRIMES DE DANO E DE PERIGO

Essa classificação se refere ao grau de intensidade do resultado almejado pelo agente como consequência da prática da conduta.

- **Crimes de dano ou de lesão:** são aqueles cuja consumação somente se produz com a efetiva lesão do bem jurídico. Como exemplos podem ser lembrados os crimes de homicídio (CP, art. 121), lesões corporais (CP, art. 129) e dano (CP, art. 163).
- **Crimes de perigo:** são aqueles que se consumam com a mera exposição do bem jurídico penalmente tutelado a uma situação de perigo, ou seja, basta a probabilidade de dano. Subdividem-se em:

    a) **crimes de perigo abstrato, presumido ou de simples desobediência:** consumam-se com a prática da conduta, automaticamente, não se exigindo a comprovação da produção da situação de perigo, pois há presunção absoluta de que determinadas condutas acarretam perigo a bens jurídicos. É o caso do tráfico de drogas (Lei 11.343/2006, art. 33, *caput*). Esses crimes estão em sintonia com a Constituição Federal, mas devem ser instituídos pelo legislador com parcimônia, evitando-se a desnecessária inflação legislativa;

    b) **crimes de perigo concreto:** consumam-se com a efetiva comprovação, no caso concreto, da ocorrência da situação de perigo. É o caso do crime de perigo para a vida ou saúde de outrem (CP, art. 132);

    c) **crimes de perigo individual:** atingem uma pessoa ou um número determinado de pessoas, tal como no perigo de contágio venéreo (CP, art. 130);

    d) **crimes de perigo comum ou coletivo:** atingem um número indeterminado de pessoas, como no caso da explosão criminosa (CP, art. 251);

e) **crimes de perigo atual:** o perigo está ocorrendo, como no abandono de incapaz (CP, art. 133);
f) **crimes de perigo iminente:** o perigo está prestes a ocorrer;
g) **crimes de perigo futuro** ou **mediato:** a situação de perigo decorrente da conduta se projeta para o futuro, como no porte ilegal de arma de fogo de uso permitido ou restrito (Lei 10.826/2003, arts. 14 e 16), autorizando a criação de **tipos penais preventivos**.

8. DESISTÊNCIA VOLUNTÁRIA E ARREPENDIMENTO EFICAZ

Estabelece o art. 15 do Código Penal: "o agente que, voluntariamente, desiste de prosseguir na execução ou impede que o resultado se produza, só responde pelos atos já praticados".

Desistência voluntária e arrependimento eficaz são formas de **tentativa abandonada,** assim rotulados porque a consumação do crime não ocorre em razão da **vontade do agente,** que não chega ao resultado inicialmente desejado por interromper o processo executório do delito (desistência voluntária) ou, esgotada a execução, emprega diligências eficazes para impedir o resultado (arrependimento eficaz). Diferem-se, portanto, da tentativa ou *conatus*, em que, iniciada a execução de um delito, a consumação não ocorre por circunstâncias alheias à vontade do agente.

A desistência voluntária e o arrependimento eficaz possuem o mesmo efeito: o agente não responde pela forma tentada do crime inicialmente desejado, mas somente pelos atos já praticados.

Atenção

São comuns os requisitos da desistência voluntária e do arrependimento eficaz:

- **Voluntariedade**: devem ser livres de coação física ou moral, pouco importando se são espontâneos ou não. A ideia pode emanar de terceira pessoa ou mesmo da própria vítima, bastando o pensamento "posso prosseguir, mas não quero".
- **Eficácia:** é necessário que a atuação do agente seja capaz de evitar a produção do resultado. Se, embora o agente tenha buscado impedir sua ocorrência, ainda assim o resultado se verificou, subsiste a sua responsabilidade pelo crime consumado. Incide, todavia, a atenuante genérica prevista no art. 65, III, alínea "b", 1.ª parte, do Código Penal.

São **irrelevantes os motivos** que levaram o agente a optar pela desistência voluntária ou pelo arrependimento eficaz.

> **Importante**
>
> Há três correntes sobre a natureza jurídica da desistência voluntária e do arrependimento eficaz:
>
> 1) **Causa pessoal de extinção da punibilidade:** embora não prevista no art. 107 do Código Penal, a desistência voluntária e o arrependimento eficaz retiram o *ius puniendi* estatal no tocante ao crime inicialmente desejado pelo agente. É a posição de Nélson Hungria, E. Magalhães Noronha, Aníbal Bruno e Eugenio Raúl Zaffaroni, entre outros.
>
> 2) **Causa de exclusão da culpabilidade:** se o agente não produziu, voluntariamente, o resultado inicialmente desejado, afasta-se em relação a ele o juízo de reprovabilidade. Responde, entretanto, pelo crime cometido, mais brando. Comungam desse entendimento Hans Welzel e Claus Roxin.
>
> 3) **Causa de exclusão da tipicidade:** para essa vertente, afasta-se a tipicidade do crime inicialmente desejado pelo agente, subsistindo apenas a tipicidade dos atos já praticados. A ela se filiaram José Frederico Marques, Heleno Cláudio Fragoso, Basileu Garcia e Damásio E. de Jesus. É a posição dominante na jurisprudência.

8.1. Desistência voluntária

Na desistência voluntária, o agente, por ato voluntário, interrompe o processo executório do crime, abandonando a prática dos demais atos necessários e que estavam à sua disposição para a consumação.

Em regra, caracteriza-se por uma conduta negativa, pois o agente desiste da execução do crime, deixando de realizar outros atos que estavam sob o seu domínio. Exemplo: "A" dispara um projétil de arma de fogo contra "B". Com a vítima já caída ao solo, em local ermo e com mais cinco cartuchos no tambor de seu revólver, "A" desiste de efetuar outros tiros, quando podia fazê-lo para ceifar a vida de "B".

Nos crimes omissivos impróprios, todavia, a desistência voluntária reclama uma atuação positiva, um fazer, pelo qual o autor de um delito impede a produção do resultado. Exemplo: a mãe, desejando eliminar o pequeno filho, deixa de alimentá-lo por alguns dias. Quando o infante está à beira da morte, a genitora muda de ideia e passa a nutri-lo, recuperando a sua saúde.

A desistência voluntária não é admitida nos crimes unissubsistentes, pois, se a conduta não pode ser fracionada, exteriorizando-se por um único ato, é impossível desistir da sua execução, que já se aperfeiçoou com a atuação do agente.

> **Atenção**
>
> Prevalece o entendimento de que **há desistência voluntária no adiamento da empreitada criminosa,** com o propósito de repeti-la em ocasião mais adequada. Exemplo: "A", famoso homicida de uma pequena cidade por sempre utilizar armas brancas (com ponta ou gume), trajando capuz para não ser reconhecido e somente com uma faca à sua disposição, depois de efetuar um golpe na vítima, atingindo-a de raspão, decide interromper a execução do homicídio, para, no futuro, sem despertar suspeitas, atingi-la com disparos de arma de fogo.
>
> **Não existe desistência voluntária, porém, na hipótese de execução retomada,** em que a pessoa deseja dar sequência, no futuro, à atividade criminosa que precisou adiar, utilizando-se dos atos anteriormente praticados. Exemplo: a vítima, privada de sua liberdade, é torturada pelo agente, que assim age para matá-la. Como nasce o filho do criminoso e ele se ausenta para visitá-lo, desiste de matar o ofendido naquele dia, deixando para fazê-lo no futuro, mediante novas torturas, sem libertá-lo.

8.2. Arrependimento eficaz

No arrependimento eficaz, depois de já praticados todos os atos executórios suficientes à consumação do crime, o agente adota providências aptas a impedir a produção do resultado. Exemplo: depois de ministrar veneno à vítima, que o ingeriu ao beber o café "preparado" pelo agente, este lhe oferece o antídoto, impedindo a eficácia causal de sua conduta inicial.

O art. 15 do Código Penal revela ser o arrependimento eficaz possível somente no tocante aos **crimes materiais,** pela análise da expressão "impede que o resultado se produza". Esse resultado, naturalístico, é exigido somente para a consumação dos crimes materiais consumados.

Além disso, nos crimes formais a realização da conduta implica na automática consumação do delito, aperfeiçoando-se a tipicidade do fato, muito embora, no caso concreto, seja possível, porém dispensável para a consumação, a produção do resultado naturalístico.

Nos crimes de mera conduta, por sua vez, jamais ocorrerá o resultado naturalístico, motivo pelo qual não se admite a sua interrupção. Além disso, com a simples atividade o delito já estará consumado, com a tipicidade concluída e imutável.

> **Atenção**
>
> A desistência voluntária e o arrependimento eficaz são incompatíveis com os crimes culposos, salvo na culpa imprópria. O motivo é simples: nos crimes culposos o resultado naturalístico é involuntário, não sendo lógico imaginar, portanto, um resultado que o agente desejava produzir para, em seguida, abandonar a execução que a ele conduziria ou impedir a sua produção.

> **Importante**
>
> A tentativa é chamada de **qualificada** quando contém, em seu bojo, outro delito, de menor gravidade, já consumado.
>
> Na desistência voluntária e no arrependimento eficaz opera-se a exclusão da tipicidade do crime inicialmente desejado pelo agente, restando, contudo, a responsabilidade penal pelos atos já praticados, os quais configuram um crime autônomo e já consumado. Exemplos: (i) aquele que deseja matar e, para tanto, efetua disparo de arma de fogo contra a vítima, sem atingi-la, abandonando em seguida o propósito criminoso, responde apenas pelo crime autônomo de disparo de arma de fogo (Lei 10.826/2003, art. 15); e (ii) aquele que, no interior de uma residência que ingressou para furtar, desiste voluntariamente da execução do delito, responde somente pelo crime de violação de domicílio (CP, art. 150).
>
> Nos dois casos excluiu-se a tipicidade do delito inicial, restando um crime menos grave e já consumado.
>
> É possível, ainda, que os atos já praticados pelo agente não configurem crime autônomo.
>
> **Os efeitos da desistência voluntária e do arrependimento eficaz são comunicáveis no concurso de pessoas?** A doutrina não é unânime, dividindo-se em duas correntes:
>
> **1.ª:** Heleno Cláudio Fragoso e Costa e Silva, sustentando o caráter subjetivo dos institutos, defendiam a manutenção da responsabilidade do partícipe no tocante à tentativa abandonada pelo autor.
>
> **2.ª:** Nélson Hungria apregoava o caráter misto – objetivo e subjetivo – da desistência voluntária e do arrependimento eficaz, com a exclusão da responsabilidade penal do partícipe. Portanto, se não há falar em tentativa de homicídio para o autor, igual delito também não pode ser imputado ao partícipe.

Cap. 4 – Do Crime

> **Você precisa ler**
>
> Na sistemática do Código Penal, é imprescindível o ingresso na fase de execução do crime para ensejar o reconhecimento da desistência voluntária e do arrependimento eficaz. O art. 10 da Lei 13.260/2016 – Lei de Terrorismo –, contudo, apresenta uma regra diversa: "mesmo antes de iniciada a execução do crime de terrorismo, na hipótese do art. 5.º desta Lei, aplicam-se as disposições do art. 15 do Decreto-Lei 2.848, de 7 de dezembro de 1940 – Código Penal".
>
> Esse dispositivo encontra-se em sintonia com o art. 5.º do citado diploma legal, que dispõe sobre a realização de atos preparatórios de terrorismo. Com efeito, se a Lei 13.260/2016 pune de forma independente os **atos preparatórios de terrorismo**, é preciso adaptar a desistência voluntária e o arrependimento eficaz à fase de preparação do delito, inclusive com a finalidade de seduzir o terrorista a evitar seu propósito ilícito e preservar os bens jurídicos ameaçados pela conduta criminosa.

9. ARREPENDIMENTO POSTERIOR

Arrependimento posterior é a **causa obrigatória de diminuição da pena** que ocorre quando o responsável pelo crime praticado sem violência à pessoa ou grave ameaça, voluntariamente e até o recebimento da denúncia ou queixa, restitui a coisa ou repara o dano provocado por sua conduta. Tem incidência, portanto, na terceira fase de aplicação da pena.

Conforme dispõe o **art. 16 do Código Penal:** "nos crimes cometidos sem violência ou grave ameaça à pessoa, reparado o dano ou restituída a coisa, até o recebimento da denúncia ou da queixa, por ato voluntário do agente, a pena será reduzida de 1 (um) a 2/3 (dois terços)".

> **Importante**
>
> A leitura do art. 16 do Código Penal fornece os requisitos do arrependimento posterior:
>
> a) *Natureza do crime*: O crime deve ter sido praticado **sem violência ou grave ameaça à pessoa.** A **violência contra a coisa** não exclui o benefício.
>
> Em caso de **violência culposa,** é cabível o arrependimento posterior, pois não houve violência na conduta, mas sim no resultado. É o que se dá, por exemplo, na lesão corporal culposa, crime de ação penal pública condicionada em que a reparação do dano pode, inclusive, acarretar a renúncia ao direito de representação se celebrada a composição civil (Lei 9.099/1995, art. 74 e parágrafo único).

No tocante aos crimes perpetrados com **violência imprópria,** duas posições se destacam: (i) é possível o arrependimento posterior, pois a lei só o excluiu no que diz respeito à violência própria – se quisesse afastá-lo, o teria feito expressamente, tal como no art. 157, *caput*, do Código Penal –; e (ii) não se admite o benefício, pois violência imprópria é violência dolosa, sendo considerada tão grave que a subtração de coisa alheia móvel assim praticada deixa de ser furto e se torna roubo.

b) *Reparação do dano ou restituição da coisa*: deve ser (i) **voluntária**, no sentido de ser realizada sem coação física ou moral, sendo dispensável que a ideia tenha surgido livremente na mente do agente; (ii) **pessoal**, salvo na hipótese de comprovada impossibilidade, como quando o agente se encontra preso ou internado em hospital, e terceira pessoa, representando-o, procede à reparação do dano ou restituição da coisa; e (iii) **integral**.

O Supremo Tribunal Federal, todavia, já admitiu o arrependimento posterior na reparação parcial do dano, devendo o percentual de diminuição da pena (um a dois terços) ser sopesado em razão da extensão da reparação (ou do ressarcimento) e da presteza com que ela ocorre (HC 98.658/PR, rel. orig. Min. Cármen Lúcia, rel. p/ o acórdão Min. Marco Aurélio, 1.ª Turma, j. 09.11.2010, noticiado no *Informativo* 608).

c) *Limite temporal*: a reparação do dano ou restituição da coisa, voluntária, pessoal e integral, nos crimes cometidos sem violência ou grave ameaça à pessoa, deve ser efetuada **até o recebimento da denúncia ou da queixa**. Se a reparação do dano for concretizada após o recebimento da denúncia ou da queixa, mas antes do julgamento, aplica-se a atenuante genérica prevista no art. 65, III, "b", parte final, do Código Penal.

Atenção

O **arrependimento posterior é cabível nos crimes patrimoniais e também em delitos diversos, desde que apresentem efeitos de índole patrimonial.** Basta, em termos genéricos, que exista um "dano" causado em razão da conduta penalmente ilícita.

A reparação do dano ou restituição da coisa tem natureza **objetiva**. Consequentemente, comunica-se aos demais coautores e partícipes do crime, na forma definida pelo art. 30 do Código Penal.

Nas infrações penais em que a reparação do dano ou restituição da coisa por um dos agentes inviabiliza igual atuação por parte dos demais, a todos se estende o benefício.

Cap. 4 – Do Crime

Em caso de **recusa do ofendido em aceitar a reparação do dano** ou a restituição da coisa, o agente não pode ser privado da diminuição da pena se preencher os requisitos legalmente previstos para a concessão do benefício. Pertinente, assim, a entrega da coisa à autoridade policial, que deverá lavrar auto de apreensão, para a remessa ao juízo competente e posterior entrega ao ofendido, ou, ainda, em casos extremos, o depósito em juízo, determinado em ação de consignação em pagamento.

No **peculato culposo** (CP, art. 312, § 3.º), a reparação do dano, se anterior à sentença irrecorrível, extingue a punibilidade, e, se lhe for posterior, reduz de metade a pena imposta, tendo em vista haver regra de caráter especial, afastando a incidência do art. 16 do Código Penal em relação ao peculato culposo.

10. DO CRIME DOLOSO, CULPOSO E PRETERDOLOSO

10.1. Crime doloso

O dolo, no sistema finalista, integra a conduta, e, consequentemente, o fato típico. Cuida-se do elemento psicológico do tipo penal, implícito e inerente a todo crime doloso. Em consonância com a orientação finalista, por nós adotada, o dolo consiste na vontade e consciência de realizar os elementos do tipo incriminador.

Dentro de uma concepção causal, por outro lado, o dolo funciona como elemento da culpabilidade.

O dolo é composto por consciência e vontade. A consciência é seu elemento **cognitivo** ou **intelectual**, ao passo que a vontade desponta como seu elemento **volitivo**. Tais elementos se relacionam em três momentos distintos e sucessivos:

1.º: opera-se a consciência da conduta e do resultado;

2.º: o sujeito manifesta sua consciência sobre o nexo de causalidade entre a conduta a ser praticada e o resultado que em decorrência dela será produzido; e

3.º: o agente exterioriza a vontade de realizar a conduta e produzir o resultado.

> *Importante*
>
> Existem três teorias acerca do dolo:
>
> 1) **Teoria da representação**: a configuração do dolo exige apenas a **previsão do resultado**. Privilegia o lado intelectual, não se preocupando com o aspecto volitivo, pois pouco importa se o agente quis o resultado ou assumiu o risco de produzi-lo. Em nosso sistema penal tal teoria deve ser afastada, por confundir o dolo com a culpa consciente.

2) **Teoria da vontade**: se vale da teoria da representação, ao exigir a previsão do resultado. Contudo, além da representação, reclama ainda a **vontade de produzir o resultado**.

3) **Teoria do assentimento (teoria do consentimento ou da anuência):** complementa a teoria da vontade, recepcionando sua premissa. Para essa teoria, há dolo não somente quando o agente quer o resultado, mas também quando realiza a conduta **assumindo o risco de produzi-lo**.

Dispõe o art. 18, inciso I, do Código Penal: "diz-se o crime: I – doloso, quando o agente quis o resultado ou assumiu o risco de produzi-lo." O dispositivo legal revela que foram adotadas pelo Código Penal a teoria da **vontade**, ao dizer "quis o resultado", e a do **assentimento**, no tocante à expressão "assumiu o risco de produzi-lo".

A divisão do dolo em **natural** e **normativo** relaciona-se ao sistema penal (clássico ou finalista) e à teoria adotada para definição da conduta.

- **Sistema clássico (teoria causalista ou mecanicista da conduta):** o dolo (e a culpa) estava alojado no interior da culpabilidade, a qual era composta por três elementos: imputabilidade, dolo (ou culpa) e exigibilidade de conduta diversa. O dolo ainda abrigava em seu bojo a consciência da ilicitude do fato. Esse dolo, revestido da consciência da ilicitude do fato, era chamado de **dolo normativo**, **dolo colorido** ou **valorado**.

- **Sistema finalista (teoria finalista da conduta):** o dolo foi transferido da culpabilidade para a conduta, passando a integrar o fato típico. A culpabilidade continuou a ser composta de três elementos, porém distintos: imputabilidade, potencial consciência da ilicitude e exigibilidade de conduta diversa. A consciência da ilicitude, que era atual, passou a ser potencial e deixou de habitar o interior do dolo, para ter existência autônoma como elemento da culpabilidade. Tal dolo, livre da consciência da ilicitude, é chamado de **dolo natural**, **incolor** ou **avalorado** (ZAFFARONI, Eugenio Raúl[10]).

10.1.1. Espécies de dolo

1) **Dolo direto e dolo indireto**

   1.1) **Dolo direto, determinado, intencional, imediato ou dolo incondicionado**: é aquele em que a vontade do agente é voltada a determinado resultado, a uma finalidade precisa. É o caso do assassino profissional que, desejando a morte da vítima, dispara contra ela um único tiro, certeiro e fatal.

---

10 ZAFFARONI, Eugenio Raúl. *Derecho penal*. Parte general. 2. ed. Buenos Aires: Ediar, 2002. p. 731.

1.2) Dolo indireto ou indeterminado, por sua vez, é aquele em que o agente não tem a vontade dirigida a um resultado determinado. Subdivide-se em:

   a) *Dolo alternativo*: é o que se verifica quando o agente deseja, indistintamente, um ou outro resultado. É o caso do sujeito que atira contra o seu desafeto com o propósito de matar ou ferir. Se matar, responderá por homicídio. Mas, se ferir, responderá por tentativa de homicídio, pois o art. 18, I, do Código Penal adotou a teoria da vontade, de modo que, em caso de dolo alternativo, o agente sempre responderá pelo resultado mais grave.

   b) *Dolo eventual*: é a modalidade em que o agente não quer o resultado, por ele previsto, mas assume o risco de produzi-lo. É possível a sua existência em decorrência do acolhimento pelo Código Penal da teoria do assentimento, na expressão "assumiu o risco de produzi-lo", contida no art. 18, I, do Código Penal. O dolo eventual é admitido em todo e qualquer crime que seja com ele compatível, e deve ser detalhadamente descrito na inicial acusatória (denúncia ou queixa-crime). Há casos, entretanto, em que o tipo penal exige expressamente o dolo direto, afastando o cabimento do dolo eventual. Exemplo: a receptação dolosa (CP, art. 180, caput) que utiliza a expressão "coisa que **sabe** ser produto de crime" e a denunciação caluniosa (CP, art. 339) que exige a imputação de crime, infração ético-disciplinar ou ato ímprobo "de que o **sabe** inocente".

2) *Dolus bonus* e *dolus malus*: Essa divisão diz respeito aos motivos do crime, que podem aumentar a pena, como no caso do motivo torpe, ou diminuí-la, tal como se dá no motivo de relevante valor social ou moral.

3) Dolo de propósito e dolo de ímpeto

   3.1) Dolo de propósito ou refletido: é o que emana da reflexão do agente, ainda que pequena, acerca da prática da conduta criminosa. Verifica-se nos **crimes premeditados**.

   3.2) Dolo de ímpeto ou repentino: é o que se caracteriza quando o autor pratica o crime motivado por paixão violenta ou excessiva perturbação de ânimo. Não há intervalo entre a cogitação do crime e a execução da conduta penalmente ilícita. Ocorre, geralmente, nos **crimes passionais**.

4) Dolo genérico e dolo específico: essa classificação ganhou destaque na teoria clássica da conduta.

   4.1) Dolo genérico: a vontade do agente se limita à prática da conduta típica, sem nenhuma finalidade específica, tal como no crime de homicídio, em que é suficiente a intenção de matar alguém, pouco importando o motivo para a configuração da modalidade básica do crime.

4.2) Dolo específico: existia nos crimes em que a referida vontade era acrescida de uma **finalidade especial**. No caso da injúria, por exemplo, não basta a atribuição à vítima de uma qualidade negativa. Exige-se também tenha a conduta a finalidade de macular a honra subjetiva da pessoa ofendida.

Atualmente, com a superveniência da teoria finalista, utiliza-se o termo **dolo** para referir-se ao antigo dolo genérico. A expressão dolo específico, por sua vez, foi substituída por **elemento subjetivo do tipo** ou, ainda, **elemento subjetivo do injusto**.

5) **Dolo presumido, ou dolo *in re ipsa***: seria a espécie que dispensa comprovação no caso concreto. Não pode ser admitido no Direito Penal moderno, que não aceita a responsabilidade penal objetiva.

6) **Dolo de dano e dolo de perigo**

   6.1) Dolo de dano ou de lesão: é o que se dá quando o agente quer ou assume o risco de lesionar um bem jurídico penalmente tutelado. É exigido para a prática de um crime de dano. Exemplo: lesão corporal (CP, art. 129).

   6.2) Dolo de perigo é o que ocorre quando o agente quer ou assume o risco de expor a perigo de lesão um bem jurídico penalmente tutelado. Exemplo: perigo de contágio venéreo (CP, art. 130).

7) **Dolo de primeiro grau e dolo de segundo grau**

   7.1) Dolo de primeiro grau: consiste na vontade do agente, direcionada a determinado resultado, efetivamente perseguido, englobando os meios necessários para tanto. Há a intenção de atingir um único bem jurídico. Exemplo: o matador de aluguel que persegue e mata, com golpes de faca, a vítima indicada pelo mandante.

   7.2) Dolo de segundo grau ou de consequências necessárias: é a vontade do agente dirigida a determinado resultado, efetivamente desejado, em que a utilização dos meios para alcançá-lo inclui, obrigatoriamente, efeitos colaterais de verificação praticamente certa. O agente não deseja imediatamente os efeitos colaterais, mas tem por certa a sua superveniência, caso se concretize o resultado pretendido. Exemplo: o assassino que, desejando eliminar a vida de determinada pessoa que se encontra em lugar público, instala ali uma bomba, a qual, quando detonada, certamente matará outras pessoas ao seu redor. Mesmo que não queira atingir essas outras vítimas, tem por evidente o resultado se a bomba explodir como planejado."[11]

---

[11] ROXIN, Claus. *Derecho penal*. Parte general. Fundamentos. La estructura de la teoría del delito. Trad. espanhola Diego-Manuel Luzón Peña, Miguel Díaz y García Conlledo e Javier de Vicente Remensal. Madrid: Civitas, 2006. p. 423-424.

8) **Dolo geral, por erro sucessivo ou *dolus generalis*:** é o erro no tocante ao meio de execução do crime, relativamente à forma pela qual se produz o resultado inicialmente desejado pelo agente. Ocorre quando o sujeito, acreditando já ter alcançado o resultado almejado, pratica uma nova conduta com finalidade diversa, e ao final, se constata que foi essa última que produziu o que se buscava desde o início. Esse erro é irrelevante no Direito Penal, de natureza **acidental**, pois o que importa é que o agente queria um resultado e o alcançou. O dolo é geral e envolve todo o desenrolar da ação típica, do início da execução até a consumação do delito.

   Exemplo: "A" encontra "B" em uma ponte e, após conversa enganosa, oferece-lhe uma bebida, misturada com veneno. Após ingerir o líquido, "B" cai ao solo e "A" acredita que ele está morto. Com o propósito de ocultar o cadáver, "A" coloca o corpo de "B" em um saco plástico e o lança ao mar. Dias depois, o cadáver é encontrado e conclui-se ter a morte ocorrido por força de asfixia provocada por afogamento. Nesse caso, o autor deve responder por homicídio consumado, pois há perfeita congruência entre sua vontade e o resultado naturalístico produzido. Há polêmica no tocante à incidência da qualificadora.

9) **Dolo antecedente, dolo atual e dolo subsequente**

   9.1) **Dolo antecedente, inicial ou preordenado:** é o que existe desde o início da execução do crime. É suficiente para fixar a responsabilidade penal do agente. Com efeito, não é necessário que o dolo subsista durante o integral desenvolvimento dos atos executórios.

   Há quem não concorde com essa espécie de dolo. A propósito, discorre Guilherme de Souza Nucci: "trata-se de elemento subjetivo inadequado para a teoria do crime. O autor deve agir, sempre, com dolo atual, isto é, concomitante à conduta desenvolve-se a sua intenção de realização do tipo penal".[12]

   9.2) **Dolo atual, ou concomitante:** é aquele em que persiste a vontade do agente durante todo o desenvolvimento dos atos executórios.

   9.3) **Dolo subsequente ou sucessivo:** é o que se verifica quando o agente, depois de iniciar uma ação com boa-fé, passa a agir de forma ilícita e, por corolário, pratica um crime, ou ainda quando conhece posteriormente a ilicitude de sua conduta, e, ciente disso, não procura evitar suas consequências.

   A diferença entre dolo antecedente e dolo subsequente é relevante para a distinção dos crimes de apropriação indébita (CP, art. 168) e estelionato (CP, art. 171). Na apropriação indébita, o dolo é subsequente, pois o agente comporta-se como proprietário de uma coisa da qual tinha a posse ou detenção, mas posteriormente surge o dolo e ele não mais restitui a coisa. Já no este-

---

[12] NUCCI, Guilherme de Souza. *Código Penal comentado*. 6. ed. São Paulo: RT, 2006. p. 191.

lionato o dolo é antecedente, pois o agente desde o início tem a intenção de obter ilicitamente para si o bem, utilizando-se de meio fraudulento para induzir a vítima a erro e alcançar vantagem pessoal em prejuízo alheio.

10) **Dolo abandonado**: é a modalidade de dolo que se verifica na desistência voluntária e no arrependimento eficaz (CP, art. 15).

11) **Dolo unitário ou global**: verifica-se no crime continuado (ou continuidade delitiva), em que a realização dos crimes parcelares, integrantes da série continuada, deve ser fruto de um plano previamente elaborado pelo agente. Essa modalidade do dolo decorre da unidade de desígnio exigida para a caracterização do crime continuado, em sintonia com a teoria mista ou objetivo-subjetiva adotada pela jurisprudência brasileira no tocante à unidade de desígnio.

> **Importante**
>
> O dolo, seja qual for a sua espécie, é um fenômeno interno do agente. Para que possa ser provado no caso concreto, Winfried Hassemer desenvolveu a **teoria dos indicadores externos**, caracterizada pela união dos aspectos material e processual do dolo, sendo necessário analisar todas as circunstâncias ligadas à atuação do agente, em três etapas distintas e sucessivas: (a) demonstração do perigo ao bem jurídico; (b) visão do agente acerca desse perigo; e (c) decisão do agente sobre a realização do perigo, atacando o bem jurídico.[13]
>
> Na visão tradicional do Direito Penal, o dolo sempre foi vinculado à vontade do agente, caracterizada pelo seu aspecto psicológico. Entretanto, há vozes críticas a essa concepção, sustentando a impossibilidade da vontade psicológica na teoria do dolo, uma vez que o Direito Penal não possui meios para ingressar na mente do agente. Deve-se abandonar, portanto, a busca pelo elemento volitivo interno do agente. Seu comportamento há de ser interpretado **no plano normativo** ("**vontade normativa**"), a partir da conduta exteriorizada no mundo fático. Nesse ponto, sustentam os defensores do "**dolo sem vontade psicológica**" que a intenção do agente não é simplesmente ignorada, e sim extraída da análise de elementos externos, com base em critérios e dados da racionalidade humana. O ato interno (vontade psicológica) é constatado a partir do ato externo ("vontade normativa").

---

[13] HASSEMER, Winfried. *Los elementos característicos del dolo*. Anuario de Derecho Penal y Ciencias penales. Trad. María del Mar Diaz Pita. Centro de Publicaciones del Ministerio de Justicia, 1990. p. 931.

10.2. Crime culposo

Crime culposo é o que se verifica quando o agente, deixando de observar o dever objetivo de cuidado, por imprudência, negligência ou imperícia, realiza voluntariamente uma conduta que produz resultado naturalístico, não previsto nem querido, mas objetivamente previsível, e excepcionalmente previsto e querido, que podia, com a devida atenção, ter evitado.

Dentro de uma concepção finalista, culpa é o **elemento normativo** da conduta, pois a sua aferição depende da valoração do caso concreto.

A modalidade culposa de um crime deve ser expressamente declarada pela lei. No silêncio desta quanto ao elemento subjetivo, sua punição apenas se verifica a título de dolo.

O crime culposo possui, em regra, os seguintes elementos:

- **Conduta voluntária**: a vontade do agente circunscreve-se à realização da conduta, e não à produção do resultado naturalístico.
- **Violação do dever objetivo de cuidado**: é a prática de uma conduta descuidada, a qual, fundada em injustificável falta de atenção, emana de sua imprudência, negligência ou imperícia. Modalidades de culpa: (i) imprudência: consiste na atuação do agente sem observância das cautelas necessárias; (ii) negligência: consiste na omissão em relação à conduta que se devia praticar; e (iii) imperícia: ocorre no exercício de arte, profissão ou ofício que o agente esteja autorizado a desempenhar, mas não possui conhecimentos práticos ou teóricos para fazê-la a contento.
- **Resultado naturalístico involuntário**: O resultado naturalístico é, obrigatoriamente, involuntário, salvo na culpa imprópria.
- **Nexo causal**: *exige-se* a relação de causa e efeito entre a conduta voluntária perigosa e o resultado involuntário.
- **Tipicidade**: *reclama* o juízo de subsunção, de adequação entre a conduta praticada pelo agente no mundo real e a descrição típica contida na lei penal para o aperfeiçoamento do delito culposo.
- **Previsibilidade objetiva**: é a possibilidade de uma pessoa comum, com inteligência mediana, prever o resultado.
- **Ausência de previsão**: em regra, o agente não prevê o resultado objetivamente previsível. Excepcionalmente, todavia, há previsão do resultado (culpa consciente).

> **Importante**
>
> São espécies de culpa:
>
> 1) **Culpa inconsciente e culpa consciente:** essa divisão tem como fator distintivo a previsão do agente acerca do resultado naturalístico provocado pela sua conduta.
>
>   **1.1) Culpa inconsciente**: é aquela em que o agente não prevê o resultado objetivamente previsível.
>
>   **1.2) Culpa consciente**: é a que ocorre quando o agente, após prever o resultado objetivamente previsível, realiza a conduta acreditando sinceramente que ele não ocorrerá.
>
> O Código Penal dispensa igual tratamento à culpa consciente e à culpa inconsciente.
>
> 2) **Culpa própria e culpa imprópria:** essa classificação se baseia na intenção de produzir o resultado naturalístico.
>
>   **2.1) Culpa própria**: é a que se verifica quando o agente não quer o resultado nem assume o risco de produzi-lo.
>
>   **2.2) Culpa imprópria**: é aquela em que o sujeito, após prever o resultado, e desejar sua produção, realiza a conduta por **erro inescusável quanto à ilicitude do fato**, supondo uma situação fática que, se existisse, tornaria a sua ação legítima. Como esse erro poderia ter sido evitado pelo emprego da prudência inerente ao homem médio, responde a título de culpa.
>
> 3) **Culpa mediata ou indireta**: se verifica quando o agente produz o resultado naturalístico indiretamente a título de culpa. A culpa mediata punível consiste em fato com relação estreita e realmente eficiente no tocante à causação do resultado naturalístico, não se podendo confundi-la com a mera condição ou ocasião do ocorrido.
>
> 4) **Culpa presumida ou *in re ipsa***: foi abolida do sistema penal pátrio, por constituir-se em verdadeira responsabilidade penal objetiva.
>
> **Concorrência de culpas**: ocorre quando duas ou mais pessoas concorrem, culposamente, para a produção de um resultado naturalístico. Todos os envolvidos que tiveram atuação culposa respondem pelo resultado produzido, com fundamento na teoria da *conditio sine qua non* (CP, art. 13, *caput*).

Atenção

Não se admite a compensação de culpas no Direito Penal, uma vez que prevalece o caráter público da sanção penal como fundamento para a sua proibição. Nesses termos, a culpa do agente não é anulada pela culpa da vítima.

Exclui-se a culpa nos seguintes casos:

1) **Caso fortuito e força maior**.
2) **Erro profissional**: *a* culpa pelo resultado naturalístico não é do agente, mas da ciência, que se mostra inapta para enfrentar determinadas situações. Não se confunde com a imperícia, uma vez que nesta a falha é do próprio agente, que deixa de observar as regras recomendadas pela profissão, arte ou ofício.
3) **Risco tolerado**: quanto mais imprescindível for um tipo de comportamento humano, maior será o risco que em relação a ele se deverá enfrentar, sem que disso possa resultar qualquer espécie de reprovação jurídica (Karl Binding).
4) **Princípio da confiança**: por se presumir a boa-fé de todo indivíduo, aquele que cumpre as regras jurídicas impostas pelo Direito pode confiar que o seu semelhante também agirá de forma acertada. Assim agindo, não terá culpa nos crimes eventualmente produzidos pela conduta ilícita praticada por outrem.

10.3. Crime preterdoloso

O crime preterdoloso é uma **figura híbrida**, na qual há dolo no antecedente e culpa no consequente. Nesse tipo de delito, o agente produz resultado diverso do pretendido. O dolo em relação ao resultado agravador, direto ou eventual, afasta o caráter preterdoloso do crime.

Importante

Em decorrência do misto de dolo e culpa, o preterdolo é classificado como elemento subjetivo-normativo do tipo penal. Com efeito, o dolo é o elemento subjetivo do tipo, enquanto a culpa é entendida como elemento normativo, pois a sua constatação depende de um prévio juízo de valor.

Em face da proibição da responsabilidade penal objetiva, pelo resultado que agrava especialmente a pena só responde o agente que o houver causado ao menos culposamente, conforme dispõe o art. 19 do Código Penal. Destarte, o resultado mais grave deve ser objetivamente previsível, ou seja, previsível ao homem médio.

Crime qualificado pelo resultado é aquele que possui uma conduta básica, definida e apenada como delito de forma autônoma, nada obstante ainda ostente um resultado que o qualifica por força de sua gravidade objetiva, desde que exista entre eles relação causal física e subjetiva. Todo crime qualificado pelo resultado representa um único crime, e complexo, pois resulta da junção de dois ou mais delitos.

O crime preterdoloso é qualificado pelo resultado, mas nem todo crime qualificado pelo resultado é preterdoloso.

Além do crime preterdoloso, existem três outras espécies de crimes qualificados pelo resultado, quais sejam: (i) dolo na conduta antecedente e dolo no resultado agravador; (ii) culpa na conduta antecedente e culpa no resultado agravador; (iii) culpa na conduta antecedente e dolo no resultado agravador.

EM RESUMO:

Do crime	O **crime** pode ser conceituado levando em conta três aspectos: 1) **Critério material ou substancial**: crime é toda ação ou omissão humana que lesa ou expõe a perigo de lesão bens jurídicos penalmente tutelados; 2) **Critério legal**: o conceito de crime é o fornecido pelo legislador; 3) **Critério analítico, formal** ou **dogmático**: se funda nos **elementos** que compõem a estrutura do crime: a) *posição quadripartida*: **fato típico, ilicitude, culpabilidade** e **punibilidade;** b) *posição tripartida*: **fato típico, ilicitude** e **culpabilidade** (pode ser sistema clássico ou finalista); c) *posição bipartida*: **fato típico** e **ilícito** (só pode ser sistema finalista). **Sujeitos do crime** 1) **Sujeito ativo**; 2) **Sujeito passivo**: a) *sujeito passivo constante, mediato, formal, geral, genérico ou indireto*: o Estado; b) *sujeito passivo eventual, imediato, material, particular, acidental ou direto*: é o titular do bem jurídico especificamente tutelado pela lei penal. **Objeto do crime** 1) **Jurídico**: é o bem jurídico; 2) **material**: é a pessoa ou a coisa que suporta a conduta criminosa.
Relação de causalidade	É o vínculo formado entre a conduta praticada por seu autor e o resultado por ele produzido, tendo pertinência, portanto, nos crimes materiais. Teorias: 1) **Teoria da Equivalência dos Antecedentes:** causa é todo fato humano sem o qual o resultado não teria ocorrido, quando ocorreu e como ocorreu; é a regra adotada no CP (art. 13, *caput, in fine*); 2) **Teoria da Causalidade Adequada**: *causa* é o antecedente, não só necessário, mas adequado à produção do resultado; é a exceção adotada no CP (art. 13, § 1.º);

Relação de causalidade	3) **Teoria da Imputação Objetiva**: insere duas novas **elementares** no tipo objetivo, que passa a ter, além da **causalidade**, a **criação de um risco proibido** e a **realização do risco no resultado**. **Concausas** **Causa dependente**: precisa da conduta do agente para provocar o resultado, razão pela qual não exclui a relação de causalidade. **Causa independente**: é capaz de produzir por si só o resultado, dividindo-se em: 1) **Causas absolutamente independentes** (não se originam da conduta do agente): a) *preexistente*; b) *concomitante*; e c) *superveniente*. Nas três modalidades, devem ser imputados ao agente somente os atos praticados, e não o resultado naturalístico. 2) **Causas relativamente independentes** (originam-se da conduta do agente): a) *preexistente* (o agente responde pelo resultado naturalístico); b) *concomitante* (o agente responde pelo resultado naturalístico); e c) *superveniente*: c.1) as que não produzem por si sós o resultado (o agente responde pelo resultado naturalístico); c.2) as que produzem por si sós o resultado (imputa-se ao agente somente os atos praticados, e não o resultado naturalístico). **Relevância da omissão** A omissão é penalmente relevante quando o omitente **devia** e **podia** agir para evitar o resultado (CP, art. 13, § 2.º). Este disposto é aplicável aos crimes omissivos impróprios, espúrios ou comissivos por omissão. O dever de agir incumbe a quem: *a) tenha por lei obrigação de cuidado, proteção ou vigilância; b) de outra forma, assumiu a responsabilidade de impedir o resultado; c) com seu comportamento anterior, criou o risco da ocorrência do resultado.*
Culpabilidade e exculpantes	**Culpabilidade** **Concepção clássica, causalista, causal ou mecanicista da conduta**: dolo e culpa se alojam no interior da culpabilidade. Culpabilidade é um elemento do crime (posição tripartida). **Concepção finalista**: o dolo e a culpa foram retirados da culpabilidade e transferidos para o interior da conduta. Nessa concepção, a culpabilidade pode ser: (i) elemento do crime (posição tripartida); (ii) pressuposto para aplicação da pena, e não um elemento do crime (posição bipartida).

Culpabilidade e exculpantes	**Exculpantes** São causas de exclusão da culpabilidade: 1) imputabilidade: doença mental, desenvolvimento mental retardado, desenvolvimento mental incompleto e embriaguez acidental completa; 2) potencial consciência da ilicitude: erro de proibição inevitável (ou escusável); 3) exigibilidade de conduta diversa: coação moral irresistível e obediência hierárquica à ordem não manifestamente ilegal.
Crime consumado	Dá-se a consumação do crime quando nele se reúnem todos os elementos de sua definição legal (CP, art. 14, I). **Crimes materiais**: aperfeiçoa-se a consumação com a superveniência do resultado naturalístico. **Crimes formais** e **crimes de mera conduta**: a consumação ocorre com a mera prática da conduta. **Crimes qualificados pelo resultado**, incluindo os preterdolosos: a consumação se verifica com a produção do resultado agravador, doloso ou culposo. **Crimes de perigo concreto** se consumam com a efetiva exposição do bem jurídico a uma probabilidade de dano. **Crimes de perigo abstrato ou presumido**: se consumam com a mera prática da conduta definida pela lei como perigosa. **Crimes permanentes**: a consumação se arrasta no tempo, com a manutenção da situação contrária ao Direito. **Crimes habituais**: a consumação se dá com a reiteração de atos que revelam o estilo de vida do agente.
Crime tentado	Três elementos compõem a estrutura da tentativa: (1) início da execução do crime; (2) ausência de consumação por circunstâncias alheias à vontade do agente; e (3) dolo de consumação. A tentativa constitui-se em **causa obrigatória de diminuição da pena**, incidindo na terceira fase de aplicação da pena privativa de liberdade. O Código Penal acolheu **como regra** a **teoria objetiva, realística ou dualista,** ao determinar que a pena da tentativa deve ser correspondente à pena do crime consumado, diminuída de 1 (um) a 2/3 (dois terços). Como o desvalor do resultado é menor quando comparado ao do crime consumado, o *conatus* deve suportar uma punição mais branda. **Excepcionalmente**, entretanto, é aceita a **teoria subjetiva, voluntarística ou monista**, em que o crime consumado e o crime tentado comportam igual punição: são os **delitos de atentado** ou **de empreendimento**.

Crime tentado	Espécies de infração penal que não admitem a tentativa: crimes culposos (exceto culpa imprópria); crimes preterdolosos; crimes unissubsistentes; crimes omissivos próprios ou puros; crimes de perigo abstrato; contravenções penais; crimes condicionados; crimes subordinados a condição objetiva de punibilidade; crimes de atentado ou de empreendimento; crimes com tipo penal composto de condutas amplamente abrangentes; crimes habituais; crimes-obstáculo.
Crime impossível	É o que se verifica quando, por ineficácia absoluta do meio ou por absoluta impropriedade do objeto, jamais ocorrerá a consumação (CP, art. 17). Trata-se de **causa de exclusão da tipicidade**. O Código Penal adotou a **teoria objetiva temperada ou intermediária**. Espécies de crime impossível: 1) **crime impossível por ineficácia absoluta do meio;** e 2) **crime impossível por impropriedade absoluta do objeto.**
Crimes de dano e de perigo	Essa classificação se refere ao grau de intensidade do resultado almejado pelo agente como consequência da prática da conduta. **Crimes de dano** ou **de lesão:** são aqueles cuja consumação somente se produz com a efetiva lesão do bem jurídico. **Crimes de perigo:** são aqueles que se consumam com a mera exposição do bem jurídico penalmente tutelado a uma situação de perigo. Subdividem-se em: a) crimes de perigo abstrato, presumido ou de simples desobediência; b) crimes de perigo concreto; c) crimes de perigo individual; d) crimes de perigo comum ou coletivo; e) crimes de perigo atual; f) crimes de perigo iminente; g) crimes de perigo futuro ou mediato.
Desistência voluntária e arrependimento eficaz	Requisitos: **voluntariedade** e **eficácia**. São irrelevantes os motivos. Possuem o mesmo efeito: o agente não responde pela forma tentada do crime inicialmente desejado, mas somente pelos atos já praticados. **Desistência voluntária:** o agente, por ato voluntário, interrompe o processo executório do crime, abandonando a prática dos demais atos necessários e que estavam à sua disposição para a consumação. **Arrependimento eficaz:** depois de já praticados todos os atos executórios suficientes à consumação do crime, o agente adota providências aptas a impedir a produção do resultado.

Arrependimento posterior	Arrependimento posterior é a **causa obrigatória de diminuição da pena** que ocorre quando o responsável pelo crime praticado sem violência à pessoa ou grave ameaça, voluntariamente e até o recebimento da denúncia ou queixa, restitui a coisa ou repara o dano provocado por sua conduta (CP, art. 16). Requisitos: crime cometido **sem violência ou grave ameaça à pessoa**; *reparação do dano ou restituição da coisa d*eve ser **voluntária, pessoal** e **integra**l; **até o recebimento da denúncia ou da queixa.**
Do crime doloso, culposo e preterdoloso	**Crime doloso** O dolo, no sistema finalista, integra a conduta, e, consequentemente, o fato típico. Em consonância com a orientação finalista, o dolo consiste na vontade e consciência de realizar os elementos do tipo incriminador. Dentro de uma concepção causal, por outro lado, o dolo funciona como elemento da culpabilidade. Elementos: **consciência** e **vontade**. Teorias: 1) **Teoria da Representação**: a configuração do dolo exige apenas a **previsão do resultado;** 2) **Teoria da Vontade**: exige, além da previsão do resultado, a **vontade de produzi-lo**; 3) **Teoria do Assentimento:** há dolo não somente quando o agente quer o resultado, mas também quando realiza a conduta **assumindo o risco de produzi-lo**. O art. 18, I, do CP revela que foram adotadas pelo Código Penal a teoria da **vontade**, ao dizer "quis o resultado", e a do **assentimento**, no tocante à expressão "assumiu o risco de produzi-lo". **Crime culposo** É o que se verifica quando o agente, deixando de observar o dever objetivo de cuidado, por imprudência, negligência ou imperícia, realiza voluntariamente uma conduta que produz resultado naturalístico, não previsto nem querido, mas objetivamente previsível, e excepcionalmente previsto e querido, que podia, com a devida atenção, ter evitado. A modalidade culposa de um crime deve ser expressamente declarada pela lei. Elementos: **conduta voluntária**; **violação do dever objetivo de cuidado; resultado naturalístico involuntário; nexo causal; tipicidade; previsibilidade objetiva; ausência de previsão** (em regra, o agente não prevê o resultado objetivamente previsível, mas, excepcionalmente, há previsão do resultado – culpa consciente).

Do crime doloso, culposo e preterdoloso	Espécies de culpa: 1) culpa inconsciente e culpa consciente; 2) culpa própria e culpa imprópria; 3) culpa mediata ou indireta; 4) culpa presumida ou *in re ipsa*. **Crime preterdoloso** É uma figura híbrida, na qual há **dolo no antecedente** e **culpa no consequente**. Nesse tipo de delito, o agente produz resultado diverso do pretendido.

Capítulo 5

Tipicidade

1. CONCEITO

A tipicidade, elemento do fato típico, divide-se em:

- **Tipicidade formal:** é o **juízo de subsunção** entre a conduta praticada pelo agente no mundo real e o modelo descrito pelo tipo penal – "adequação ao catálogo" (BELING, Ernst von). A conduta de matar alguém tem amparo no art. 121 do Código Penal. Há, portanto, tipicidade entre tal conduta e a lei penal.
- **Tipicidade material** (ou substancial): é a lesão ou perigo de lesão ao bem jurídico penalmente tutelado em razão da prática da conduta legalmente descrita. Relaciona-se intimamente com o princípio da ofensividade (ou lesividade) do Direito Penal, pois nem todas as condutas que se encaixam nos modelos abstratos e sintéticos de crimes (tipicidade formal) acarretam dano ou perigo ao bem jurídico. É o que se dá, a título ilustrativo, nas hipóteses de incidência do princípio da insignificância, nas quais, nada obstante a tipicidade formal, não se verifica a tipicidade material.

A presença simultânea da tipicidade formal e da tipicidade material caracteriza a **tipicidade penal**.

2. EVOLUÇÃO DOUTRINÁRIA

A definição atual da tipicidade deriva das ideias do alemão Ernst von Beling, datadas de 1906. Antes de Beling, pois, o crime se dividia em dois blocos: ilicitude, de ordem objetiva, e culpabilidade, de natureza subjetiva. Não se falava em tipicidade.

Posteriormente à criação de Beling, o delito passou a possuir três partes: tipicidade, ilicitude e culpabilidade.

Fases da tipicidade:

1) **Fase da independência do tipo** (Ernst von Beling): a tipicidade possuía **função meramente descritiva**, sem nenhum conteúdo valorativo, completamente desvin-

culada da ilicitude. Essa fase, intimamente relacionada com a teoria mecanicista, clássica, naturalista ou causal da conduta, perdeu espaço com o surgimento da teoria finalista da conduta e com o descobrimento dos elementos subjetivos do tipo.

2) **Fase da tipicidade como indício da ilicitude (Max Ernst Mayer):** confere à tipicidade a **função de indício da ilicitude** (teoria indiciária ou da *ratio cognoscendi*), autorizando a presunção relativa de ilicitude, a qual cede diante de prova em sentido contrário, com a comprovação da ocorrência de alguma eximente. Mayer também contribuiu ao Direito Penal com a introdução de elementos normativos no tipo penal, contrariando a proposta de Beling, que não admitia na tipicidade qualquer elemento relativo à ilicitude ou à culpabilidade. **É, desde então, a teoria mais aceita no Direito Penal**. Sua utilidade prática repousa na **inversão do ônus da prova** no tocante às causas de exclusão da ilicitude, bastando à acusação a demonstração da tipicidade do fato, pois o fato típico presume-se igualmente ilícito. Mas esta presunção é relativa e, se a defesa invocar uma descriminante (estado de necessidade, legítima defesa etc.), a ela competirá o ônus de provar a sua tese.

3) **Fase da tipicidade como essência da ilicitude** (Edmund Mezger): o tipo penal é transformado em tipo de injusto, ou seja, o tipo passa a ser conceituado como a **ilicitude tipificada** (teoria da *ratio essendi* ou da identidade). Destarte, tipo e ilicitude fundiram-se de modo indissociável, embora seus conceitos não se confundam. Essa teoria foi alvo de inúmeras críticas, eis que veda a correta separação entre os juízos da tipicidade e da ilicitude.

> **Atenção**
>
> Como estabelece o art. 386, inc. VI, do Código de Processo Penal, "O juiz absolverá o réu, mencionando a causa na parte dispositiva, desde que reconheça: (...) VI – existirem circunstâncias que excluam o crime ou isentem o réu de pena (arts. 20, 21, 22, 23, 26 e § 1.º do art. 28, todos do Código Penal), ou mesmo se houver fundada dúvida sobre sua existência". A parte final do dispositivo legal – "ou mesmo se houver fundada dúvida sobre sua existência" – encontra-se em sintonia com a **teoria da tipicidade como indício da ilicitude**. De fato, a **tipicidade do fato** funciona como **presunção da ilicitude**, uma vez que a absolvição reclama "fundada dúvida" acerca da causa excludente da ilicitude. Cuida-se, na verdade, de manifestação do princípio *in dubio pro reo* (a dúvida favorece o réu, pois o ônus da prova da imputação é da acusação), há muito consagrado nos ordenamentos jurídicos dos povos civilizados.

3. TEORIA DOS ELEMENTOS NEGATIVOS DO TIPO

Preconizada pelo alemão **Hellmuth von Weber**, propõe o **tipo total de injusto**, por meio do qual os pressupostos das causas de exclusão da ilicitude compõem o tipo penal como seus elementos negativos. **Tipicidade** e **ilicitude** integram o **tipo penal** (tipo total), de modo que, identificada a tipicidade, resultará identificada a ilicitude e, afastada a tipicidade, restará também afastada a ilicitude. Opera-se, assim, um sistema bipartido, com duas fases para aferição do crime: tipo total (tipicidade + ilicitude) e culpabilidade. Se fosse adotada a referida teoria, o art. 121, *caput*, do Código Penal ficaria assim redigido: "Matar alguém, salvo em legítima defesa, estado de necessidade, exercício regular do direito ou estrito cumprimento de dever legal". Essa teoria não foi acolhida pelo nosso sistema penal, que distinguiu explicitamente os tipos incriminadores (Parte Especial do Código Penal e legislação especial) dos tipos permissivos ou causas de exclusão da ilicitude (em regra na Parte Geral do Código Penal, mais precisamente em seu art. 23).

4. TEORIA DA TIPICIDADE CONGLOBANTE

Criada pelo penalista argentino **Eugenio Raúl Zaffaroni**, essa teoria sustenta que todo fato típico se reveste de **antinormatividade**, de modo que a conduta seja **contrária ao ordenamento jurídico em geral**, conglobado, e não apenas ao Direito Penal. Não basta a violação da lei penal.

Para essa teoria, a **tipicidade penal** resulta da junção da tipicidade legal com a tipicidade conglobante: tipicidade penal = tipicidade legal + tipicidade conglobante.

- **Tipicidade legal** (adequação à fórmula legal do tipo): é a individualização que a lei faz da conduta, mediante o conjunto dos elementos objetivos e normativos de que se vale o tipo penal.
- **Tipicidade conglobante** (antinormatividade): é a comprovação de que a conduta legalmente típica está também proibida pela norma, o que se afere separando o alcance da norma proibitiva conglobada com as demais normas do sistema jurídico.

Esta teoria, embora ainda se apresente como uma proposta doutrinária com resistência no Brasil, já foi acolhida pelo Superior Tribunal de Justiça (APn 683/AP, rel. Min. Eliana Calmon, Corte Especial, j. 21.11.2012).

5. ADEQUAÇÃO TÍPICA: CONCEITO E ESPÉCIES

Adequação típica é o procedimento pelo qual se enquadra uma conduta individual e concreta na descrição genérica e abstrata da lei penal. É o meio pelo qual se constata se existe ou não tipicidade entre a conduta praticada na vida real e o modelo definido pela lei penal.

A adequação típica pode se apresentar sob duas espécies:

1) **Subordinação imediata**: a conduta humana se enquadra diretamente na lei penal incriminadora, sem necessidade de interposição de qualquer outro dispositivo legal. Exemplo: a conduta de subtrair coisa alheia móvel para si, mediante emprego de violência contra a pessoa, encontra correspondência direta no art. 157, *caput*, do Código Penal.

2) **Subordinação mediata, ampliada** ou **por extensão**: a conduta humana não se enquadra prontamente na lei penal incriminadora, reclamando-se, para complementar a tipicidade, a interposição de um dispositivo contido na Parte Geral do Código Penal. Exemplos de **normas integrativas, de extensão** ou **complementares da tipicidade**:

   a) **Tentativa** (CP, art. 14, II): opera-se uma **ampliação temporal** da figura típica, pois, com a utilização da regra prevista no art. 14, II, do Código Penal, o alcance do tipo penal não se limita ao momento da consumação do crime, mas também aos períodos que o antecedem, antecipando a tutela penal para abarcar os atos executórios prévios à consumação.

   b) **Participação** (CP, art. 29, *caput*): há uma **ampliação espacial e pessoal** do tipo penal, que, em consequência do disposto pelo art. 29, *caput*, do Código Penal, passa a alcançar não só o sujeito que praticou os atos executórios do crime, como também outras pessoas que de qualquer modo concorreram para a realização do delito, sem, contudo, executá-lo.

   c) **Crimes omissivos impróprios, espúrios** ou **comissivos por omissão** (CP, art. 13, § 2.º): ocorre uma **ampliação da conduta criminosa**, a qual, com o emprego do art. 13, § 2.º, do Código Penal, passa a englobar também a omissão daquele que indevidamente não cumpriu o seu dever jurídico de agir.

EM RESUMO:	
Conceito	A tipicidade penal é composta pela: **tipicidade formal** (juízo de subsunção entre a conduta praticada pelo agente no mundo real e o modelo descrito pelo tipo penal) + **tipicidade material** (é a lesão ou perigo de lesão ao bem jurídico penalmente tutelado em razão da prática da conduta legalmente descrita).
Evolução doutrinária	Fases da tipicidade: 1) **fase da independência do tipo** (Ernst von Beling); 2) **fase da tipicidade como indício da ilicitude** (Max Ernst Mayer); 3) **fase da tipicidade como essência da ilicitude** (Edmund Mezger).

Teoria dos elementos negativos do tipo	Preconizada por Hellmuth von Weber. O **tipo penal (tipo total de injusto)** é composto pela **tipicidade + ilicitude**. Essa teoria não foi acolhida pelo sistema penal brasileiro.
Teoria da tipicidade conglobante	Criada por Eugenio Raúl Zaffaroni. A tipicidade penal é composta pela: **tipicidade legal** (adequação à fórmula legal do tipo) + **tipicidade conglobante** (antinormatividade – conduta contrária ao ordenamento jurídico em geral). Essa teoria, embora ainda se apresente como uma proposta doutrinária com resistência no Brasil, já foi acolhida pelo Superior Tribunal de Justiça.
Adequação típica: conceito e espécies	Conceito: é o procedimento pelo qual se enquadra uma conduta individual e concreta na descrição genérica e abstrata da lei penal. Espécies: 1) **subordinação imediata**: a conduta humana se enquadra diretamente na lei penal incriminadora, sem necessidade de interposição de qualquer outro dispositivo legal; 2) **subordinação mediata**, **ampliada** ou **por extensão**: a conduta humana não se enquadra prontamente na lei penal incriminadora, reclamando-se, para complementar a tipicidade, a interposição de um dispositivo contido na Parte Geral do Código Penal.

Capítulo 6

Erro do Tipo

1. ERRO DE TIPO

Com a rubrica "erro sobre elementos do tipo", dispõe o art. 20, *caput*, do Código Penal: "o erro sobre elemento constitutivo do tipo legal de crime exclui o dolo, mas permite a punição por crime culposo, se previsto em lei".

Erro de tipo é a falsa percepção da realidade acerca dos **elementos constitutivos do tipo penal**. É o chamado **erro de tipo essencial.** Exemplo: "A", no estacionamento de um *shopping center*, aperta um botão inserido na chave do seu automóvel, com a finalidade de desativar o alarme. Escuta o barulho, abre a porta do carro, coloca a chave na ignição, liga-o e vai para casa. Percebe, posteriormente, que o carro não lhe pertencia, mas foi confundido com outro, de propriedade de terceira pessoa.

Nesse caso, "A" não praticou o crime de furto, assim definido: "subtrair, para si ou para outrem, coisa **alheia** móvel". Reputava sua a coisa móvel pertencente a outrem. Errou, portanto, sobre a elementar "alheia", pois o instituto impede o agente de compreender o aspecto ilícito do fato por ele praticado.

Para Damásio E. de Jesus, contudo, erro de tipo é o que incide sobre elementares **e circunstâncias** da figura típica, tais como **qualificadoras e agravantes genéricas**.[1] Em sua ótica, também estaria configurado o erro de tipo quando, por exemplo, o sujeito, desconhecendo a relação de parentesco, induz a própria filha a satisfazer a lascívia de outrem. Responderia, no caso, pela forma típica fundamental do art. 227 do Código Penal, sem a qualificadora do § 1.º.

Consequentemente, para essa posição o erro de tipo não se limita a impedir o agente de compreender o caráter ilícito do fato praticado, mas também das circunstâncias que com o fato se relacionam.

---

1 JESUS, Damásio E. de. *Direito penal.* Parte geral. 28. ed. 2. tir. São Paulo: Saraiva, 2006. v. 1, p. 309.

> **Atenção**
>
> Nos **crimes omissivos impróprios**, também chamados de crimes **omissivos espúrios** ou **comissivos por omissão**, o dever de agir, disciplinado no art. 13, § 2.º, do Código Penal, funciona como elemento constitutivo do tipo.
>
> Destarte, nada impede a incidência do erro de tipo em relação ao dever de agir para evitar o resultado, levando-se em conta a relação de normalidade ou perigo do caso concreto. Em síntese, é cabível o erro de tipo na seara dos crimes omissivos impróprios. Exemplo: o salva-vidas avista um banhista se debatendo em águas rasas de uma praia e, imaginando que ele não estava se afogando (e sim dançando, brincando com outra pessoa etc.), nada faz. Posteriormente, tal banhista é retirado do mar sem vida por terceiros. Nessa hipótese, é possível o reconhecimento do instituto previsto no art. 20, *caput*, do Código Penal, aplicando-se os efeitos que lhe são inerentes.

> **Importante**
>
> O erro de tipo essencial pode ser:
>
> 1) **Escusável, inevitável, invencível ou desculpável:** é a modalidade de erro que não deriva de culpa do agente, ou seja, mesmo que ele tivesse agido com a cautela e a prudência de um **homem médio**, ainda assim não poderia evitar a falsa percepção da realidade sobre os elementos constitutivos do tipo penal. O **escusável exclui o dolo e a culpa**, acarretando a impunidade total do fato. **Excepcionalmente**, todavia, pode acontecer de o erro de tipo, **ainda que escusável, não excluir a criminalidade do fato**. Esse fenômeno ocorre quando se opera a desclassificação para outro crime. O exemplo típico é o do particular que ofende um indivíduo desconhecendo a sua condição de funcionário público. Em face da ausência de dolo quanto a essa elementar, afasta-se o crime de desacato (CP, art. 331), mas subsiste o de injúria (CP, art. 140), pois a honra do particular também é tutelada pela lei penal.
>
> 2) **Inescusável, evitável, vencível ou indesculpável:** é a espécie de erro que provém da culpa do agente, é dizer, se ele empregasse a cautela e a prudência do homem médio poderia evitá-lo, uma vez que seria capaz de compreender o caráter criminoso do fato. O erro de tipo **inescusável exclui o dolo**, mas **permite a punição por crime culposo, se previsto em lei** (excepcionalidade do crime culposo).
>
> A natureza do erro (escusável ou inescusável) deve ser aferida na análise do caso concreto, levando-se em consideração as condições em que o fato foi praticado.

Cap. 6 – Erro do Tipo

> **Atenção**
>
> Erro de tipo e crime putativo por erro não se confundem. No **erro de tipo** o indivíduo, desconhecendo um ou vários elementos constitutivos, não sabe que pratica um fato descrito em lei como infração penal, quando na verdade o faz. Já o **crime putativo por erro de tipo**, ou **delito putativo por erro de tipo**, é o imaginário ou erroneamente suposto, que existe exclusivamente na mente do agente. Ele quer praticar um crime, mas, por erro, acaba por cometer um fato penalmente irrelevante. Exemplo: "A" deseja praticar o crime de tráfico de drogas (Lei 11.343/2006, art. 33, *caput*), mas por desconhecimento comercializa talco.
>
> Estabelece o art. 20, § 2.º, do Código Penal: "Responde pelo crime o terceiro que determina o erro".
>
> Cuida-se da hipótese na qual quem pratica a conduta tem uma falsa percepção da realidade no que diz respeito aos elementos constitutivos do tipo penal em decorrência da atuação de terceira pessoa, chamada de **agente provocador**.
>
> Dependendo do elemento subjetivo do agente provocador, o erro provocado pode ser:
>
> - **Doloso**: quando o provocador atua **dolosamente**, a ele deve ser imputado, na forma dolosa, o crime cometido pelo provocado. Exemplo: "A", apressado para não perder o ônibus, pede na saída da aula para "B" lhe arremessar seu aparelho de telefone celular que esquecera na mesa. "B", dolosamente, entrega o telefone pertencente a "C", seu desafeto. O provocado (que no caso seria "A"), nesse caso, ficará impune, sendo escusável seu erro. Mas, se o seu erro for inescusável, responderá por crime culposo, se previsto em lei. No exemplo acima, escusável ou inescusável o erro, nenhum crime seria imputado a "A", em face da inexistência do crime de furto culposo.
>
> - **Culposo**: pode o provocador agir **culposamente**, por imprudência, negligência ou imperícia, situação na qual a ele será imputado o crime culposo praticado pelo provocado, se previsto em lei. Exemplo: sem tomar maiores cautelas, o vendedor entrega para teste um veículo sem freios que ainda estava na oficina mecânica da concessionária. O pretenso comprador, ao dirigir o automóvel, atropela e mata um transeunte. Nessa situação, o provocado também poderá responder pelo crime culposo, desde que o seu erro seja inescusável. Ao contrário, tratando-se de erro escusável, permanecerá impune.

1.1. Descriminantes putativas

Descriminante putativa é a **causa de exclusão da ilicitude** que não existe concretamente, mas apenas na mente do autor de um fato típico.

O art. 23 do Código Penal prevê as causas de exclusão da ilicitude e em todas elas é possível que o agente, por erro, as considere presentes: estado de necessidade putativo, legítima defesa putativa, estrito cumprimento de dever legal putativo e exercício regular do direito putativo. Basta que, incidindo em erro, o agente suponha situação que, se realmente existisse, tornaria a sua ação legítima.

As descriminantes putativas relacionam-se intrinsecamente com a figura do erro, e podem ser de três espécies:

1) **Erro relativo aos pressupostos de fato de uma causa de exclusão da ilicitude:** é o caso daquele que, ao encontrar seu desafeto, e notando que tal pessoa coloca a mão no bolso, saca seu revólver e o mata. Descobre, depois, que a vítima fora acometida por cegueira, por ele desconhecida, e não poderia sequer ter visto o seu agressor. Ausente, portanto, um dos requisitos da legítima defesa, qual seja a "agressão injusta". Em relação ao erro relativo aos pressupostos de fato de uma causa de exclusão da ilicitude, a natureza jurídica da descriminante putativa depende da **teoria da culpabilidade adotada**:[2]

   a) *Teoria normativa pura, em sua vertente limitada:* constitui-se em **erro de tipo permissivo.** Surgem então as **descriminantes putativas por erro de tipo.** Se escusável o erro, exclui-se o dolo e a culpa, acarretando a atipicidade do fato, pois no finalismo o dolo e a culpa compõem a estrutura da conduta. Mas, se inescusável o erro, afasta-se o dolo, subsistindo a responsabilidade por crime culposo, se previsto em lei (CP, art. 20, § 1.º). Filiam-se a essa posição, entre outros, Damásio E. de Jesus[3] e Francisco de Assis Toledo.[4] A Lei 7.209/1984 acolheu essa teoria, como se extrai do item 19 da Exposição de Motivos da atual Parte Geral do Código Penal.

   b) *Teoria normativa pura, em sua variante extremada, extrema ou estrita:* trata-se também de hipótese de **erro de proibição.** Logo, constitui **descriminante putativa por erro de proibição**, com todos os seus efeitos: subsiste o dolo, e também a culpa, excluindo-se a culpabilidade se o erro for inevitável ou escusável. Se evitável ou inescusável o erro, não se afasta a culpabilidade, e o agente responde por crime doloso, diminuindo-se a pena de 1/6 (um sexto) a 1/3 (um terço), nos moldes do art. 21, *caput*, do Código Penal. Partilham desse entendimento, que consagra em sede de descriminantes putativas a **teoria**

---

2 DIAS, Jorge de Figueiredo. *O problema da consciência da ilicitude em direito penal.* 5. ed. Coimbra: Coimbra Editora, 2000. p. 416.
3 JESUS, Damásio E. de. *Direito penal.* Parte geral. 28. ed. 2. tir. São Paulo: Saraiva, 2006. v. 1, p. 316-317.
4 TOLEDO, Francisco de Assis. *Princípios básicos de direito penal.* 5. ed. 13. tir. São Paulo: Saraiva, 2007. p. 272-277.

unitária do erro, Cezar Roberto Bitencourt[5] e Guilherme de Souza Nucci,[6] entre outros.

2) **Erro relativo à existência de uma causa de exclusão da ilicitude:** imagine-se o sujeito que, depois de encontrar sua mulher com o amante, em flagrante adultério, mata a ambos, por crer que assim possa agir acobertado pela legítima defesa da honra. Nessa situação, o agente errou quanto à existência desta descriminante, não acolhida pelo ordenamento jurídico em vigor. É pacífico o entendimento de que se trata de uma modalidade de **erro de proibição indireto**. Subsiste o dolo e também a culpa, excluindo-se a culpabilidade, se o erro for inevitável ou escusável. Caso o erro seja evitável ou inescusável, não se afasta a culpabilidade, e o agente responde por crime doloso, diminuindo-se a pena de 1/6 (um sexto) a 1/3 (um terço), na forma definida pelo art. 21, *caput*, do Código Penal.

3) **Erro relativo aos limites de uma causa de exclusão da ilicitude:** Temos como exemplo o fazendeiro que reputa adequado matar todo e qualquer posseiro que invada a sua propriedade. Cuida-se da figura do excesso, pois a defesa da propriedade não permite esse tipo de reação desproporcional. É pacífico o entendimento de que se trata de uma modalidade de **erro de proibição indireto**. Subsiste o dolo e também a culpa, excluindo-se a culpabilidade, se o erro for inevitável ou escusável. Caso o erro seja evitável ou inescusável, não se afasta a culpabilidade, e o agente responde por crime doloso, diminuindo-se a pena de 1/6 (um sexto) a 1/3 (um terço), na forma definida pelo art. 21, *caput*, do Código Penal.

1.2. Erro de tipo acidental

Erro de tipo acidental é o que recai sobre dados diversos dos elementos constitutivos do tipo penal, ou seja, sobre as **circunstâncias** (qualificadoras, agravantes genéricas e causas de aumento da pena) **e fatores irrelevantes da figura típica**. A infração penal subsiste íntegra, e esse erro **não afasta a responsabilidade penal**.

Pode ocorrer nas seguintes situações:

1) **Erro sobre a pessoa ou *error in persona*:**

É o que se verifica quando o agente confunde a pessoa visada, contra a qual desejava praticar a conduta criminosa, com pessoa diversa. Exemplo: "A", com a intenção de matar "B", efetua disparos de arma de fogo contra "C", irmão gêmeo de "B", confundindo-o com aquele que efetivamente queria matar.

---

[5] BITENCOURT, Cezar Roberto. *Erro de tipo e erro de proibição*. Uma análise comparativa. 4. ed. São Paulo: Saraiva, 2007. p. 101.
[6] NUCCI, Guilherme de Souza. *Código Penal comentado*. 6. ed. São Paulo: RT, 2006. p. 205-206.

Esse erro é irrelevante, em face da **teoria da equivalência** do bem jurídico atingido. Nesse contexto, o art. 121 do Código Penal protege a "vida humana", independentemente de se tratar de "B" ou de "C".

A propósito, estabelece o art. 20, § 3.º, do Código Penal: "o erro quanto à pessoa contra a qual o crime é praticado não isenta de pena. Não se consideram, neste caso, as condições ou qualidades da vítima, senão as da pessoa contra quem o agente queria praticar o crime".

A regra, portanto, consiste em levar em conta, para a **aplicação da pena,** as condições da **vítima virtual,** isto é, aquela que o sujeito pretendia atingir, mas que no caso concreto não sofreu perigo algum, e não a **vítima real,** que foi efetivamente atingida. Nesses termos, se no exemplo acima "A" queria matar seu pai, mas acabou causando a morte de seu tio, incide a agravante genérica relativa ao crime praticado contra ascendente (CP, art. 61, inc. II, alínea "e"), embora não tenha sido cometido o parricídio.

2) **Erro sobre o objeto:**

Nessa espécie de erro de tipo acidental, o sujeito crê que a sua conduta recai sobre um determinado objeto, mas na verdade incide sobre coisa diversa. Exemplo: "A" acredita que subtrai um relógio Rolex, avaliado em R$ 30.000,00, quando realmente furta uma réplica de tal bem, a qual custa R$ 500,00.

Esse erro é irrelevante, de natureza acidental, e não interfere na tipicidade penal. O art. 155, *caput,* do Código Penal tipifica a conduta de "subtrair, para si ou para outrem, coisa alheia móvel", e, no exemplo, houve a subtração do patrimônio alheio, pouco importando o seu efetivo valor. A coisa alheia móvel saiu da esfera de vigilância da vítima para ingressar no patrimônio do ladrão.

A análise do caso concreto, entretanto, pode autorizar a incidência do princípio da insignificância, excluindo a tipicidade do fato, quando todos os seus requisitos objetivos e subjetivos estiverem presentes. É o que se dá, a título ilustrativo, na hipótese em que o agente, primário e sem antecedentes criminais, subtrai de uma grande joalheria uma imitação de um relógio de alto valor, porém avaliada em somente R$ 10,00.

3) **Erro sobre as qualificadoras:**

O sujeito age com falsa percepção da realidade no que diz respeito a uma qualificadora do crime. Exemplo: o agente furta um carro depois de conseguir, por meio de fraude, a chave verdadeira do automóvel. Acredita praticar o crime de furto qualificado pelo emprego de chave falsa (CP, art. 155, § 4.º, inc. III), quando na verdade não incide o tipo derivado por se tratar de chave verdadeira.

Esse erro não afasta o dolo nem a culpa relativamente à modalidade básica do delito.[7] Desaparece a qualificadora, por falta de dolo, mas se mantém intacto o tipo

---

7 PEÑARANDA RAMOS, Enrique. *Concurso de leyes, error y participación en el delito.* Madrid: Civitas, 1991. p. 78.

fundamental, ou seja, subsiste o crime efetivamente praticado, o qual deve ser imputado ao seu responsável.[8]

4) Erro sobre o nexo causal ou *aberratio causae*:

É o engano relacionado à causa do crime: o resultado buscado pelo agente ocorreu em razão de um acontecimento diverso daquele que ele inicialmente idealizou.

Não há erro quanto às elementares do tipo, bem como no tocante à ilicitude do fato. Com efeito, esse erro é penalmente irrelevante, de natureza acidental, pois o sujeito queria um resultado naturalístico e o alcançou. O dolo abrange todo o desenrolar da ação típica, do início da execução até a consumação. Exemplo: "A", no alto de uma ponte, empurra "B" – que não sabia nadar – ao mar, para matá-lo afogado. A vítima falece, não por força da asfixia derivada do afogamento, e sim por traumatismo crânio-encefálico, pois se chocou em uma pedra antes de ter contato com a água.

O agente deve responder pelo delito, em sua modalidade consumada. Ele queria a morte de "B", e efetivamente a produziu. Há perfeita congruência entre a sua vontade e o resultado naturalístico produzido. No âmbito da qualificadora, há duas posições: (a) deve ser considerado o meio de execução que o agente desejava empregar para a consumação (asfixia), e não aquele que, acidentalmente, permitiu a eclosão do resultado naturalístico; e (b) é preciso levar em conta o meio de execução que efetivamente provocou o resultado, e não aquele idealizado pelo agente.

5) Erro na execução ou *aberratio ictus*:

Encontra previsão no art. 73 do Código Penal:

> **Art. 73.** Quando, por acidente ou erro no uso dos meios de execução, o agente, ao invés de atingir a pessoa que pretendia ofender, atinge pessoa diversa, responde como se tivesse praticado o crime contra aquela, atendendo-se ao disposto no § 3.º do art. 20 deste Código. No caso de ser também atingida a pessoa que o agente pretendia ofender, aplica-se a regra do art. 70 deste Código.

Erro na execução é a **aberração no ataque,** em relação à pessoa a ser atingida pela conduta criminosa. O agente não se engana quanto à pessoa que desejava atacar, mas age de modo desastrado, errando o seu alvo e acertando pessoa diversa. O erro na execução pode ser de duas espécies:

a) **Com unidade simples** ou **com resultado único:** é a situação descrita pelo art. 73, 1.ª parte, do Código Penal, na qual o agente atinge unicamente a pessoa diversa da desejada. A vítima virtual não suporta qualquer tipo de lesão. Exemplo: "A" nota que "B", seu inimigo, está parado em um ponto de ônibus. Saca sua arma, mira-o e

---

[8] Recorde-se que alguns autores, como Damásio E. de Jesus, consideram o erro sobre as qualificadoras como **erro de tipo essencial**.

efetua o disparo para matá-lo, mas por falha na pontaria acerta "C", que também aguardava o coletivo, matando-o. O crime que queria praticar e o crime que praticou são idênticos, mas a pessoa morta é diversa da visada. Determina o art. 73 do Código Penal que, nesse caso, deve atender-se ao disposto pelo art. 20, § 3.º, do Código Penal, isto é, observamse as regras inerentes ao **erro sobre a pessoa.** Assim, levam-se em conta as condições da vítima que o agente desejava atingir (vítima virtual), desprezando-se as condições pessoais da vítima efetivamente ofendida (vítima real).

b) **Com unidade complexa** ou **com resultado duplo:** é a situação descrita pelo art. 73, *in fine,* do Código Penal, na qual o sujeito, além de atingir a pessoa inicialmente desejada, ofende também pessoa ou pessoas diversas. Sua conduta enseja dois resultados: o originariamente pretendido e o involuntário. É como se no exemplo acima indicado "A" matasse "B" dolosamente, e também "C", a título de culpa, como na hipótese em que o projétil perfura o corpo de uma vítima para alojar-se no corpo da outra vítima. Nessa hipótese, determina o Código Penal a aplicação da regra do concurso formal próprio ou perfeito (CP, art. 70, *caput,* 1.ª parte): o magistrado utiliza a pena do crime mais grave, aumentando-a de um 1/6 (um sexto) até a 1/2 (metade). O percentual de aumento varia de acordo com o número de crimes produzidos a título de culpa.

> **Atenção**
>
> Admite-se o erro na execução com unidade complexa apenas quando as demais pessoas forem atingidas **culposamente**, aplicando-se o sistema do concurso formal próprio ou perfeito. Se houver **dolo eventual** no tocante às demais pessoas ofendidas, não há falar propriamente em erro na execução, e incide a regra do **concurso formal impróprio** ou **imperfeito** (sistema do cúmulo material).
>
> Erro na execução e erro sobre a pessoa são institutos diversos. No **erro sobre a pessoa** o agente confunde a pessoa que queria atingir com pessoa diversa, enquanto no **erro na execução** o agente não confunde a pessoa que desejava atingir com outra, mas por aberração no ataque acaba por acertar pessoa diversa.

6) **Resultado diverso do pretendido, *aberratio delicti* ou *aberratio criminis*:**

Encontra-se previsto no art. 74 do Código Penal:

> Fora dos casos do artigo anterior, quando, por acidente ou erro na execução do crime, sobrevém resultado diverso do pretendido, o agente responde por culpa, se o fato é previsto como crime culposo; se ocorre também o resultado pretendido, aplica-se a regra do art. 70 deste Código.

O referido dispositivo disciplina a situação em que, por acidente ou erro na execução do crime, sobrevém resultado diverso do pretendido. Em outras palavras, o agente desejava cometer um crime, mas por erro na execução acaba por cometer crime diverso.

Ao contrário do erro na execução, no resultado diverso do pretendido a relação é **crime x crime.** O clássico exemplo, formulado por Giuseppe Maggiore, é o do sujeito que atira uma pedra para quebrar uma vidraça (CP, art. 163: dano), mas, por erro na execução, atinge uma pessoa que passava pela rua, lesionando-a (CP, art. 129: lesões corporais).

O resultado diverso do pretendido pode revelar-se sob duas espécies:

a) **Com unidade simples** ou **com resultado único** (CP, art. 74, 1.ª parte): nessa situação, o agente atinge somente bem jurídico diverso do pretendido. É o que se dá no exemplo acima mencionado. O dispositivo legal é claro: "o agente responde por culpa, se o fato é previsto como crime culposo". Assim, será imputado apenas o crime de lesão corporal culposa.

b) **Com unidade complexa** ou **resultado duplo** (CP, art. 74, 2.ª parte): nessa situação, a conduta do agente atinge o bem jurídico desejado e também bem jurídico diverso, culposamente. No exemplo, o sujeito quebra a vidraça e também fere a pessoa. Utiliza-se a regra do concurso formal, aplicando-se a pena do crime mais grave, aumentada de 1/6 (um sexto) até 1/2 (metade), variando o aumento de acordo com o número de crimes produzidos a título de culpa.

> **Atenção**
>
> Se o resultado previsto como crime culposo for **menos grave** ou se o crime **não admitir a modalidade culposa**, deve-se desprezar a regra contida no art. 74 do Código Penal. Exemplificativamente, se "A" efetua disparos de arma de fogo contra "B" para matá-lo, mas não o acerta e quebra uma vidraça, a sistemática do resultado diverso do pretendido implicaria a absorção da tentativa branca ou incruenta de homicídio pelo dano culposo. Como no Código Penal o dano não admite a modalidade culposa, a conduta seria atípica. E, ainda que o legislador tivesse incriminado o dano culposo, tal delito não seria capaz de absorver o homicídio tentado. Deve ser imputada ao agente a tentativa de homicídio.

2. ERRO DE PROIBIÇÃO

O erro de proibição foi disciplinado pelo art. 21, *caput*, do Código Penal, que o chama de **"erro sobre a ilicitude do fato"**, funcionando como **causa de exclusão da culpabilidade**, quando escusável, ou como **causa de diminuição da pena**, quando inescusável.

O erro de proibição pode ser definido como a falsa percepção do agente acerca do caráter ilícito do fato típico por ele praticado, de acordo com um **juízo profano**, isto é, possível de ser alcançado mediante um procedimento de simples esforço de sua consciência. O sujeito conhece a existência da lei penal (presunção legal absoluta), mas desconhece ou interpreta mal seu conteúdo, ou seja, não compreende adequadamente seu caráter ilícito.

A simples omissão, ou mesmo conivência do Poder Público no que diz respeito ao combate da criminalidade não autoriza o reconhecimento do erro de proibição (STJ, REsp 870.055/SC, rel. Min. Gilson Dipp, 5.ª Turma, j. 27.02.2007).

Importante

O **erro de proibição** relaciona-se com a **culpabilidade**, podendo ou não excluí-la, se for escusável ou inescusável.

- **Erro de proibição escusável, inevitável** ou **invencível:** o sujeito, ainda que no caso concreto tivesse se esforçado, não poderia evitá-lo. O agente, nada obstante o emprego das diligências ordinárias inerentes à sua condição pessoal, não tem condições de compreender o caráter ilícito do fato. Nesse caso, **exclui-se a culpabilidade**, em face da ausência de um dos seus elementos, a potencial consciência da ilicitude. Nos termos do art. 21, *caput*: "o erro sobre a ilicitude do fato, se inevitável, isenta de pena".

- **Erro de proibição inescusável, evitável** ou **vencível:** poderia ser evitado com o normal esforço de consciência por parte do agente. Se empregasse as diligências normais, seria possível a compreensão acerca do caráter ilícito do fato. **Subsiste a culpabilidade**, mas **a pena deve ser diminuída de um sexto a um terço**, em face da **menor censurabilidade da conduta**. O grau de reprovabilidade do comportamento do agente é o vetor para a maior ou menor diminuição. E, embora o art. 21, *caput*, disponha que o juiz **"poderá"** diminuir a pena, a redução é obrigatória, pois não se pode reconhecer a menor censurabilidade e não diminuir a sanção.[9]

Em se tratando de matéria inerente à culpabilidade, o critério para decidir se o erro de proibição é escusável ou inescusável é o **perfil subjetivo do agente**, e não a figura do homem médio. O parágrafo único do art. 21 do Código Penal consagra esse entendimento, ao estabelecer que "considera-se evitável o erro se o agente atua ou se omite sem a consciência da ilicitude do fato, quando lhe era possível, nas circunstâncias, ter ou atingir essa consciência". Esse é o erro de proibição **inescusável**. *A contrario sensu*, conclui-se que o erro de proibição **escusável** é

---

[9] MIRABETE, Julio Fabbrini. *Manual de direito penal*. Parte geral. 24. ed. São Paulo: Atlas, 2007. v. 1, p. 201.

aquele em que o agente atua ou se omite sem a consciência da ilicitude do fato, quando **não lhe era possível**, nas circunstâncias, ter ou atingir essa consciência.

O erro de proibição pode ser:

- **direto**: o agente desconhece o conteúdo da norma penal proibitiva, ou, se o conhece, interpreta-o de forma equivocada. Exemplo: o credor, ao ser avisado que seu devedor está de mudança para outro país, ingressa clandestinamente em sua residência e subtrai bens no valor da dívida, acreditando ser lícito "fazer justiça pelas próprias mãos".

- **indireto (descriminante putativa por erro de proibição)**: o agente conhece o caráter ilícito do fato, mas, no caso concreto, acredita erroneamente estar presente uma causa de exclusão da ilicitude, ou então se equivoca quanto aos limites de uma causa de exclusão da ilicitude efetivamente presente. Exemplo: "A" chega em sua casa e, ao avistar uma criança furtando roupas que estavam no varal, saca seu revólver e vem a matá-la, reputando estar autorizado, pela "legítima defesa da propriedade", a agir dessa forma.

- **mandamental**: o agente, envolvido em uma situação de perigo a determinado bem jurídico, erroneamente acredita estar autorizado a livrar-se do dever de agir para impedir o resultado, nas hipóteses previstas no art. 13, § 2.º, do Código Penal. Só é possível nos crimes omissivos impróprios. Exemplo: o pai de família, válido para o trabalho, mas em situação de pobreza, abandona o filho de pouca idade à sua própria sorte, matando-o, por acreditar que nesse caso não tem a obrigação de zelar por ele.

Em todas essas modalidades incidem os efeitos previstos no art. 21, *caput*, do Código Penal: se inevitável o erro de proibição, isenta de pena; se evitável, autoriza a diminuição da pena de um sexto a um terço.

Atenção

Erro de proibição e crime putativo por erro de proibição não se confundem. No **erro de proibição** o sujeito age acreditando na licitude do seu comportamento, quando na verdade pratica uma infração penal, por não compreender o caráter ilícito do fato. Já no **crime putativo por erro de proibição**, **delito de alucinação** ou **crime de loucura,** o agente atua acreditando que seu comportamento constitui crime ou contravenção penal, mas, na realidade, é penalmente irrelevante. Exemplo: o pai mantém relações sexuais consentidas com a filha maior de 18 anos de idade e plenamente capaz, acreditando cometer o crime de incesto, fato atípico no Direito Penal pátrio.

Diferenças entre erro de tipo e erro de proibição:

- **Erro de tipo (CP, art. 20)**: o sujeito desconhece a **situação fática** que o cerca, não constatando em sua conduta a presença das elementares de um tipo penal. Exemplo: "A" leva para casa, por engano, um livro de "B", seu colega de faculdade. Por acreditar que o bem lhe pertencia, desconhecendo a elementar "coisa **alheia** móvel", não comete o crime de furto (CP, art. 155). O erro de tipo, escusável ou inescusável, **exclui o dolo**. Mas, se inescusável, subsiste a punição por crime culposo, se previsto em lei.

- **Erro de proibição (CP, art. 21, *caput*)**: o sujeito conhece perfeitamente a situação fática em que se encontra, mas **desconhece a ilicitude do seu comportamento**. Consequentemente, não afeta o dolo (natural). Quanto aos seus efeitos, o erro de proibição, **se escusável, exclui a culpabilidade**, diante da ausência da potencial consciência da ilicitude, um dos seus elementos. E, **se inescusável**, subsiste o crime, e também a culpabilidade, incidindo uma **causa de diminuição da pena**, de um sexto a um terço.

O erro **sobre a ilicitude do fato** caracteriza erro de proibição, relacionando-se com o terreno da culpabilidade. Essa é a regra adotada pelo Código Penal. Excepcionalmente, todavia, o preceito primário de um tipo penal inclui na descrição da conduta criminosa **elementos normativos de índole jurídica**, ou mesmo **palavras ou expressões atinentes à ilicitude**. Exemplos: violação de correspondência (CP, art. 151: "indevidamente"), divulgação de segredo, violação do segredo profissional, abandono material e abandono intelectual (CP, arts. 153, *caput*, e § 2.º, 154, 244, *caput*, e 246: "sem justa causa"). Em tais hipóteses, o erro sobre a ilicitude do fato caracteriza **erro de tipo**, com todos os seus efeitos, e não erro de proibição, porque a ilicitude funciona como elemento do tipo penal. O erro, portanto, incide sobre os elementos do tipo.

3. COAÇÃO MORAL IRRESISTÍVEL E OBEDIÊNCIA HIERÁRQUICA

3.1. Coação moral irresistível

Estabelece o art. 22 do Código Penal: "se o fato é cometido sob coação irresistível [...], só é punível o autor da coação".

Esse dispositivo legal refere-se exclusivamente à coação **moral** irresistível. Com efeito, estabelece em sua parte final ser **punível** só o autor da coação, ficando o coagido **isento de pena**, expressão que se coaduna com as **dirimentes**, ou seja, causas de exclusão da culpabilidade. Na coação moral, o coator, para alcançar o resultado ilícito desejado, ameaça o coagido, e este, por medo, realiza a conduta criminosa. Essa intimidação recai sobre sua vontade, viciando-a, de modo a retirar a exigência legal de agir de maneira diferente. Exclui-se a culpabilidade do coagido, em face da **inexigibilidade de conduta diversa**.

Cap. 6 – Erro do Tipo

Se, entretanto, a coação moral for **resistível**, remanesce a culpabilidade do coagido, operando-se autêntico concurso de agentes entre ele e o coator. Frise-se, todavia, que na coação moral resistível, enquanto a pena do coator será agravada (CP, art. 62, II), a do coagido será atenuada (CP, art. 65, III, "c", 1.ª parte).

Por sua vez, na coação **física** irresistível elimina-se por completo a vontade do coagido. Seu aspecto volitivo não é meramente viciado, mas suprimido, e ele passa a atuar como instrumento do crime a serviço do coator. Exclui-se a conduta, e, consequentemente, o próprio fato típico praticado pelo coagido.

> **Importante**
>
> A coação moral irresistível depende dos seguintes requisitos:
>
> 1) **Ameaça do coator, ou seja, promessa de mal grave e iminente, o qual o coagido não é obrigado a suportar:** se o mal é atual, com maior razão estará excluída a culpabilidade. Essa ameaça deve ser direcionada à pessoa do coagido ou ainda a indivíduos com ele intimamente relacionados. Se for dirigida a pessoa estranha, pode até ser excluída a culpabilidade, em face de causa supralegal fundada na inexigibilidade de conduta diversa. Se não bastasse, essa ameaça precisa ser séria e ligada a ofensa certa.
>
> 2) **Inevitabilidade do perigo na posição em que se encontra o coagido:** se o perigo puder por outro meio ser evitado, seja pela atuação do próprio coagido, seja pela força policial, não há falar na dirimente.
>
> 3) **Caráter irresistível da ameaça:** além de grave, o mal prometido deve ser irresistível. A gravidade e a irresistibilidade da ameaça devem ser aferidas no caso concreto, levando em conta as condições pessoais do coagido. Trata-se, em verdade, de instituto relacionado com a culpabilidade, razão pela qual não se considera a figura imaginária do homem médio, voltada ao fato típico e ilícito, mas o perfil subjetivo do agente, que será então considerado culpável ou não. Nada obstante, há entendimentos no sentido de que a gravidade e a irresistibilidade da coação devem ser calculadas com base nas características do *homo medius*.
>
> 4) **Presença de ao menos três pessoas envolvidas:** devem estar presentes o coator, o coagido e a vítima do crime por este praticado. Admite-se, contudo, a configuração da dirimente em análise com apenas duas pessoas envolvidas: coator e coagido. Nesse caso, o coator funcionaria também como vítima. Exemplo: em razão de tão grave e irresistível ameaça para praticar crime no futuro, o coagido, premido pelo medo e sem outra forma de agir, mata o próprio coator. Essa situação não se confunde com a legítima defesa. De fato, estaria afastada a excludente da ilicitude em face da inexistência de agressão atual ou iminente.

> **Atenção**
>
> Temor referencial é o fundado receio de decepcionar pessoa a quem se deve elevado respeito. **Não se equipara à coação moral**, pois não há ameaça, mas apenas receio. Exemplo: filho que falsifica as notas lançadas no boletim da faculdade com o propósito de esconder as avaliações negativas do conhecimento dos pais, que arduamente custeiam seus estudos.

3.2. Obediência hierárquica

Estabelece o art. 22 do Código Penal: "se o fato é cometido [...] em estrita obediência a ordem, não manifestamente ilegal, de superior hierárquico, só é punível o autor [...] da ordem".

Obediência hierárquica é a causa de exclusão da culpabilidade, fundada na **inexigibilidade de conduta diversa**, que ocorre quando um funcionário público subalterno pratica uma infração penal em decorrência do cumprimento de ordem, não manifestamente ilegal, emitida pelo superior hierárquico. O fato, contudo, não permanece impune, pois por ele responde o autor da ordem.

Se, entretanto, a ordem for **manifestamente ilegal**, mandante e executor respondem pela infração penal, pois se caracteriza o concurso de agentes. Ambos sabem do caráter ilícito da conduta e contribuem para o resultado. Para o superior hierárquico, incide a agravante genérica descrita pelo art. 62, III, 1.ª parte, do Código Penal. E, no tocante ao subalterno, aplica-se a atenuante genérica delineada pelo art. 65, III, "c" (em cumprimento de ordem de autoridade superior), do Código Penal.

Na análise da legalidade ou ilegalidade da ordem, deve ser considerado o **perfil subjetivo do executor**, e não os dados comuns ao homem médio, porque se trata de questão afeta à culpabilidade, na qual sempre se consideram as condições pessoais do agente.

> **Importante**
>
> A obediência hierárquica depende dos seguintes requisitos:
> 1) **Ordem não manifestamente ilegal:** é a de aparente legalidade, em face da crença de licitude que tem um funcionário público subalterno ao obedecer ao mandamento de superior hierárquico, colocado nessa posição em razão de possuir maiores conhecimentos técnicos ou por encontrar-se há mais tempo no serviço público. Daí falar-se que a obediência hierárquica representa uma fusão do erro de proibição (acarreta o desconhecimento do caráter ilícito do fato) com a inexigibilidade de conduta diversa (não se pode exigir do subordinado comportamento diferente). Se a ordem for legal, não há crime, seja

por parte do superior hierárquico, seja por parte do subalterno, pois a atuação deste último estará acobertada pelo estrito cumprimento do dever legal, causa de exclusão da ilicitude prevista no art. 23, III, do Código Penal.

2) **Ordem originária de autoridade competente:** o mandamento emana de funcionário público legalmente competente para fazê-lo. O cumprimento de ordem advinda de autoridade incompetente pode, no caso concreto, resultar no reconhecimento de erro de proibição invencível ou escusável.

3) **Relação de Direito Público:** a posição de hierarquia que autoriza o reconhecimento da excludente da culpabilidade somente existe no Direito Público. Não é admitida no campo privado, por falta de suporte para punição severa e injustificada àquele que descumpre ordem não manifestamente ilegal emanada de seu superior.

4) **Presença de pelo menos três pessoas:** envolve o mandante da ordem (superior hierárquico), seu executor (subalterno) e a vítima do crime por este praticado.

5) **Cumprimento estrito da ordem:** o executor não pode ultrapassar, por conta própria, os limites da ordem que lhe foi endereçada, sob pena de afastamento da excludente.

4. CAUSAS DE EXCLUSÃO DA ILICITUDE

Em face do acolhimento da teoria da tipicidade como indício da ilicitude, uma vez praticado o fato típico, isto é, o comportamento humano previsto em lei como crime ou contravenção penal, presume-se o seu caráter ilícito. A tipicidade não constitui a ilicitude, apenas a revela indiciariamente.[10]

Essa presunção é relativa, *iuris tantum*, pois um fato típico pode ser lícito, desde que o seu autor demonstre ter agido acobertado por uma causa de exclusão da ilicitude. Presente uma excludente da ilicitude, estará excluída a infração penal.

Atenção

Para a identificação de uma causa de exclusão da ilicitude, o art. 23 do Código Penal utiliza a expressão "não há crime", enquanto para se reportar a uma causa de exclusão da culpabilidade, o legislador se vale de expressões como "não é punível", "é isento de pena" e outras semelhantes. Essa regra é tranquila na Parte Geral, alterada pela Lei 7.209/1994. Todavia, há na Parte Especial situações em que se utiliza a expressão **"isento de pena"**, ou análoga, para fazer menção à exclusão do crime. É o que se verifica, exemplificativamente, nos arts. 128 e 142 do Código Penal.

---

10 REALE JÚNIOR, Miguel. *Antijuridicidade concreta*. São Paulo: José Bushatsky, 1974. p. 36.

> **Importante**
>
> O Código Penal possui em sua íntegra causas **genéricas** e **específicas** de exclusão da ilicitude.
>
> - **Causas genéricas**, ou **gerais**: são as previstas na Parte Geral do Código Penal (art. 23 e seus incisos): estado de necessidade, legítima defesa, estrito cumprimento do dever legal e exercício regular do direito. Aplicam-se a qualquer espécie de infração penal.
> - **Causas específicas**, ou **especiais**: podem ser definidas como as previstas na Parte Especial do Código Penal (e na legislação especial), com aplicação unicamente a determinados crimes, ou seja, somente àqueles delitos a que expressamente se referem, a exemplo dos arts. 128 (aborto), 142 (injúria e difamação), 146, § 3.º, I e II (constrangimento ilegal), 150, § 3.º, I e II (violação de domicílio) e 156, § 2.º (furto de coisa comum), todos do Código Penal. Há também excludentes da ilicitude contidas fora do Código Penal, tais como: art. 10 da Lei 6.538/1978 (exercício regular de direito, consistente na possibilidade de o serviço postal abrir carta com conteúdo suspeito), art. 1.210, § 1.º, do Código Civil (legítima defesa do domínio, pois o proprietário pode retomar o imóvel esbulhado logo em seguida à invasão); e art. 37, I, da Lei 9.605/1998 (estado de necessidade, mediante o abatimento de um animal protegido por lei para saciar a fome do agente ou de sua família). Essa relação legal, contudo, não impede a formulação de causas supralegais de exclusão da ilicitude, adiante analisadas.

Discute-se em doutrina se o reconhecimento de uma causa de exclusão da ilicitude depende somente dos requisitos legalmente previstos, relacionados ao aspecto exterior do fato, ou se está condicionado também a um requisito subjetivo, atinente ao psiquismo interno do agente, que deve ter consciência de que atua sob a proteção da justificativa.

Exemplo: "A" efetua disparos de arma de fogo contra "B", seu desafeto, com o propósito de eliminar sua vida por vingança. Descobre-se, posteriormente, que naquele exato instante "B" iria acionar uma bomba e lançá-la em direção à casa de "C", para matá-lo. Vejamos agora cada uma das propostas doutrinárias, com a respectiva solução para o caso apresentado.

- **Concepção objetiva** (José Frederico Marques e E. Magalhães Noronha): alega não exigir o direito positivo a presença do requisito subjetivo. Logo, no caso acima narrado, estaria configurada a legítima defesa de terceiro, com a exclusão do crime de "A".
- **Concepção subjetiva** (Aníbal Bruno, Heleno Cláudio Fragoso, Julio Fabbrini Mirabete, Francisco de Assis Toledo e Damásio E. de Jesus): o reconhecimento de uma causa de exclusão da ilicitude reclama o conhecimento da situação jus-

tificante pelo agente. Sob essa ótica, no caso apresentado estaria excluída a legítima defesa de terceiro, e "A" responderia pelo homicídio praticado contra "B".

Se restar suficientemente comprovada a presença de uma causa de exclusão da ilicitude, estará ausente uma condição da ação penal, e o Ministério Público deverá determinar o arquivamento dos autos do inquérito policial. Se não o fizer **no tocante aos crimes diversos dos dolosos contra a vida**, o magistrado poderá rejeitar a denúncia, com fundamento no art. 395, II, do Código de Processo Penal. O fato narrado evidentemente não constitui infração penal, e, por consequência, falta uma condição para o exercício da ação penal.

Na hipótese de a denúncia ter sido recebida, o juiz poderá, após a apresentação da resposta escrita, absolver sumariamente o acusado, em face da existência manifesta da causa de exclusão da ilicitude do fato, nos moldes do art. 397, I, do Código de Processo Penal. Se assim não agir, deverá, na sentença, absolvê-lo com fulcro no art. 386, VI, do Código de Processo Penal.

Por outro lado, **nos crimes de competência do Tribunal do Júri** (dolosos contra a vida, consumados ou tentados, e os que sejam a ele conexos), o magistrado não poderá pronunciar o réu. Deverá, em verdade, absolvê-lo sumariamente, nos termos do art. 415, IV, do Código de Processo Penal, diante da existência de circunstância que exclui o crime.

Causas supralegais de exclusão da ilicitude: Prevalece na doutrina e na jurisprudência o entendimento de que as causas de exclusão da ilicitude não se limitam às hipóteses previstas em lei. Para quem admite essa possibilidade, a causa supralegal de exclusão da ilicitude por todos aceita é o **consentimento do ofendido**.[11]

Anote-se, porém, ser vedado o reconhecimento de causas supralegais para os partidários do caráter formal da ilicitude: se esta é compreendida como a mera contrariedade entre o fato praticado e o ordenamento jurídico (posição legalista), somente esse mesmo ordenamento jurídico pode, taxativamente, afastar a ilicitude legalmente configurada.

O consentimento do ofendido, entendido como a anuência do titular do bem jurídico ao fato típico praticado por alguém, é atualmente aceito como supralegal de exclusão da ilicitude. Três teorias buscam fundamentar o consentimento do ofendido como causa supralegal de exclusão da ilicitude:

---

11 Ver BARROS, Flávio Augusto Monteiro de. *Direito penal*. Parte geral. 5. ed. São Paulo: Saraiva, 2006, p. 310-312. O autor apresenta outras causas supralegais: (1) **Princípio da adequação social:** ação realizada dentro do âmbito da normalidade admitida pelas regras de cultura. Essa posição é isolada, pois tal princípio funciona como **causa de exclusão da tipicidade;** (2) **Princípio do balanço dos bens:** exclusão da ilicitude quando o sacrifício de um bem tem por fim preservar outro mais valioso. Assemelha-se ao estado de necessidade, mas dele se diferencia por não exigir, principalmente, a atualidade do perigo; e (3) **Princípio da insignificância ou da bagatela:** atualmente compreendido, de forma unânime, como excludente da tipicidade, inclusive pela jurisprudência do Supremo Tribunal Federal.

a) **Ausência de interesse:** não há interesse do Estado quando o próprio titular do bem jurídico, de cunho disponível, não tem vontade na aplicação do Direito Penal. Essa teoria é criticada por não se poder outorgar o poder de decisão a uma pessoa que pode se equivocar acerca do seu real interesse.

b) **Renúncia à proteção do Direito Penal:** em algumas situações, excepcionais, o sujeito passivo de uma infração penal pode renunciar, em favor do sujeito ativo, a proteção do Direito Penal. Essa teoria entra em manifesto conflito com o caráter público desse ramo do ordenamento jurídico.

c) **Ponderação de valores:** trata-se da teoria mais aceita no direito comparado. O consentimento funciona como causa de justificação quando o Direito concede prioridade ao valor da liberdade de atuação da vontade frente ao desvalor da conduta e do resultado causado pelo delito que atinge bem jurídico disponível.

O consentimento do ofendido como tipo penal permissivo tem aplicabilidade restrita aos delitos em que o único titular do bem ou interesse juridicamente protegido é a pessoa que aquiesce ("acordo" ou "consentimento") e que pode livremente dele dispor. De uma maneira geral, estes delitos podem ser incluídos em quatro grupos diversos: a) delitos contra bens patrimoniais; b) delitos contra a integridade física; c) delitos contra a honra; e d) delitos contra a liberdade individual.[12]

Nos crimes contra o patrimônio, por óbvio, somente se aceita a disponibilidade se não houver o emprego de violência à pessoa ou grave ameaça durante a execução do delito. E, nos crimes contra a integridade física, nas hipóteses em que a lei condiciona a persecução penal à iniciativa do ofendido ou de quem o represente, seja com o oferecimento de representação, seja com o ajuizamento de queixa-crime.

Em síntese, é cabível unicamente em relação a **bens jurídicos disponíveis.** Se indisponível o bem jurídico, há interesse privativo do Estado e o particular dele não pode renunciar.

Ademais, é correto afirmar que o consentimento do ofendido somente pode afastar a ilicitude nos delitos em que **o titular do bem jurídico tutelado pela lei penal é uma pessoa, física ou jurídica.** Não tem o condão de excluir o crime quando se protegem bens jurídicos metaindividuais, ou então pertencentes à sociedade ou ao Estado.

Para ser eficaz, o consentimento do ofendido há de preencher os seguintes requisitos:

a) deve ser **expresso (ou real),** pouco importando sua forma (oral ou por escrito, solene ou não). Entretanto, também tem sido admitido o consentimento presumido (ou ficto), nas hipóteses em que se possa, com razoabilidade, concluir que o agente atuou supondo que o titular do bem jurídico teria consentido se conhecesse as circunstâncias em que a conduta foi praticada;

---

12 PIERANGELI, José Henrique. *O consentimento do ofendido na teoria do delito.* 3. ed. São Paulo: RT, 2001. p. 98.

Cap. 6 – Erro do Tipo

b) não pode ter sido concedido em razão de coação ou ameaça, nem de paga ou promessa de recompensa. Em suma, há de ser **livre**;

c) é necessário ser **moral** e respeitar os **bons costumes**;

d) deve ser manifestado **previamente** à consumação da infração penal. A anuência posterior à consumação do crime não afasta a ilicitude; e

e) o ofendido deve ser **plenamente capaz** para consentir, ou seja, deve ter completado 18 anos de idade e não padecer de nenhuma anomalia suficiente para retirar sua capacidade de entendimento e autodeterminação. No campo dos crimes contra a dignidade sexual, especificamente no tocante aos delitos previstos nos arts. 217-A, 218, 218-A e 218-B, todos do Código Penal, a situação de vulnerabilidade funciona como instrumento legal de proteção à liberdade sexual da pessoa menor de 14 (quatorze) anos de idade, em face de sua incapacidade volitiva, sendo irrelevante o consentimento do vulnerável para a formação do crime sexual.

Não produz efeitos o consentimento prestado pelo representante legal de um menor de idade ou incapaz.

Atenção

Consentimento ofendido como causa de exclusão da tipicidade: na hipótese de bem jurídico disponível, é possível que o consentimento do ofendido afaste a tipicidade da conduta relativamente aos tipos penais em que se revela como requisito, expresso ou tácito, que o comportamento humano se realize contra ou sem a vontade do sujeito passivo. É o que ocorre nos crimes de sequestro ou cárcere privado (CP, art. 148), violação de domicílio (CP, art. 150) e estupro (CP, art. 213), entre outros.

Importante

Descriminante em branco: é a modalidade de causa de exclusão da ilicitude em que o conteúdo depende de complementação, a ser encontrada em outra lei, em um ato administrativo ou até mesmo no enunciado de Súmula Vinculante. Exemplos: a prisão em flagrante de um ladrão efetuada por um cidadão comum (CPP, art. 301); a conduta do policial que, ao efetuar o cumprimento de mandado de prisão, é recebido a socos e, por isso, decide algemar o agressor (a Súmula Vinculante 11 autoriza o uso de algemas "em casos de resistência").

5. IMPUTABILIDADE PENAL

O Título III da Parte Geral do Código Penal cuida, nos arts. 26 a 28, da **imputabilidade penal**.

A imputabilidade penal é um dos elementos da culpabilidade. O Código Penal optou por não defini-la, limitando-se a apontar as hipóteses em que a imputabilidade está ausente, ou seja, os casos de **inimputabilidade penal:** art. 26, *caput*, art. 27 e art. 28, § 1.º.

As notas características da inimputabilidade fornecem, ainda que indiretamente, o conceito de imputabilidade: é a capacidade mental, inerente ao ser humano de, ao tempo da ação ou da omissão, entender o caráter ilícito do fato e de determinar-se de acordo com esse entendimento.

Dessa forma, a imputabilidade penal depende de dois elementos: (1) **intelectivo:** é a integridade biopsíquica, consistente na perfeita saúde mental que permite ao indivíduo o entendimento do caráter ilícito do fato; e (2) **volitivo:** é o domínio da vontade, é dizer, o agente controla e comanda seus impulsos relativos à compreensão do caráter ilícito do fato, determinando-se de acordo com esse entendimento. Esses elementos devem estar simultaneamente presentes, pois, na falta de um deles, o sujeito será tratado como inimputável.

O Brasil adotou um **critério cronológico.** Toda pessoa, a partir do início do dia em que completa 18 anos de idade, presume-se imputável.

> **Importante**
>
> O art. 26, *caput*, do Código Penal é claro: a imputabilidade deve ser analisada ao tempo da ação ou da omissão. Considera-se, portanto, a **prática da conduta**, em razão da teoria da atividade, adotada pelo art. 4.º do Código Penal.
>
> Consequentemente, se ao tempo da conduta o réu era imputável, a superveniência de doença mental não altera esse quadro. O réu deve ser tratado como imputável, limitando-se a nova causa a suspender o processo, até o seu restabelecimento. É o que dispõe o art. 152, *caput*, do Código de Processo Penal.
>
> Para a aferição da inimputabilidade existem três sistemas ou critérios:
>
> 1) **Biológico:** basta, para a inimputabilidade, a presença de um problema mental, representado por uma doença mental, ou então por desenvolvimento mental incompleto ou retardado. É irrelevante que tenha o sujeito, no caso concreto, se mostrado lúcido ao tempo da prática da infração penal para entender o caráter ilícito do fato e determinar-se de acordo com esse entendimento. O decisivo é o fator biológico, a formação e o desenvolvimento mental do ser

humano. Esse sistema atribui demasiado valor ao laudo pericial, pois se o auxiliar da Justiça apontasse um problema mental, o magistrado nada poderia fazer. Seria presumida a inimputabilidade, de forma absoluta (*iuris et de iure*).

2) **Psicológico:** para esse sistema pouco importa se o indivíduo apresenta ou não alguma deficiência mental. Será inimputável ao se mostrar incapacitado de entender o caráter ilícito do fato ou de determinar-se de acordo com esse entendimento. Seu inconveniente é abrir espaço para o desmedido arbítrio do julgador, pois competiria exclusivamente ao magistrado decidir sobre a imputabilidade do réu.

3) **Biopsicológico:** resulta da fusão dos dois anteriores: é inimputável quem, ao tempo da conduta, apresenta um problema mental, e, em razão disso, não possui capacidade para entender o caráter ilícito do fato ou determinar-se de acordo com esse entendimento. Esse sistema conjuga as atuações do magistrado e do perito. Este (perito) trata da questão biológica, aquele (juiz) da psicológica. A presunção de imputabilidade é relativa (*iuris tantum*): após os 18 anos, todos são imputáveis, salvo prova pericial em sentido contrário revelando a presença de causa mental deficiente, bem como o reconhecimento de que, por tal motivo, o agente não tinha ao tempo da conduta capacidade para entender o caráter ilícito do fato ou de determinar-se de acordo com esse entendimento.

O Código Penal, em seu art. 26, *caput*, acolheu **como regra** o sistema **biopsicológico**, ao estabelecer que:

> **Art. 26.** É isento de pena o agente que, por doença mental ou desenvolvimento mental incompleto ou retardado, era, ao tempo da ação ou da omissão, inteiramente incapaz de entender o caráter ilícito do fato ou de determinar-se de acordo com esse entendimento.
>
> **Excepcionalmente**, entretanto, foi adotado o sistema **biológico** no tocante aos menores de 18 anos (CF, art. 228, e CP, art. 27), bem como o sistema **psicológico**, em relação à embriaguez completa proveniente de caso fortuito ou força maior (CP, art. 28, § 1.º).
>
> Salvo no tocante aos menores de 18 anos (critério biológico), o Direito Penal brasileiro acolheu o **sistema biopsicológico** para verificação da inimputabilidade: o juiz afere a parte psicológica, reservando-se à perícia o exame biológico (existência de problema ou anomalia mental). Há uma junção de tarefas, de forma que o magistrado não pode decidir sobre a imputabilidade ou inimputabilidade do acusado sem a colaboração técnica do perito.

Exige-se o laudo médico para a comprovação da doença mental, do desenvolvimento mental incompleto ou do desenvolvimento mental retardado. Cuida-se de **meio legal de prova da inimputabilidade**, imprescindível, que sequer pode ser substituído pela inspeção judicial, pois o julgador não possui conhecimentos médicos para identificar deficiências na saúde psíquica do réu.

O Código Penal apresenta como **causas de inimputabilidade**:

1) Menoridade (art. 27): em relação aos menores de 18 anos de idade adotou-se o sistema **biológico** para a constatação da inimputabilidade. A presunção de inimputabilidade é **absoluta** (*iuris et de iure*), decorrente do art. 228 da Constituição Federal e do art. 27 do Código Penal, e não admite prova em sentido contrário. O menor de 18 anos civilmente emancipado continua, no campo penal, inimputável. A capacidade ou incapacidade civil não se confunde com a imputabilidade penal.

> Nos crimes permanentes, isto é, aqueles em que a consumação se prolonga no tempo por vontade do agente, é possível que uma conduta seja iniciada quando a pessoa ainda é menor de 18 anos de idade, e somente se encerre quando atingida a maioridade penal. Nesses casos, o agente poderá ser responsabilizado criminalmente **pelos atos praticados após o início da sua imputabilidade penal**. Se o adolescente, entretanto, praticou um ato infracional equiparado a delito de natureza instantânea, a superveniência da maioridade não autoriza sua responsabilização na esfera penal. Nada obstante, admite-se a imposição de medida socioeducativa pela justiça especializada (Vara da Infância e da Juventude), conforme estabelece a Súmula 605 do STJ.

2) Doença mental (art. 26, *caput*): a expressão doença mental deve ser interpretada **em sentido amplo,** englobando os problemas patológicos e também os de origem toxicológica. A doença mental pode ser permanente ou transitória, como é o caso do delírio febril, mas deve existir ao tempo da prática da conduta para acarretar o afastamento da imputabilidade. Além disso, não é necessário que emane de enfermidade mental, pois há enfermidades físicas que atingem o aspecto psicológico do indivíduo.

> A inimputabilidade penal é aferida com base em um critério **biopsicológico**, não bastando a presença de um problema mental. Exige-se que em razão dele o sujeito seja incapaz, ao tempo da conduta, de entender o caráter ilícito do fato ou de determinar-se de acordo com esse entendimento. Logo, se ao tempo da conduta o indivíduo – nada obstante seja portador de problema mental – apresentar lucidez, será tratado como imputável.

3) Desenvolvimento mental incompleto (arts. 26, *caput*, e 27): o desenvolvimento mental incompleto abrange os menores de 18 anos e os indígenas. Para os menores de 18 anos de idade a regra é inócua, pois deles já cuidam o art. 228 da Constituição Federal e o art. 27 do Código Penal. Os índios, por outro lado, nem sempre serão inimputáveis. Essa situação depende do grau de assimilação dos valores sociais, a ser revelado pelo exame pericial (exame antropológico).[13] Destarte, dependendo da conclusão da perícia, o **indígena** pode ser:

a) imputável: se integrado à vida em sociedade;

b) semi-imputável: no caso de estar dividido entre o convívio na tribo e na sociedade; e

c) inimputável: quando completamente incapaz de viver em sociedade, desconhecendo as regras que lhe são inerentes.

4) **Desenvolvimento mental retardado** (art. 26, *caput*): desenvolvimento mental retardado é o que não se compatibiliza com a fase da vida em que se encontra determinado indivíduo, resultante de alguma condição que lhe seja peculiar. A pessoa não se mostra em sintonia com os demais indivíduos que possuem sua idade cronológica.

5) **Embriaguez completa proveniente de caso fortuito ou força maior** (art. 28, § 1.º): no **caso fortuito**, o indivíduo não percebe ser atingido pelo álcool ou substância de efeitos análogos, ou desconhece uma condição fisiológica que o torna submisso às consequências da ingestão do álcool. Exemplos: (1) o sujeito mora ao lado de uma destilaria de aguardente e aos poucos acaba embriagado pelos vapores da bebida que inala sem perceber; e (2) o agente faz tratamento com algum tipo de remédio, o qual potencializa os efeitos do álcool. Na **força maior**, o sujeito é obrigado a beber, ou então, por questões profissionais, necessita permanecer em recinto cercado pelo álcool ou substância de efeitos análogos. Exemplos: (1) o agente é amarrado e injetam em seu sangue elevada quantidade de álcool; e (2) o indivíduo trabalha na manutenção de uma destilaria de aguardente e, em determinado dia, cai em um tonel cheio da bebida. A embriaguez acidental ou fortuita, **se completa**, capaz de ao tempo da conduta tornar o agente inteiramente incapaz de entender o caráter ilícito do fato ou de determinar-se de acordo com esse entendimento, **exclui a imputabilidade penal** (CP, art. 28, § 1.º). Por outro lado, a embriaguez acidental ou fortuita **incompleta**, isto é, aquela que ao tempo da conduta retira do agente parte da capacidade de entender o caráter ilícito do fato ou de determinar-se de acordo com esse entendimento, autoriza a **diminuição da pena de 1 (um) a 2/3 (dois terços)**. Equivale, portanto, à **semi-imputabilidade** (CP, art. 28, § 2.º).

Nada obstante acarrete ao agente a isenção da pena, nos mesmos moldes da inimputabilidade penal, a embriaguez acidental ou fortuita, e completa, não autoriza a aplicação de medida de segurança, pois o sujeito é imputável e o tratamento curativo inerente à medida de segurança seria totalmente inócuo e desnecessário.

---

13 Nos termos do art. 56, *caput*, da Lei 6.001/1973 – Estatuto do Índio: "No caso de condenação de índio por infração penal, a pena deverá ser atenuada e na sua aplicação o Juiz atenderá também ao grau de integração do silvícola".

Os menores de 18 anos sujeitam-se à legislação especial (CF, art. 228): Lei 8.069/1990 – Estatuto da Criança e do Adolescente.

Os demais inimputáveis submetem-se à justiça penal. São processados e julgados como qualquer outra pessoa, mas não podem ser condenados. Com efeito, a culpabilidade é pressuposto de aplicação da pena. Sem a imputabilidade (elemento da culpabilidade), não pode ser imposta uma pena.

Assim, os inimputáveis, embora demonstrado o envolvimento em um fato típico e ilícito, são absolvidos. Trata-se da chamada sentença de absolvição **imprópria**, pois o réu é absolvido, mas contra ele é aplicada uma **medida de segurança**, na forma definida pelo art. 386, parágrafo único, III, do Código de Processo Penal.

Isso se justifica pelo fato de, em relação aos inimputáveis, o juízo de culpabilidade (necessário para a pena) ser substituído pelo **juízo de periculosidade** (necessário para a medida de segurança). Além disso, o art. 97, *caput*, do Código Penal presume de forma **absoluta** a periculosidade dos inimputáveis, ordenando a imposição de medida de segurança.

5.1. Imputabilidade diminuída ou restrita

Nos termos do art. 26, parágrafo único, do Código Penal:

> **Parágrafo único.** A pena pode ser reduzida de um a dois terços, se o agente, em virtude de perturbação de saúde mental ou por desenvolvimento mental incompleto ou retardado não era inteiramente capaz de entender o caráter ilícito do fato ou de determinar-se de acordo com esse entendimento.

O art. 26, parágrafo único, do Código Penal fala em **"perturbação da saúde mental"**.

A perturbação da saúde mental também é uma doença mental, embora mais suave. Não elimina totalmente, mas reduz, por parte do agente, a capacidade de entender o caráter ilícito do fato e de determinar-se de acordo com esse entendimento, o que igualmente ocorre em relação ao desenvolvimento mental incompleto e ao desenvolvimento mental retardado.

A diferença em relação à inimputabilidade é de **grau** e, por esse motivo, subsiste a imputabilidade, e, por corolário, a culpabilidade.

Como, entretanto, o sujeito encontra-se em posição biológica e psicológica inferior a um imputável, a reprovabilidade da conduta é menor, determinando a lei a redução da pena de 1 (um) a 2/3 (dois terços). Trata-se de **causa obrigatória de diminuição da pena**. O montante da redução, maior ou menor, há de levar em conta o grau de diminuição da capacidade de entender o caráter ilícito do fato ou de determinar-se de acordo com esse entendimento.

Na hipótese de imputação de **crime hediondo** (Lei 8.072/1990, art. 1.º) ou equiparado (tráfico de drogas, tortura e terrorismo), a semi-imputabilidade limita-se à redução da pena, sem afastar a hediondez do delito e seus efeitos jurídicos (vedação de anistia, graça e indulto, percentuais diferenciados para progressão de regime prisional etc.).

O semi-imputável, por outro lado, pode necessitar de **especial tratamento curativo**, por ser dotado de periculosidade. Nesse caso, se o exame pericial assim recomendar, e concordando o magistrado, a pena pode ser substituída por medida de segurança, nos moldes do art. 98 do Código Penal.

Assim como na inimputabilidade, nesse ponto o Código Penal também acolheu o **sistema biopsicológico**. Há dois fenômenos decisivos para aferição da semi-imputabilidade:

1) **biológico:** é a **causa**, consistente em perturbação da saúde mental ou desenvolvimento mental incompleto ou retardado; e

2) **psicológico:** é o **efeito**, pois em razão da anomalia mental o agente não era, ao tempo da conduta, inteiramente capaz de entender o caráter ilícito do fato ou de determinar-se de acordo com esse entendimento.

> **Importante**
>
> O Código Penal dispõe, em seu art. 28, I, que a **emoção** ou a **paixão não excluem a imputabilidade penal**. Utilizou-se, pois, de um **critério legal**, ao estatuir taxativamente que tais estados de ânimo não elidem o apontado elemento da culpabilidade.
>
> Porém, o Código Penal, implicitamente, permite duas exceções a essa regra:
>
> - coação moral irresistível, em face da inexigibilidade de conduta diversa; e
> - estado patológico, no qual se constituem autênticas formas de doença mental. Quando a emoção ou paixão configurar um estado mórbido ou patológico, deverá ser compreendida como uma verdadeira psicose, indicativa de doença mental. Logo, se comprovada pericialmente, a situação encontrará respaldo no art. 26, *caput* (inimputabilidade), ou em seu parágrafo único (imputabilidade restrita ou semi-imputabilidade).
>
> O art. 65, III, "c", parte final, diz que, se o crime foi cometido sob a influência de **violenta emoção** provocada por ato injusto da vítima, a pena será atenuada. Estará presente, destarte, uma atenuante genérica, funcionando na segunda fase de aplicação da pena.
>
> Por sua vez, os arts. 121, § 1.º, e 129, § 4.º, preveem, no tocante ao homicídio e à lesão corporal, respectivamente, a figura do privilégio – causa especial de diminuição da pena – quando o crime é cometido sob o domínio de **violenta emoção**, e logo em seguida a injusta provocação da vítima.

Embriaguez é a **intoxicação aguda** produzida no corpo humano pelo **álcool ou por substância de efeitos análogos**, apta a provocar a exclusão da capacidade de entender o caráter ilícito do fato ou de determinar-se de acordo com esse entendimento.

A **embriaguez aguda, simples ou fisiológica** classifica-se quanto à intensidade e quanto à origem.

1) Quanto à intensidade:

- **Completa, total** ou **plena**: é a embriaguez que chegou à segunda (agitada) ou à terceira fase (comatosa).
- **Incompleta, parcial** ou **semiplena**: é a embriaguez que se limitou à primeira fase (eufórica).

2) Quanto à origem:

- **Voluntária**, ou **intencional**: é aquela em que o indivíduo ingere bebidas alcoólicas com a intenção de se embriagar. Não quer praticar infrações penais. Sua vontade restringe-se a exceder aos limites permitidos para a ingestão do álcool ou substância de efeitos análogos.
- **Culposa:** é a espécie de embriaguez em que a vontade do agente é somente beber, e não se embriagar. Por exagero no consumo do álcool, todavia, acaba embriagado.

Essas duas espécies de embriaguez (voluntária e culposa) não excluem a imputabilidade penal (CP, art. 28, II), sejam completas ou incompletas.

- **Preordenada** ou **dolosa**: é aquela em que o sujeito propositadamente se embriaga para cometer uma infração penal. A embriaguez preordenada, além de não excluir a imputabilidade penal, funciona como **agravante genérica** (CP, art. 61, II, "l"), incidindo na segunda fase do critério trifásico para o fim de exasperar a pena.
- **Acidental** ou **fortuita**: a embriaguez acidental ou fortuita, **se completa**, capaz de, ao tempo da conduta, tornar o agente inteiramente incapaz de entender o caráter ilícito do fato ou de determinar-se de acordo com esse entendimento, **exclui a imputabilidade penal** (CP, art. 28, § 1.º). Por outro lado, a embriaguez acidental ou fortuita **incompleta**, isto é, aquela que ao tempo da conduta retira do agente parte da capacidade de entender o caráter ilícito do fato ou de determinar-se de acordo com esse entendimento, autoriza a **diminuição da pena de 1 (um) a 2/3 (dois terços)**, equivalendo-se à **semi-imputabilidade** (CP, art. 28, § 2.º).

5.2. A teoria da *actio libera in causa*

O Código Penal dispõe, em seu art. 28, II, que a embriaguez, voluntária ou culposa, não exclui a imputabilidade penal. Já em relação à embriaguez preordenada, estatui em seu art. 61, II, "l" ser essa circunstância uma agravante genérica. Destarte, além de subsistir a imputabilidade, funciona como exasperação da pena.

Coloca-se então a seguinte indagação: Como é possível a punição do agente em caso de embriaguez não acidental? No momento em que ele pratica o crime, embriagado, não estaria privado da capacidade de entender o caráter ilícito do fato ou de determinar-se de acordo com esse entendimento?

Para responder essa questão, entra em cena a teoria da *actio libera in causa*, que se fundamenta no princípio segundo o qual **"a causa da causa também é a causa do que foi causado"**, isto é, para aferir-se a imputabilidade penal no caso da embriaguez, despreza-se o tempo em que o crime foi praticado. De fato, nesse momento o sujeito estava privado da capacidade de entendimento e de autodeterminação, por vontade própria, pois bebeu e embriagou-se livre de qualquer coação. Por esse motivo, considera-se como marco da imputabilidade penal o período anterior à embriaguez, em que o agente espontaneamente decidiu consumir bebida alcoólica ou de efeitos análogos.

Invoca-se essa teoria, portanto, para justificar a punição do sujeito que, **ao tempo da conduta**, encontrava-se em **estado de inconsciência**, possibilitando a análise do dolo ou da culpa revelados no momento em que se embriagou.

Essa teoria foi desenvolvida para a **embriaguez preordenada**, em que o agente se embriaga com a intenção de cometer um crime em estado de inconsciência. O dolo estava presente quando arquitetou o crime, e por esse elemento subjetivo deve ser punido. Na embriaguez preordenada, o fundamento da punição é a **causalidade mediata**.

Posteriormente, entretanto, a aplicabilidade da teoria da *actio libera in causa* estendeu-se à **embriaguez voluntária** e à **embriaguez culposa**, bem como aos **demais estados de inconsciência**. Nesses casos, o sujeito, ao colocar-se em estado de inconsciência, não possuía dolo ou culpa para a prática do crime. Surge assim a crítica no sentido de que o Código Penal teria consagrado a **responsabilidade objetiva**, pois, por motivo de política criminal, acolheu do direito italiano uma **ficção** para construir a figura do crime praticado em situação de embriaguez não fortuita, relativamente ao tratamento do ébrio voluntário ou culposo como imputável.[14] Existem, porém, posições diversas, sustentando a não caracterização da responsabilidade penal objetiva no tocante à incidência da teoria da *actio libera in causa* na embriaguez voluntária e na embriaguez culposa.

Cumpre destacar que, no tocante à **embriaguez acidental** ou **fortuita**, não se aplica a teoria da "*actio libera in causa*", porque o indivíduo não tinha a opção de ingerir ou não o álcool ou substância de efeitos análogos.

---

14 BRUNO, Aníbal. *Direito penal*. Parte geral. Rio de Janeiro: Forense, 1967. t. 2, p. 154.

EM RESUMO:

Erro de tipo

Erro de tipo é a falsa percepção da realidade acerca dos **elementos constitutivos do tipo penal**. O erro de tipo essencial pode ser:

1) Escusável, inevitável, invencível ou desculpável: é a modalidade de erro que não deriva de culpa do agente. O escusável exclui o dolo e a culpa, acarretando a impunidade total do fato. Excepcionalmente, todavia, pode acontecer de o erro de tipo, ainda que escusável, não excluir a criminalidade do fato, mas sim operar a desclassificação para outro crime.

2) Inescusável, evitável, vencível ou indesculpável: é a espécie de erro que provém da culpa do agente. O erro de tipo inescusável exclui o dolo, mas permite a punição por crime culposo, se previsto em lei (excepcionalidade do crime culposo).

Descriminantes putativas

É a causa de exclusão da ilicitude que não existe concretamente, mas apenas na mente do autor de um fato típico.

Espécies:

1) **Erro relativo aos pressupostos de fato de uma causa de exclusão da ilicitude:** a natureza jurídica dessa descriminante putativa depende da **teoria da culpabilidade adotada**:

a) *Teoria normativa pura, em sua vertente limitada*: constitui-se em **erro de tipo permissivo.** Surgem então as **descriminantes putativas por erro de tipo**. Se escusável o erro, exclui-se o dolo e a culpa, acarretando a atipicidade do fato. Se inescusável o erro, afasta-se o dolo, subsistindo a responsabilidade por crime culposo, se previsto em lei (CP, art. 20, § 1.º). A Lei 7.209/1984 acolheu essa teoria, como se extrai do item 19 da Exposição de Motivos da atual Parte Geral do Código Penal.

b) *Teoria normativa pura, em sua variante extremada, extrema ou estrita*: trata-se de hipótese de **erro de proibição**. Logo, constitui **descriminante putativa por erro de proibição**, com todos os seus efeitos: subsiste o dolo, e também a culpa, excluindo-se a culpabilidade se o erro for inevitável ou escusável. Se evitável ou inescusável o erro, não se afasta a culpabilidade, e o agente responde por crime doloso, diminuindo-se a pena de 1/6 (um sexto) a 1/3 (um terço), nos moldes do art. 21, *caput*, do Código Penal.

Cap. 6 – Erro do Tipo

Erro de tipo	2) **Erro relativo à existência de uma causa de exclusão da ilicitude:** é pacífico o entendimento de que se trata de uma modalidade de **erro de proibição indireto**. Subsiste o dolo e também a culpa, excluindo-se a culpabilidade, se o erro for inevitável ou escusável. Caso o erro seja evitável ou inescusável, não se afasta a culpabilidade, e o agente responde por crime doloso, diminuindo-se a pena de 1/6 (um sexto) a 1/3 (um terço), na forma definida pelo art. 21, *caput*, do Código Penal. 3) **Erro relativo aos limites de uma causa de exclusão da ilicitude:** Cuida-se da figura do excesso. É pacífico o entendimento de que se trata de uma modalidade de **erro de proibição indireto**. Subsiste o dolo e também a culpa, excluindo-se a culpabilidade, se o erro for inevitável ou escusável. Caso o erro seja evitável ou inescusável, não se afasta a culpabilidade, e o agente responde por crime doloso, diminuindo-se a pena de 1/6 (um sexto) a 1/3 (um terço), na forma definida pelo art. 21, *caput*, do Código Penal. **Erro de tipo acidental** É o que recai sobre dados diversos dos elementos constitutivos do tipo penal, ou seja, sobre as **circunstâncias** (qualificadoras, agravantes genéricas e causas de aumento da pena) **e fatores irrelevantes da figura típica**. A infração penal subsiste íntegra, e esse erro **não afasta a responsabilidade penal**. Pode ocorrer nas seguintes situações: **1) Erro sobre a pessoa ou *error in persona*:** é o que se verifica quando o agente confunde a pessoa visada, contra a qual desejava praticar a conduta criminosa, com pessoa diversa (CP art. 20, § 3.º, do Código Penal). Para a **aplicação da pena,** considera as condições da vítima que o sujeito pretendia atingir, mas que no caso concreto não sofreu perigo algum, e não a vítima que foi efetivamente atingida. **2) Erro sobre o objeto**: o sujeito crê que a sua conduta recai sobre um determinado objeto, mas na verdade incide sobre coisa diversa. Esse erro é irrelevante, de natureza acidental, e não interfere na tipicidade penal. A análise do caso concreto, entretanto, pode autorizar a incidência do princípio da insignificância, excluindo a tipicidade do fato, quando todos os seus requisitos objetivos e subjetivos estiverem presentes. **3) Erro sobre as qualificadoras**: o sujeito age com falsa percepção da realidade no que diz respeito a uma qualificadora do crime. Desaparece a qualificadora, por falta de dolo, mas se mantém intacto o tipo fundamental, ou seja, subsiste o crime efetivamente praticado, o qual deve ser imputado ao seu responsável.

Erro de tipo	**4) Erro sobre o nexo causal ou *aberratio causae***: o resultado buscado pelo agente ocorreu em razão de um acontecimento diverso daquele que ele inicialmente idealizou. Não há erro quanto às elementares do tipo, bem como no tocante à ilicitude do fato. Esse erro é penalmente irrelevante, de natureza acidental, pois o sujeito queria um resultado naturalístico e o alcançou. O agente deve responder pelo delito, em sua modalidade consumada. **5) Erro na execução ou *aberratio ictus***: o agente não se engana quanto à pessoa que desejava atacar, mas age de modo desastrado, errando o seu alvo e acertando pessoa diversa. Espécies: a) **Com unidade simples ou com resultado único** (CP, art. 73, 1.ª parte): o agente atinge unicamente a pessoa diversa da desejada. Determina o art. 73 do Código Penal que, nesse caso, deve atender-se ao disposto pelo art. 20, § 3.º, do Código Penal, isto é, observamse as regras inerentes ao **erro sobre a pessoa.** Assim, levam-se em conta as condições da vítima que o agente desejava atingir (vítima virtual), desprezando-se as condições pessoais da vítima efetivamente ofendida (vítima real). b) **Com unidade complexa** ou **com resultado duplo** (CP, art. 73, *in fine*): o sujeito, além de atingir a pessoa inicialmente desejada, ofende também pessoa ou pessoas diversas. Nessa hipótese, determina o Código Penal a aplicação da regra do concurso formal próprio ou perfeito (CP, art. 70, *caput*, 1.ª parte): o magistrado utiliza a pena do crime mais grave, aumentando-a de um 1/6 (um sexto) até a 1/2 (metade). **6) Resultado diverso do pretendido, *aberratio delicti* ou *aberratio criminis***: o agente desejava cometer um crime, mas por erro na execução acaba por cometer crime diverso. Espécies: a) **Com unidade simples** ou **com resultado único** (CP, art. 74, 1.ª parte): o agente atinge somente bem jurídico diverso do pretendido. O agente responde por culpa, se o fato é previsto como crime culposo. b) **Com unidade complexa** ou **resultado duplo** (CP, art. 74, 2.ª parte): a conduta do agente atinge o bem jurídico desejado e também bem jurídico diverso, culposamente. Utiliza-se a regra do concurso formal, aplicando-se a pena do crime mais grave, aumentada de 1/6 (um sexto) até 1/2 (metade), variando o aumento de acordo com o número de crimes produzidos a título de culpa.

Erro de proibição	O erro de proibição foi disciplinado pelo art. 21, *caput*, do Código Penal, que o chama de **"erro sobre a ilicitude do fato"**, funcionando como **causa de exclusão da culpabilidade**, quando escusável, ou como **causa de diminuição da pena**, quando inescusável. O erro de proibição pode ser definido como a falsa percepção do agente acerca do caráter ilícito do fato típico por ele praticado, de acordo com um **juízo profano**.
Coação moral irresistível e obediência hierárquica	**Coação moral irresistível** O art. 22 estabelece em sua parte final que, em caso de coação moral irresistível, é **punível** apenas o autor da coação, ficando o coagido **isento de pena** (**dirimentes** ou causa de exclusão da culpabilidade. Requisitos: **1) ameaça do coator, ou seja, promessa de mal grave e iminente, o qual o coagido não é obrigado a suportar;** **2) inevitabilidade do perigo na posição em que se encontra o coagido;** **3) caráter irresistível da ameaça;** **4) presença de ao menos três pessoas envolvidas (regra).** **Obediência hierárquica** É a causa de exclusão da culpabilidade, fundada na **inexigibilidade de conduta diversa**, que ocorre quando um funcionário público subalterno pratica uma infração penal em decorrência do cumprimento de ordem, não manifestamente ilegal, emitida pelo superior hierárquico. O fato, contudo, não permanece impune, pois por ele responde o autor da ordem (CP, art. 22). Requisitos: **1) ordem não manifestamente ilegal;** **2) ordem originária de autoridade competente;** **3) relação de Direito Público;** **4) presença de pelo menos três pessoas;** **5) cumprimento estrito da ordem.**
Causa de exclusão da ilicitude	**Causas genéricas**, ou **gerais**: são as previstas na Parte Geral do Código Penal (art. 23 e seus incisos): estado de necessidade, legítima defesa, estrito cumprimento do dever legal e exercício regular do direito. Aplicam-se a qualquer espécie de infração penal.

Causa de exclusão da ilicitude	**Causas específicas** ou **especiais**: são as previstas na Parte Especial do Código Penal e na legislação especial. **Causas supralegais de exclusão da ilicitude**: prevalece na doutrina e na jurisprudência o entendimento de que as causas de exclusão da ilicitude não se limitam às hipóteses previstas em lei. Para quem admite essa possibilidade, a causa supralegal de exclusão da ilicitude por todos aceita é o **consentimento do ofendido**.
Imputabilidade	A **imputabilidade penal** (CP, arts. 26 a 28) é um dos elementos da culpabilidade. Conceito: é a capacidade mental, inerente ao ser humano de, ao tempo da ação ou da omissão, entender o caráter ilícito do fato e de determinar-se de acordo com esse entendimento. Elementos: (1) **intelectivo** (integridade biopsíquica); e (2) **volitivo** (o domínio da vontade). Causas de inimputabilidade: 1) **menoridade** (CP, art. 27); 2) **doença mental** (CP, art. 26, *caput*); 3) **desenvolvimento mental incompleto** (CP, arts. 26, *caput*, e 27); 4) **desenvolvimento mental retardado** (CP, art. 26, *caput*); e 5) **embriaguez completa proveniente de caso fortuito ou força maior** (CP, art. 28, § 1.º). **Imputabilidade diminuída ou restrita** (CP, art. 26, parágrafo único): não elimina totalmente, mas reduz, por parte do agente, a capacidade de entender o caráter ilícito do fato e de determinar-se de acordo com esse entendimento. Há a imputabilidade, e, por corolário, a culpabilidade, porém, como o sujeito encontra-se em posição biológica e psicológica inferior a um imputável, a lei determina a redução da pena de 1 (um) a 2/3 (dois terços). Trata-se de **causa obrigatória de diminuição da pena**.

Capítulo 7

Concurso de Pessoas

1. CONCURSO DE PESSOAS

É a colaboração empreendida por duas ou mais pessoas para a realização de um crime ou de uma contravenção penal. As regras inerentes ao concurso de pessoas encontram-se disciplinadas pelos arts. 29 a 31 do Código Penal.

São modalidades do concurso de pessoas a coautoria e a participação.

O concurso de pessoas depende de **cinco requisitos**:

- **Pluralidade de agentes culpáveis**: o concurso de pessoas depende de pelo menos duas pessoas, e, consequentemente, de ao menos duas condutas penalmente relevantes. Podem ser **principais**, no caso da coautoria, ou **uma principal e outra acessória**, praticadas pelo autor e pelo partícipe, respectivamente. Os coautores ou partícipes, entretanto, devem ser dotados de **culpabilidade**.

- **Relevância causal das condutas para produção do resultado**: o art. 29, *caput*, do Código Penal fala em "**de qualquer modo**", expressão que precisa ser compreendida como uma contribuição pessoal, física ou moral, direta ou indireta, comissiva ou omissiva, anterior ou simultânea à execução (anterior à consumação). Deve a conduta individual influir efetivamente no resultado. A contribuição pode até ser concretizada após a consumação, desde que tenha sido ajustada anteriormente. Exemplo: se "A" se compromete, perante "B", a auxiliá-lo a fugir e a escondê-lo depois de matar "C", será partícipe do homicídio. Contudo, se somente depois da morte de "C" se dispuser a ajudá-lo a subtrair-se da ação da autoridade pública, não será partícipe do homicídio, mas autor do crime de favorecimento pessoal (CP, art. 348).

- **Vínculo subjetivo**: impõe que estejam todos os agentes ligados entre si por um vínculo de ordem subjetiva, um nexo psicológico, visando a produção do mesmo resultado.

- **Unidade de infração penal para todos os agentes**: para a caracterização do concurso de pessoas, adotou-se, como **regra**, a **teoria unitária, monística ou monista**:

quem concorre para um crime, por ele responde. Todos os coautores e partícipes se sujeitam a um único tipo penal. **Excepcionalmente**, contudo, o Código Penal abre espaço para a **teoria pluralista, pluralística, da cumplicidade do crime distinto ou autonomia da cumplicidade**, pela qual se separam as condutas, com a criação de tipos penais diversos para os agentes que buscam um mesmo resultado. Exemplos: aborto provocado por terceiro com o consentimento da gestante (CP, arts. 126 e 124, *in fine*); bigamia (CP, art. 235, *caput*, e § 1.º); corrupção passiva e ativa (arts. 317 e 333);

- **Existência de fato punível**: o concurso de pessoas depende da punibilidade de um crime, a qual requer, em seu limite mínimo, o início da execução. Tal circunstância constitui o **princípio da exterioridade**. Nessa linha de raciocínio, dispõe o art. 31 do Código Penal: "o ajuste, a determinação ou instigação e o auxílio, salvo disposição expressa em contrário, não são puníveis, se o crime não chega, pelo menos, a ser tentado".

1.1. Autoria

Existem diversas teorias que buscam fornecer o conceito de autor:

1) **Teoria subjetiva** ou **unitária:** não diferencia o autor do partícipe. Autor é aquele que de qualquer modo contribui para a produção de um resultado penalmente relevante. Seu fundamento repousa na teoria da equivalência dos antecedentes ou *conditio sine qua non*, pois qualquer colaboração para o resultado, independente do seu grau, a ele deu causa. Essa teoria foi adotada pelo Código Penal, em sua redação primitiva datada de 1940. Uma evidência dessa posição ainda existe no art. 349 do Código Penal, não alterado pela Lei 7.209/1984: "prestar a criminoso, fora dos casos de **coautoria** ou de receptação, auxílio destinado a tornar seguro o proveito do crime".

2) **Teoria extensiva:** também se fundamenta na teoria da equivalência dos antecedentes, não distinguindo o autor do partícipe. É, todavia, mais suave, porque admite causas de diminuição da pena para estabelecer diversos graus de autoria. Aparece nesse âmbito a figura do **cúmplice:** autor que concorre de modo menos importante para o resultado.

3) **Teoria objetiva ou dualista:** opera nítida distinção entre autor e partícipe. Foi adotada pela Lei 7.209/1984 – Reforma da Parte Geral do Código Penal, no item 25 da Exposição de Motivos. Essa teoria subdivide-se em outras três:

   a) *Teoria objetivo-formal:* **autor** é quem realiza o **núcleo ("verbo") do tipo penal**, ou seja, a conduta criminosa descrita pelo preceito primário da norma incriminadora. Por sua vez, **partícipe** é quem de qualquer modo concorre para o crime, sem praticar o núcleo do tipo. Exemplo: quem efetua disparos de revólver em alguém, matando-o, é autor do crime de homicídio. Por sua vez, aquele que empresta a arma de fogo para essa finalidade é partícipe de tal crime. Destarte, a atuação do partícipe seria impune (no exemplo fornecido, a conduta de auxiliar a matar não encontra correspondência imediata no crime de homicídio) se não existisse a **norma de extensão pessoal** prevista no art. 29, *caput*, do Código Penal. A adequação típica, na participação, é de subordinação mediata. Nesse contexto, o **autor intelectual** (aquele que planeja mentalmente a conduta criminosa) **é partícipe**, e não autor, eis que não executa o núcleo do tipo penal. Essa teoria é a preferida pela doutrina nacional e tem o mérito de diferenciar precisamente a autoria da participação. Falha, todavia, ao deixar em aberto o instituto da **autoria mediata**. **Autoria mediata** é a modalidade de autoria em que o autor realiza indiretamente o núcleo do tipo, valendo-se de pessoa sem culpabilidade ou que age sem dolo ou culpa.

b) *Teoria objetivo-material*: autor é quem presta a contribuição objetiva mais importante para a produção do resultado, e não necessariamente aquele que realiza no núcleo do tipo penal. De seu turno, partícipe é quem concorre de forma menos relevante, ainda que mediante a realização do núcleo do tipo.

c) *Teoria do domínio do fato*: criada em 1939, **por Hans Welzel**, com o propósito de ocupar posição intermediária entre as teorias objetiva e subjetiva. Nas lições do pai do finalismo penal, "Senhor do fato é aquele que o realiza em forma final, em razão de sua decisão volitiva."[1] Essa teoria foi posteriormente aperfeiçoada por Claus Roxin, que lhe conferiu seu modelo atual, segundo o qual **autor é quem possui controle sobre o domínio final do fato**, domina finalisticamente o trâmite do crime e decide acerca da sua prática, suspensão, interrupção e condições.

Enquanto para Welzel a teoria do domínio do fato funciona como pressuposto para determinação da autoria, Roxin a utiliza como critério para **delimitação do papel do sujeito na realização do delito, como autor ou partícipe**, diferenciando-os, com base no papel desempenhado pelo agente na prática do crime.

Na visão de Claus Roxin, a teoria do domínio do fato pode se manifestar de três formas diversas: (a) **domínio da ação**, quando o agente pratica, por conta própria, a conduta típica (**autoria imediata**); (b) **domínio da vontade**, em que terceira pessoa funciona como instrumento do crime (**autoria mediata**); e (c) **domínio funcional do fato**, atinente à atuação coordenada e caracterizada pela **divisão de tarefas**, por pelo menos mais uma pessoa além daquela que detém o controle final do fato.

---

1 WELZEL, Hans. *Derecho penal alemán*. Trad. Juan Busto Ramirez e Sergio Yañes Peréz. Santiago: Editorial Jurídica del Chile, 1987. p. 120.

Em síntese, a teoria do domínio do fato **amplia o conceito de autor**, definindo-o como aquele que tem o **controle final do fato**, ainda que não realize o núcleo do tipo penal. Por corolário, o conceito de autor compreende: o **autor propriamente dito** (aquele que pratica o núcleo do tipo penal); o **autor intelectual** (aquele que planeja mentalmente a empreitada criminosa); o **autor mediato** (aquele que se vale de um inculpável ou de pessoa que atua sem dolo ou culpa para cometer a conduta criminosa); os **coautores** (aquele que age em colaboração recíproca e voluntária com o outro para a realização da conduta principal); e aquele que tem o **controle final do fato** (que tem poderes para controlar a prática do fato punível, mesmo sem realizar o núcleo do tipo penal).

Essa teoria também admite a figura do **partícipe**, que seria quem de qualquer modo concorre para o crime, desde que não realize o núcleo do tipo penal nem possua o controle final do fato.

Em face de sua finalidade, a teoria do domínio do fato somente tem aplicação nos **crimes dolosos**. Com efeito, essa teoria não se encaixa no perfil dos crimes culposos, pois não se pode conceber o controle final de um fato não desejado pelo autor da conduta.[2] A teoria do domínio do fato, portanto, é acometida da mesma deficiência da teoria finalista da conduta, criticada por não se encaixar nesses delitos.

É preciso destacar, para afastar a responsabilidade penal objetiva, que a teoria do domínio do fato não preceitua que a mera posição de um agente na escala hierárquica sirva para demonstrar ou reforçar seu dolo, e também não permite a condenação de quem quer que seja com base em meras conjecturas, desprovidas de suporte probatório. É indispensável a individualização do comportamento de todos os envolvidos na empreitada criminosa, inclusive com a demonstração do dolo de cada um deles, bem como da relação de causalidade entre conduta e resultado.[3]

Importante

O art. 29, *caput*, do Código Penal, acolheu a **teoria restritiva**, no prisma **objetivo-formal**, ao diferenciar autor e partícipe. Aquele é quem realiza o núcleo do tipo penal; este é quem de qualquer modo concorre para o crime, sem executar a conduta criminosa. A teoria deve, todavia, ser **complementada** pela teoria da **autoria mediata**.[4]

---

2   STF, HC 138.637/SP, rel. Min. Celso de Mello, 2.ª Turma, j. 18.05.2017, noticiado no *Informativo* 864.
3   STF, AP 975/AL, rel. Min. Edson Fachin, 2.ª Turma, j. 03.10.2017, noticiado no *Informativo* 880; STJ: REsp 1.854.893/SP, rel. Min. Rogerio Schietti Cruz, 6.ª Turma, j. 08.09.2020, noticiado no *Informativo* 681.
4   No Brasil, em 1940, quando foi elaborado o Código Penal, e mesmo no ano de 1984, na ocasião em que a Parte Geral foi reformada pela Lei 7.209/1984, sequer se falava na teoria do domínio

> Contudo, é preciso destacar que no julgamento da Ação Penal 470 – o famoso caso do "mensalão" – alguns ministros do STF se filiaram à teoria do domínio do fato. Essa teoria também ganhou força com a edição da Lei 12.850/2013 – Lei do Crime Organizado, mais especificamente em seu art. 2.º, § 3.º: "a pena é agravada para quem exerce o comando, individual ou coletivo, da organização criminosa, ainda que não pratique pessoalmente atos de execução".

1.2. Punibilidade no concurso de pessoas

O art. 29, *caput*, do Código Penal filiou-se à **teoria unitária ou monista**, segundo a qual todos os que concorrem para um crime por ele respondem, havendo pluralidade de agentes e unidade de crime. Exemplo: quatro indivíduos cometeram, em concurso, um crime de homicídio simples (CP, art. 121, *caput*). Sujeitar-se-ão às penas de 6 (seis) a 20 (vinte) anos de reclusão.

A identidade de crime, contudo, não importa automaticamente em identidade de penas. O art. 29, *caput*, do Código Penal curvou-se ao princípio da culpabilidade, ao empregar em sua parte final a expressão **"na medida de sua culpabilidade"**. Nesses termos, as penas devem ser individualizadas no caso concreto, levando-se em conta o sistema trifásico delineado pelo art. 68 do Código Penal.

Ademais, é importante destacar que um autor ou coautor não necessariamente deverá ser punido mais gravemente do que um partícipe. O fator decisivo para tanto é o caso concreto, levando-se em conta a **culpabilidade** de cada agente. Nesse sentido, um autor intelectual (partícipe) normalmente deve ser punido de forma mais severa do que o autor do delito, pois sem a sua vontade, sem a sua ideia, o crime não ocorreria. O próprio Código Penal revela filiar-se a esse entendimento, no tocante ao **autor intelectual**, ao dispor no art. 62, I: "a pena será ainda agravada em relação ao agente que promove ou organiza a cooperação no crime ou dirige a atividade dos demais agentes".

> **Atenção**
>
> **A cooperação dolosamente distinta (desvios subjetivos entre os agentes** ou **participação em crime menos grave**) está descrita pelo art. 29, § 2.º, do Código Penal: "se algum dos concorrentes quis participar de crime menos grave, ser-lhe-á aplicada a pena deste; essa pena será aumentada até metade, na hipótese de ter sido previsível o resultado mais grave".

---

do fato. Esse assunto, na verdade, era praticamente desconhecido pela nossa doutrina e pela nossa jurisprudência.

Esse dispositivo pode ser fracionado em duas partes:

1.ª parte: se algum dos concorrentes quis participar de crime menos grave, ser-lhe-á aplicada a pena deste.

Essa regra constitui-se em **corolário lógico da teoria unitária ou monista** adotada pelo art. 29, *caput*, do Código Penal. Destina-se, ainda, a afastar a **responsabilidade objetiva** no concurso de pessoas, pois não se permite a punição de um agente por crime praticado exclusivamente por outrem, frente ao qual não agiu com dolo ou culpa.

Exemplo: "A" e "B" combinam a prática do furto de um automóvel que estava estacionado em via pública. Quando tentavam abrir a porta do veículo, surge seu proprietário. "A" foge, mas "B", que trazia consigo um revólver, circunstância que não havia comunicado ao seu comparsa, atira na vítima, matando-a. Nesse caso, "A" deve responder por tentativa de furto (CP, art. 155 c/c o art. 14, II), e "B" por latrocínio consumado (CP, art. 157, § 3.º, II).

O Código Penal empregou a palavra **"concorrente"** de forma genérica, com o escopo de englobar tanto o autor como o partícipe, ou seja, a pessoa que de qualquer modo concorra para o crime.

2.ª parte: essa pena será aumentada até a 1/2 (metade), na hipótese de ter sido previsível o resultado mais grave.

O crime mais grave não pode ser imputado, em hipótese alguma, àquele que apenas quis participar de um crime menos grave. Quando o crime mais grave não era previsível a algum dos concorrentes, ele responde somente pelo crime menos grave, sem qualquer majoração da pena. Quando o crime mais grave for previsível àquele que concorreu exclusivamente ao crime menos grave, subsistirá apenas em relação a este a responsabilidade penal, porém **a pena do crime menos grave** poderá ser aumentada até a 1/2 (metade).

Essa previsibilidade deve ser aferida de acordo com o **juízo do homem médio**, ou seja, o resultado mais grave será previsível quando a sua visão prévia era possível a um ser humano dotado de prudência razoável e inteligência comum.

1.3. Coautoria

É a forma de concurso de pessoas que se caracteriza pela existência de dois ou mais autores unidos entre si pela busca do mesmo resultado. Exemplo: "A" e "B", por motivo torpe, efetuam disparos de arma de fogo contra "C", causando a morte deste. São coautores do crime tipificado pelo art. 121, § 2.º, I, do Código Penal.

A coautoria pode ser:

- **Parcial** ou **funcional**: é aquela em que os diversos agentes praticam atos diversos, os quais, somados, produzem o resultado almejado. Exemplo: "A" segura a vítima enquanto "B" a esfaqueia, acarretando na sua morte.

- **Direta** ou **material:** os agentes realizam atos iguais, visando a produção do resultado previsto em lei. Exemplo: "A" e "B" golpeiam "C" com uma faca, matando-o.

> **Importante**
>
> **Crimes próprios** ou **especiais:** são aqueles em que o tipo penal exige uma situação de fato ou de direito diferenciada por parte do sujeito ativo. Apenas quem reúne as condições especiais previstas na lei pode praticá-lo. Exemplos: peculato (CP, art. 312), cujo sujeito ativo deve ser funcionário público; e infanticídio (CP, art. 123), que precisa ser praticado pela mãe, durante o parto ou logo após, sob a influência do estado puerperal. Os **crimes próprios podem ser praticados em coautoria**. É possível que duas ou mais pessoas dotadas das condições especiais reclamadas pela lei executem conjuntamente o núcleo do tipo. É o caso de dois funcionários públicos que, juntos, subtraem bens pertencentes à Administração Pública. Além disso, nada impede seja um crime próprio cometido por uma pessoa que preencha a situação fática ou jurídica exigida pela lei em concurso com terceira pessoa, sem essa qualidade. Exemplo: "A", funcionário público, convida "B", particular, para lhe ajudar a subtrair um computador que se encontra no gabinete da repartição pública em que trabalha. "B", ciente da condição de funcionário público de "A", ajuda-o a ingressar no local e a transportar o bem até a sua casa. Ambos respondem por peculato. Essa conclusão se coaduna com a regra traçada pelo art. 30 do Código Penal: por ser a condição de funcionário público elementar do peculato, comunica-se a quem participa do crime, desde que dela tenha conhecimento.
>
> **Crimes de mão própria, de atuação pessoal** ou **de conduta infungível**: são os que somente podem ser praticados pelo sujeito expressamente indicado pelo tipo penal. Exemplo: falso testemunho (CP, art. 342). Os **crimes de mão própria são incompatíveis com a coautoria**. Com efeito, podem ser praticados exclusivamente pela pessoa taxativamente indicada pelo tipo penal. Em um falso testemunho proferido em ação penal, a título ilustrativo, o advogado ou membro do Ministério Público não têm como negar ou calar a verdade juntamente com a testemunha. Apenas ela poderá fazê-lo. Existe somente uma exceção a essa regra, relativa ao crime de falsa perícia (CP, art. 342) praticado em concurso por dois ou mais peritos, contadores, tradutores ou intérpretes, como na hipótese em que dois peritos subscrevem dolosamente o mesmo laudo falso. Trata-se de crime de mão própria cometido em coautoria.[5]

---

[5] Para a teoria do domínio do fato, os crimes de mão própria admitem a coautoria: o sujeito pode ser autor do delito sem realizar o núcleo do tipo. Basta que tenha o controle final do fato.

Executor de reserva: é o agente que acompanha, presencialmente, a execução da conduta típica, ficando à disposição, se necessário, para nela intervir. Se intervier, será tratado como coautor e, em caso negativo, como partícipe. Exemplo: "A", munido de uma faca, e "B", com um revólver, aguardam em tocaia a passagem de "C". Quando este passa pela emboscada, "A" parte em sua direção para matá-lo, enquanto "B", de arma em punho, aguarda eventual e necessária atuação. Se agir, será coautor; se não, partícipe.

Coautoria sucessiva: é a espécie de coautoria que ocorre quando a conduta, iniciada em autoria única, se consuma com a colaboração de outra pessoa, com forças concentradas, mas sem prévio e determinado ajuste. Marcello Jardim Linhares apresenta o seguinte exemplo:

> Se um dos agentes, em situação de imoderação dolosa, golpeou a vítima com socos e pontapés na cabeça, jogando-a ao chão, e mais adiante seu companheiro, também em estado de excesso doloso, atinge-a outra vez na cabeça com a coronha de uma espingarda, respondem ambos, em coautoria sucessiva, pelo resultado de lesões corporais graves.[6]

Coautoria em crimes comissivos: há duas posições:

1.ª posição: é possível a coautoria em crimes omissivos, sejam eles próprios (ou puros), ou ainda impróprios (espúrios ou comissivos por omissão). Para o aperfeiçoamento da coautoria basta que dois ou mais agentes, vinculados pela unidade de propósitos, prestem contribuições relevantes para a produção do resultado, realizando atos de execução previstos na lei penal. Filiam-se a essa corrente, entre outros, Cezar Roberto Bitencourt[7] e Guilherme de Souza Nucci.[8]

2.ª posição: não se admite a coautoria em crimes omissivos, qualquer que seja a sua natureza. De acordo com essa posição, a coautoria não é possível nos crimes omissivos porque cada um dos sujeitos detém o seu dever de agir – imposto pela lei a todos, nos próprios, ou pertencente a pessoas determinadas (CP, art. 13, § 2.º), nos impróprios ou comissivos por omissão –, de modo individual, indivisível e indelegável. Nilo Batista defende com veemência esse entendimento.[9]

Autoria mediata: o Código Penal em vigor não disciplinou expressamente a autoria mediata, cuidando-se de **construção doutrinária**. Trata-se da espécie de autoria em que alguém, o **"sujeito de trás"**[10] se utiliza, para a execução da infração

---

6   LINHARES, Marcello Jardim. *Coautoria*. Rio de Janeiro: Aide, 1987. p. 104.
7   BITENCOURT, Cezar Roberto. *Tratado de direito penal*. Parte geral. 11. ed. São Paulo: Saraiva, 2007. v. 1, p. 426.
8   NUCCI, Guilherme de Souza. *Código Penal comentado*. 6. ed. São Paulo: RT, 2006. p. 275.
9   BATISTA, Nilo. *Concurso de agentes*: uma investigação sobre os problemas da autoria e da participação no direito penal brasileiro. 2. ed. Rio de Janeiro: Lumen Juris, 2004. p. 65.
10 SILVA, Germano Marques da. *Direito penal português*. Parte geral. Lisboa: Verbo, 1998. v. 2, p. 285.

penal, de uma pessoa inculpável ou que atua sem dolo ou culpa. Há dois sujeitos nessa relação:

(1) **autor mediato:** quem ordena a prática do crime; e

(2) **autor imediato:** aquele que executa a conduta criminosa. Exemplo: "A", desejando matar sua esposa, entrega uma arma de fogo municiada a "B", criança de pouca idade, dizendo-lhe que, se apertar o gatilho na cabeça da mulher, esta lhe dará balas.

A pessoa que atua sem discernimento – seja por ausência de culpabilidade (aí se insere qualquer um dos seus elementos: imputabilidade, potencial consciência da ilicitude e exigibilidade de conduta diversa), seja pela falta de dolo ou culpa –, funciona como mero **instrumento do crime**. Inexiste vínculo subjetivo, requisito indispensável para a configuração do concurso de agentes. **Não há, portanto, concurso de pessoas**. Em suma, o autor imediato não é punível. A infração penal deve ser imputada apenas ao autor mediato.

Nada impede, todavia, a **coautoria mediata** e **participação na autoria mediata**. Exemplos: "A" e "B" pedem a "C", inimputável, que mate alguém (coautoria mediata), ou, então, "A" induz "B", ambos imputáveis, a pedir a "C", menor de idade, a morte de outra pessoa (participação na autoria mediata).

O Código Penal possui cinco situações em que pode ocorrer a autoria mediata:

a) inimputabilidade penal do executor por menoridade penal, embriaguez ou doença mental (CP, art. 62, III);

b) coação moral irresistível (CP, art. 22);

c) obediência hierárquica (CP, art. 22);

d) erro de tipo escusável, provocado por terceiro (CP, art. 20, § 2.º); e

e) erro de proibição escusável, provocado por terceiro (CP, art. 21, *caput*).

E, além delas, outros casos podem ocorrer, nas hipóteses em que o agente atua sem dolo ou culpa, tais como na coação física irresistível, no sonambulismo e na hipnose.

A autoria mediata é incompatível com os crimes culposos, pois nesses crimes o resultado naturalístico é involuntariamente produzido pelo agente. Consequentemente, não se pode conceber a utilização de um inculpável ou de pessoa sem dolo ou culpa para funcionar como instrumento de um crime cujo resultado o agente não quer nem assume o risco de produzir. É da essência da autoria mediata, portanto, a prática de um crime doloso.[11]

Entende-se pela **admissibilidade** da autoria mediata nos **crimes próprios** (aqueles em que o tipo penal exige uma situação fática ou jurídica específica por parte

---

11 Nesse sentido: WESSELS, *Johannes. Derecho penal*. Parte general. Buenos Aires: Depalma, 1980. p. 159.

do sujeito ativo), desde que o autor mediato detenha todas as qualidades ou condições pessoais reclamadas pelo tipo penal. Exemplo: um funcionário público pode se valer de um subalterno sem culpabilidade, em decorrência da obediência hierárquica, para praticar um peculato (CP, art. 312), subtraindo bens que se encontram sob a custódia da Administração Pública.

Todavia, prevalece o entendimento de que a autoria mediata é **incompatível** com os **crimes de mão própria** (aqueles que somente podem ser praticados pelo sujeito expressamente indicado pelo tipo penal), porque a conduta somente pode ser praticada pela pessoa diretamente indicada pelo tipo penal. A infração penal não pode ter a sua execução delegada a outrem. Exemplo: no delito de falso testemunho (CP, art. 342), uma testemunha não poderia colocar terceira pessoa para negar a verdade em seu lugar. Essa regra, contudo, comporta exceções que podem surgir no caso concreto, como no exemplo fornecido por Rogério Greco, em que a testemunha for coagida, irresistivelmente, a prestar um depoimento falso para beneficiar o autor da coação. Nesse caso, há autoria mediata, sendo punido apenas o autor da coação (CP, art. 22).[12]

Autor por determinação é quem se vale de outro, que não realiza conduta punível, por ausência de dolo, em um crime de mão própria, ou ainda o sujeito que não reúne as condições legalmente exigidas para a prática de um crime próprio, quando se utiliza de quem possui tais qualidades e se comporta de forma atípica, ou acobertado por uma causa de exclusão da ilicitude ou da culpabilidade. Deve ser imputado ao autor de determinação o resultado produzido, pois a ele de qualquer modo concorreu, em consonância com a regra prevista no art. 29, *caput*, do Código Penal.

Autoria de escritório: Cuida-se de categoria oriunda da doutrina alemã e intimamente relacionada com a teoria do domínio do fato, constituindo-se em **autoria mediata particular** ou **autoria mediata especial**. Nessa linha de raciocínio, é autor de escritório o agente que transmite a ordem a ser executada por outro autor direto, dotado de culpabilidade e passível de ser substituído a qualquer momento por outra pessoa, no âmbito de uma organização ilícita de poder. Exemplo: o líder do PCC (Primeiro Comando da Capital), em São Paulo, ou do CV (Comando Vermelho), no Rio de Janeiro, dá as ordens a serem seguidas por seus comandados. A teoria do domínio da organização criminosa, apresentada por Claus Roxin, funciona como a base do conceito de autoria de escritório fornecido por Eugenio Raúl Zaffaroni para solucionar as questões inerentes ao concurso de pessoas nas

---

12 GRECO, Rogério. *Curso de direito penal* – Parte geral. 10. ed. Rio de Janeiro: Impetus, 2008. p. 442.

estruturas organizadas de poder, compreendidas como aparatos à margem da legalidade. O penalista alemão tem como ponto de partida a teoria do domínio do fato, e amplia o alcance da autoria mediata, para legitimar a responsabilização do autor direto do crime, bem como do seu mandante, quando presente uma relação de subordinação entre eles, no âmbito de uma estrutura organizada de poder ilícito, situada às margens do Estado.[13]

Autoria por convicção: verifica-se quando o agente tem conhecimento da norma penal, mas decide transgredi-la por questões de consciência política, religiosa, filosófica ou de qualquer outra natureza. É o que se dá na hipótese em que a mãe de uma criança de pouca idade, por motivos religiosos, impede a transfusão de sangue capaz de salvar a vida do seu filho, acarretando sua responsabilização pelo crime de homicídio, em face da omissão penalmente relevante (CP, art. 13, § 2.º, alínea "a").

1.4. Participação

É a modalidade de concurso de pessoas em que **o sujeito não realiza diretamente o núcleo do tipo penal, mas de qualquer modo concorre para o crime**. É, portanto, qualquer tipo de colaboração, desde que não relacionada à prática do verbo contido na descrição da conduta criminosa. Exemplo: é partícipe de um homicídio aquele que, ciente do propósito criminoso do autor, e disposto a com ele colaborar, empresta uma arma de fogo municiada para ser utilizada na execução do delito.

Portanto, a participação reclama **dois requisitos: (1) propósito de colaborar para a conduta do autor (principal); e (2) colaboração efetiva** por meio de um comportamento acessório que concorra para a conduta principal.

Inicialmente, a participação pode ser:

- **Moral**: a conduta do agente restringe-se a **induzir** ou **instigar** terceira pessoa a cometer uma infração penal. Não há colaboração com meios materiais, mas apenas com ideias de natureza penalmente ilícitas. O induzimento e a instigação devem ser relacionados à **prática de crime determinado** e direcionados a **pessoa ou pessoas determinadas**. Se alguém induzir ou instigar pessoas indeterminadas à realização de um crime, necessariamente determinado, não será tratado como partícipe, mas como autor de **incitação ao crime** (CP, art. 286).

- **Material:** a conduta do sujeito consiste em prestar **auxílio** ao autor da infração penal. O auxílio pode ser efetuado durante os **atos preparatórios** ou **executórios**,

---

[13] ROXIN, Claus. *Autoria y dominio del hecho em derecho penal*. 7. ed. Madrid: Marcial Pons, 1999. p. 270 e 275-276. Convém recordar o teor do art. 2.º, § 3.º, da Lei 12.850/2013 – Lei do Crime Organizado: "A pena é agravada para quem exerce o comando, individual ou coletivo, da organização criminosa, ainda que não pratique pessoalmente atos de execução".

mas nunca após a consumação, **salvo se ajustado previamente**. Deveras, o auxílio posterior à consumação, mas objeto de ajuste prévio entre os agentes, caracteriza participação. De seu turno, o auxílio posterior à consumação, porém não ajustado antecipadamente, não configura participação, e sim o crime autônomo de favorecimento pessoal (CP, art. 348). Exemplos:

(a) João e Maria convencionam a morte de Pedro. No horário e local acertados, aquele atira contra a vítima, e sua comparsa o encontra, de carro, instantes após a execução do crime, e fogem juntos para outra cidade. João é autor do homicídio, no qual Maria figura como partícipe; e

(b) Paulo mata Antonio. Fernanda, que não estava ciente do crime, encontra o homicida logo após a prática do fato, e o leva para outra cidade, com a finalidade de evitar a sua prisão. João é autor do homicídio, e Maria responde pelo delito de favorecimento pessoal.

> **Importante**
>
> A conduta do partícipe tem **natureza acessória**, pois sua existência pressupõe a conduta do autor, de natureza principal. Nesses termos, a conduta acessória do partícipe somente adquire eficácia penal quando adere à conduta principal do autor.
>
> A adequação típica tem subordinação mediata, por força da norma de extensão pessoal prevista no art. 29, *caput*, do Código Penal.[14]
>
> A acessoriedade da conduta do partícipe é consagrada pelo art. 31 do Código Penal: "o ajuste, a determinação ou instigação e o auxílio, salvo disposição expressa em contrário, não são puníveis, se o crime não chega, pelo menos, **a ser tentado**". Para a punição do partícipe, portanto, deve ser iniciada a execução do crime pelo autor, exigindo-se, pelo menos, a figura da tentativa.
>
> Há diversas **teorias acerca da acessoriedade**, formuladas com base em seus graus:
>
> a) **Acessoriedade mínima:** para a punibilidade da participação é suficiente que o autor tenha praticado um **fato típico**. Exemplo: "A" contrata "B" para matar "C". Depois do acerto, "B" caminha em via pública, e, gratuitamente, é atacado por "C", vindo por esse motivo a matá-lo em legítima defesa. Para essa teoria, "A" deveria ser punido como partícipe. Essa concepção deve ser afastada, por

---

14 Por esse motivo, o art. 29, *caput*, do Código Penal deve ser inserido no pedido de uma denúncia ou de uma queixa-crime exclusivamente nos casos de **participação.** Exemplo: homicídio qualificado pelo motivo torpe executado por um pistoleiro profissional a mando de outrem: art. 121, § 2.º, I, c/c o art. 29, *caput*, do Código Penal. Em se tratando de **coautoria,** todos os agentes praticam o núcleo do tipo. No caso do homicídio, por exemplo, todos "matam", dispensando a incidência da norma de extensão pessoal.

implicar na equivocada punição do partícipe quando o autor agiu acobertado por uma causa de exclusão da ilicitude, ou seja, quando não praticou uma infração penal.

b) **Acessoriedade limitada:** é suficiente, para a punição do partícipe, que tenha o autor praticado um **fato típico e ilícito**. Exemplo: "A" contrata "B", **inimputável**, para matar "C". O contratado cumpre sua missão. Estaria presente o concurso de pessoas, figurando "B" como autor e "A" como partícipe do homicídio. Como se percebe, essa posição não resolve os problemas inerentes à **autoria mediata**. No exemplo, inexiste concurso entre "A" e "B" (inimputável), em face da ausência de vínculo subjetivo.

c) **Acessoriedade máxima** ou **extrema:** reclama, para a punição do partícipe, tenha sido o **fato típico e ilícito praticado por um agente culpável.** Exemplo: "A" contrata "B", **imputável**, para dar cabo à vida de "C", o que vem a ser fielmente concretizado. "B" é autor do crime de homicídio, e "A", partícipe. Embora o Código Penal não tenha adotado nenhuma teoria expressamente, a teoria da acessoriedade máxima afigura-se como a mais coerente, por ser a autoria mediata aceita de forma praticamente unânime entre os penalistas brasileiros.

d) **Hiperacessoriedade:** para a punição do partícipe, é necessário que o autor, revestido de culpabilidade, pratique um fato típico e ilícito, e seja **efetivamente punido** no caso concreto. Destarte, se "A" contratou "B" para matar "C", no que foi atendido, mas o executor, logo após o crime, suicidou-se, não há falar em participação, em decorrência da aplicação da causa de extinção da punibilidade contida no art. 107, I, do Código Penal.

Participação de menor importância: estabelece o **art. 29, § 1.º, do Código Penal:** "se a participação for de menor importância, a pena pode ser diminuída de um sexto a um terço".

Cuida-se de **causa de diminuição da pena**, aplicável na terceira fase da fixação da pena. Em que pesem posições em contrário, trata-se de **direito subjetivo do réu**, de modo que, se provada sua participação de menor importância, a discricionariedade do magistrado reserva-se apenas no que diz respeito ao montante da redução, dentro dos limites legais.

Participação de menor importância, ou **mínima**, é a de **reduzida eficiência causal**. Contribui para a produção do resultado, mas de forma menos decisiva, razão pela qual deve ser aferida exclusivamente no caso concreto. Nessa linha de raciocínio, o melhor critério para constatar a participação de menor importância é, uma vez mais, o da equivalência dos antecedentes ou *conditio sine qua non*.

Anote-se que a diminuição da pena **se relaciona à participação**, isto é, ao comportamento adotado pelo sujeito, e não à sua pessoa. Portanto, suas condições pessoais (primário ou reincidente, perigoso ou não) não impedem a redução da reprimenda, se tiver contribuído minimamente para a produção do resultado.

Como a lei fala em **"participação"**, não é possível a diminuição da pena ao coautor, haja vista que este sempre tem papel decisivo no deslinde da infração penal. Além disso, prevalece na doutrina o entendimento de que o dispositivo legal não se aplica ao **autor intelectual**, embora seja partícipe, pois, se arquitetou o crime, evidentemente a sua participação não se compreende como de menor importância.

Atenção

Não se deve confundir participação de menor importância com participação inócua. **Participação inócua** é aquela que em nada contribuiu para o resultado, sendo penalmente irrelevante. Exemplo: "A" empresta uma faca para "B" matar "C". Precavido, contudo, "B" compra uma arma de fogo e, no dia do crime, sequer leva consigo a faca emprestada por "A", cuja participação foi, assim, inócua.

Importante

Participação impunível: preceitua o **art. 31 do Código Penal:** "o ajuste, a determinação ou instigação e o auxílio, salvo disposição expressa em contrário, não são puníveis, se o crime não chega, pelo menos, a ser tentado".

A impunibilidade prevista no dispositivo legal não deve ser atribuída ao agente, mas **ao fato**. Cuida-se de **causa de atipicidade da conduta do partícipe**, e não de causa de isenção da pena.

Essa regra decorre do **caráter acessório da participação:** o comportamento do partícipe só adquire relevância penal se o autor (conduta principal) iniciar a execução do crime **(princípio da executividade da participação)**. E para fazê-lo, deve ingressar na esfera da tentativa, pois o art. 14, II, do Código Penal a ela condicionou a punição dos atos praticados pelo agente. Destarte, não é punível, exemplificativamente, o simples ato de contratar um pistoleiro profissional para matar alguém. A conduta do partícipe (encomendar a morte) somente será punível se o contratado praticar atos de execução do homicídio, pois, caso contrário, estará configurado o **quase crime**.

A locução **"salvo disposição expressa em contrário"** indica que, em **situações taxativamente previstas em lei**, é possível a punição do ajuste, da determinação, da instigação e do auxílio como **crime autônomo**. É o que se dá nos delitos de incitação ao crime (CP, art. 286) e de associação criminosa (CP, art. 288).

Na associação criminosa, por exemplo, a lei tipificou de forma independente a conduta de associarem-se três ou mais pessoas para o fim específico de cometer crimes. Existe o delito com a associação estável e permanente, ainda que os agentes não venham efetivamente a praticar nenhum delito. E, não fosse a exceção apontada pelo art. 31 do Código Penal, seria vedado punir o ato associativo enquanto não se praticasse um crime para o qual o agrupamento fora idealizado.

Participação por omissão: é possível, desde que o omitente, além de poder agir no caso concreto, tivesse ainda o dever de agir para evitar o resultado, por se enquadrar em alguma das hipóteses delineadas pelo art. 13, § 2.º, do Código Penal. Exemplo: é partícipe do furto o policial militar que presencia a subtração de bens de uma pessoa e nada faz porque estava fumando um cigarro e não queria apagá-lo.

Conivência (participação negativa, crime silente, ou concurso absolutamente negativo): é a participação que ocorre nas situações em que o sujeito não está vinculado à conduta criminosa e não possui o dever de agir para impedir o resultado. Exemplo: um transeunte assiste ao roubo de uma pessoa desconhecida e nada faz. **Não é partícipe**, pois o mero conhecimento de um fato criminoso não confere ao indivíduo a posição de partícipe por força de sua omissão, salvo se presente o dever de agir para impedir a produção do resultado.

Participação sucessiva: é possível nos casos em que um mesmo sujeito é instigado, induzido ou auxiliado por duas ou mais pessoas, cada qual desconhecendo o comportamento alheio, para executar uma infração penal. Exemplo: "A" sugere a "B" a prática de um roubo para quitar suas dívidas bancárias. Depois de refletir sobre a ideia, e sem contar a sua origem, consulta "C", o qual o estimula a assim agir. "B" pratica o roubo. "A" e "C" são partícipes do crime, pois para ele concorreram. A participação sucessiva deve ter sido capaz de influir no propósito criminoso, pois, se a ideia já estava perfeitamente sedimentada na mente do agente, será inócua a participação posterior, impedindo a punição do seu responsável.

Participação em cadeia: é possível e punível segundo as regras estabelecidas pelo Código Penal. Verifica-se nos casos em que alguém induz ou instiga uma pessoa para que esta posteriormente induza, instigue ou auxilie outro indivíduo a cometer um crime determinado. Exemplo: "A" induz "B" a instigar "C" a emprestar uma arma de fogo (auxiliar) a "D", para que este mate "E", devedor e desafeto de todos. "A", "B" e "C" respondem pelo homicídio, na condição de partícipes, pois concorreram para o crime que teve "D" como seu autor.

O partícipe deve, necessariamente, estar subjetivamente vinculado à conduta do autor, exigindo-se a homogeneidade de elemento subjetivo, pois se todos os que concorrem para um crime por ele respondem, como decorrência da teoria unitária ou monista (CP, art. 29, *caput*), não se admite a participação culposa em crime doloso, nem a participação dolosa em crime culposo.

Mas é possível o **envolvimento em ação alheia**, de terceira pessoa, com **elemento subjetivo distinto**, quando a lei cria para a situação **dois crimes diferentes**, mas ligados um ao outro. Aquele que colabora culposamente para a conduta alheia responde por delito culposo, enquanto ao autor, que age com consciência e vontade, deve ser imputado um crime doloso. Repita-se, são dois crimes autônomos, embora dependentes entre si.

É o que ocorre em relação ao crime tipificado pelo art. 312, § 2.º, do Código Penal. Exemplo: um funcionário público estadual, ao término de seu expediente, esquece aberta a janela do seu gabinete. Aproveitando-se dessa facilidade, um particular que passava pela via pública ingressa na repartição pública e de lá subtrai um computador pertencente ao Estado. O funcionário público desidioso responde por peculato culposo, e o particular por furto. **Não há concurso de pessoas**, em face da ausência do liame subjetivo.

1.5. Circunstâncias incomunicáveis: o art. 30 do Código Penal

Circunstâncias incomunicáveis são as que não se estendem, isto é, não se transmitem aos coautores ou partícipes de uma infração penal, pois se referem exclusivamente a determinado agente, incidindo apenas em relação a ele.

Nesse sentido, estabelece o art. 30 do Código Penal: "não se comunicam as circunstâncias e as condições de caráter pessoal, salvo quando elementares do crime".

A compreensão desse dispositivo depende, inicialmente, da diferenciação entre elementares e circunstâncias:

- **Elementares:** são os dados fundamentais de uma conduta criminosa. São os fatores que integram a definição básica de uma infração penal. No homicídio simples (CP, art. 121, *caput*), por exemplo, as elementares são "matar" e "alguém".
- **Circunstâncias**: são os fatores que se agregam ao tipo fundamental, para o fim de aumentar ou diminuir a pena. Exemplificativamente, no homicídio, que tem como elementares "matar" e "alguém", são circunstâncias o "relevante valor moral" (§ 1.º), o "motivo torpe" (§ 2.º, I) e o "motivo fútil" (§ 2.º, II), entre outras.

O critério que melhor possibilita a distinção é o da **exclusão** ou da **eliminação**. Com efeito, excluindo-se uma elementar, o fato se torna atípico, ou então se opera a desclassificação para outra infração penal. Por outro lado, a exclusão de uma circunstância tem o condão de apenas aumentar ou diminuir a pena de uma infração penal.

Não lhe altera a denominação jurídica, incidindo somente na quantidade da reprimenda a ser aplicada.

Segundo o art. 30 do Código Penal, há **elementares** e **circunstâncias** de caráter pessoal, ou subjetivo, e de caráter real, ou objetivo:

- **Subjetivas**, ou de **caráter pessoal**: são as que se relacionam à **pessoa do agente**, e não ao fato por ele praticado. Exemplos: a condição de funcionário público, no peculato, é uma elementar de caráter pessoal (CP, art. 312). E os motivos do crime são circunstâncias de igual natureza no tocante ao homicídio (CP, art. 121, §§ 1.º e 2.º, I, II e V).

- **Objetivas**, ou de **caráter real**: são as elementares e circunstâncias que **dizem respeito ao fato, à infração penal cometida**, e não ao agente. Exemplos: o emprego de violência contra a pessoa, no roubo, é uma elementar objetiva (CP, art. 157, *caput*), e desse naipe é também o meio cruel como circunstância para a execução do homicídio (CP, art. 121, § 2.º, III).

Paralelamente às elementares e circunstâncias, o art. 30 do Código Penal trata ainda das **condições de caráter pessoal:**

- **Condições pessoais**: são as qualidades, os aspectos subjetivos inerentes a determinado indivíduo, que o acompanham em qualquer situação, isto é, independem da prática da infração penal. É o caso da reincidência e da condição de menor de 21 anos.

Com base nos conceitos e espécies de elementares, circunstâncias e condições acima analisados, é possível extrair três regras do art. 30 do Código Penal:

1.ª As circunstâncias e condições de caráter pessoal, ou subjetivas, não se comunicam: pouco importa se tais dados ingressaram ou não na esfera de conhecimento dos demais agentes.

Exemplo: "A", ao chegar à sua casa, constata que sua filha foi estuprada por "B". Imbuído por motivo de relevante valor moral, contrata "C", pistoleiro profissional, para matar o estuprador. O serviço é regularmente executado. Nesse caso, "A" responde por homicídio privilegiado (CP, art. 121, § 1.º), enquanto a "C" é imputado o crime de homicídio qualificado pelo motivo torpe (CP, art. 121, § 2.º, I). O relevante valor moral é circunstância pessoal, exclusiva de "A", e jamais se transfere a "C", por mais que este não concorde com o estupro.

2.ª Comunicam-se as circunstâncias de caráter real, ou objetivas: é necessário, porém, que tenham ingressado na esfera de conhecimento dos demais agentes, para evitar a responsabilidade penal objetiva.[15]

---

15 "Caso contrário, os acusados poderiam ser punidos por circunstância fática que nunca entrou em sua esfera de ciência e, consequentemente, jamais integrou seu dolo, o que configuraria responsabilização penal objetiva, inadmissível em nosso sistema criminal, em franca violação do art. 18, I, do CP" (STJ, REsp 1.973.397/MG, rel. Min. Ribeiro Dantas, 5.ª Turma, j. 06.09.2022, noticiado no *Informativo* 748).

Exemplo: "A" contrata "B" para matar "C", seu inimigo. "B" informa a "A" que fará uso de meio cruel, e este último concorda com essa circunstância. Ambos respondem pelo crime tipificado pelo art. 121, § 2.º, III, do Código Penal. Trata-se de circunstância objetiva que a todos se estende. Se, todavia, "B" fizesse uso de meio cruel sem a ciência de "A", somente a ele seria imputada a qualificadora, sob pena de caracterização da responsabilidade penal objetiva.

3.ª Comunicam-se as elementares, sejam objetivas ou subjetivas: mais uma vez, exige-se que as elementares tenham entrado no âmbito de conhecimento de todos os agentes, para afastar a responsabilidade penal objetiva.

Exemplo: "A", funcionário público, convida "B", seu amigo, para em concurso subtraírem um computador que se encontra na repartição pública em que trabalha, valendo-se das facilidades proporcionadas pelo seu cargo. Ambos respondem por peculato-furto ou peculato impróprio (CP, art. 312, § 1.º), pois a elementar "funcionário público" transmite-se a "B". Entretanto, se "B" não conhecesse a condição funcional de "A", responderia por furto, evitando a responsabilidade penal objetiva.

> **Importante**
>
> **Excesso no mandato criminal**: o mandato guarda íntima relação com a figura do **autor intelectual**, em que alguém (partícipe) delibera sobre a prática de uma infração penal e transmite a outrem (autor) a tarefa de executá-lo. Nesse contexto, pode ocorrer falta de coincidência entre a vontade do partícipe e o comportamento do autor. A questão deve ser solucionada com base nas regras inerentes à cooperação dolosamente distinta e à comunicabilidade das elementares e circunstâncias, desde que tenham ingressado na esfera de conhecimento de todos os agentes (CP, arts. 29, § 2.º, e 30).
>
> **Autoria colateral**, **coautoria imprópria** ou **autoria parelha**: ocorre quando duas ou mais pessoas intervêm na execução de um crime, buscando igual resultado, embora cada uma delas ignore a conduta alheia. Exemplo: "A", portando um revólver, e "B", uma espingarda, escondem-se atrás de árvores, um do lado direito e outro do lado esquerdo de uma mesma rua. Quando "C", inimigo de ambos, por ali passa, ambos os agentes contra ele efetuam disparos de armas de fogo. "C" morre, revelando o exame necroscópico terem sido os ferimentos letais produzidos pelos disparos originários da arma de "A". **Não há concurso de pessoas**, pois estava ausente o vínculo subjetivo entre "A" e "B". Portanto, cada um dos agentes responde pelo crime a que deu causa: "A" por homicídio consumado, e "B" por tentativa de homicídio. Se ficasse demonstrado que os tiros de "B" atingiram o corpo de

"C" quando já estava morto, "A" responderia pelo homicídio, enquanto "B" ficaria impune, por força da caracterização do crime impossível (impropriedade absoluta do objeto – CP, art. 17).

Autoria incerta: Surge no campo da autoria colateral, quando mais de uma pessoa é indicada como autora do crime, mas não se apura com precisão qual foi a conduta que efetivamente produziu o resultado.

Suponha-se que "A" e "B" com armas de fogo e munições idênticas escondam-se atrás de árvores para eliminar a vida de "C". Quando este passa pelo local, contra ele atiram, e "C" morre. O exame pericial aponta ferimentos produzidos por um único disparo de arma de fogo como *causa mortis*. Os demais tiros não atingiram a vítima e o laudo não afirma categoricamente quem foi o autor do disparo fatal.

Como não se apurou quem produziu a morte, não se pode imputar o resultado naturalístico para "A" e "B". Um deles matou, mas o outro não. E, como **não há concurso de pessoas**, ambos devem responder por **tentativa de homicídio**.

Com efeito, ambos praticaram atos de execução de um homicídio. Tentaram matar, mas somente um deles, **incerto**, o fez. Para eles será imputada a tentativa, pois a ela deram causa. Quanto a isso não há dúvida. E por não se saber quem de fato provocou a morte da vítima, não se pode responsabilizar qualquer deles pelo homicídio consumado, aplicando-se o princípio *in dubio pro reo*.

Há casos, todavia, que causam estranheza ainda maior. Imagine-se que "João", casado com "Maria", seja amante de "Tereza". Todas as manhãs, juntamente com a esposa, toma café em casa. Em seguida, antes de ingressar no trabalho, passa na residência da amante, que não sabe ser ele casado, para com ela também fazer o desjejum. Em determinado dia, a esposa e a amante descobrem sobre a existência de outra mulher na vida de "João". Revoltadas, compram venenos para matá-lo. Na manhã seguinte, o adúltero bebe uma xícara de café, envenenado, em sua casa. Parte para a residência da amante, e também bebe uma xícara de café com veneno. Morre algumas horas depois. Realiza-se perícia, e o laudo conclui pela existência de duas substâncias no sangue de "João": veneno de rato e talco. "Maria" e "Tereza", orgulhosas, confessam ter colocado veneno no café do falecido traidor.

A situação é a seguinte: uma das mulheres praticou homicídio, e a outra, crime impossível por ineficácia absoluta do meio (CP, art. 17). As provas colhidas durante o inquérito policial não apontam qual foi a conduta de cada uma delas. A única solução é o arquivamento do inquérito policial. Há um homicídio, "João" está morto, mas às vingativas mulheres aplica-se o crime impossível. Uma matou, mas a outra nada fez. Como não há concurso de pessoas, por ausência do vínculo subjetivo, ambas devem ser beneficiadas pela dúvida. Em resumo, se no bojo de uma autoria incerta todos os envolvidos praticaram atos de execução, devem responder pela tentativa do crime. Mas, se um deles incidiu em crime impossível, a causa de atipicidade a todos se estende.

Autoria desconhecida: Cuida-se de instituto ligado ao processo penal, que ocorre quando um crime foi cometido, mas não se sabe quem foi seu autor. Exemplo: "A" foi vítima de furto, pois todos os bens de sua residência foram subtraídos enquanto viajava, mas não há provas do responsável pelo delito. Diferencia-se da autoria incerta, de interesse do Direito Penal, pois nela conhecem-se os envolvidos em um crime, mas não se pode, com precisão, afirmar quem a ele realmente deu causa.

Autoria complementar ou **acessória**: pressupõe a atuação de ao menos duas pessoas, as quais agem cada qual sem o conhecimento da atuação alheia, porém somente a união das duas (ou mais) condutas é apta a produzir o resultado naturalístico. Exemplo: "A", com intenção de matar, coloca uma certa quantidade de veneno no café da vítima. Algum tempo depois, "B", também com ânimo homicida, mistura uma dose de veneno no suco da mesma vítima. "A" e "B" sequer se conhecem, e ignoram o propósito criminoso em comum. A vítima vem a falecer, envenenada, e a perícia identifica em seu organismo duas espécies de venenos, e conclui que somente um deles era incapaz de matar. Não há falar em concurso de pessoas, em face da ausência do vínculo subjetivo. Nesse caso, cada agente deve responder pelo ato efetivamente praticado, e não pelo resultado naturalístico. No exemplo acima, "A" e "B" terão contra si imputados o crime de tentativa de homicídio qualificado pelo emprego de veneno, e não de homicídio consumado.

Autoria sucessiva ou **subsequente**: verifica-se nas hipóteses em que alguém ofende o bem jurídico que já fora violado por outra pessoa. É o que se dá, a título de exemplo, no delito catalogado no art. 138, § 1.º, do Código Penal: a honra objetiva da vítima, após ter sido lesada pela calúnia cometida por alguém, é novamente atingida pela conduta do terceiro que, sabendo falsa a imputação, a propala ou a divulga. Não há concurso de pessoas, pela ausência do vínculo subjetivo, razão pela qual cada agente responde pelo delito que praticou, de forma autônoma.

1.6. Concurso de pessoas e crimes de autoria coletiva

O Código Penal dispõe que quem provoca o tumulto tem a pena agravada (art. 62, I), enquanto quem age sob o influxo da multidão, se não a iniciou, merece o abrandamento da punição (art. 65, III, "e"). Mas a doutrina discorda sobre um ponto, qual seja, se a integração a uma multidão criminosa é, por si só, suficiente para demonstrar o vínculo subjetivo entre os agentes, caracterizando o concurso de pessoas.

1.ª posição (Mirabete[16] e Roberto Bitencourt[17]): todos respondem pelo resultado produzido.

---

16 MIRABETE, Julio Fabbrini. *Manual de direito penal*. Parte Geral. 24. ed. São Paulo: Atlas, 2007. v. 1, p. 242.
17 BITENCOURT, Cezar Roberto. *Tratado de direito penal*. Parte geral. 11. ed. São Paulo: Saraiva, 2007. v. 1, p. 428.

2.ª posição (Rogério Greco): os crimes multitudinários dependem, para a configuração do concurso de pessoas, da comprovação efetiva da contribuição causal de cada envolvido no tumulto.[18]

> **Importante**
>
> Tem-se entendido que nos crimes de autoria coletiva, "embora a vestibular acusatória não possa ser de todo genérica, é válida quando, apesar de não descrever minuciosamente as atuações individuais dos acusados, demonstra um liame entre o seu agir e a suposta prática delituosa, estabelecendo a plausibilidade da imputação e possibilitando o exercício da ampla defesa" (STJ, RHC 68.903/RJ, rel. Min. Jorge Mussi, 5.ª Turma, j. 20.05.2016).
>
> Nesse contexto, não é inepta a denúncia (geral) que apresenta narrativa fática congruente, de modo a permitir o devido processo legal, descrevendo conduta típica que, "atentando aos ditames do art. 41 do CPP, qualifica os acusados, descreve o fato criminoso e suas circunstâncias. O fato, por si só, de o Ministério Público ter imputado ao recorrente a mesma conduta dos demais denunciados não torna a denúncia genérica, indeterminada ou imprecisa" (STJ, HC 311.571/SP, rel. Min. Gurgel de Faria, 5.ª Turma, j. 15.12.2015).
>
> É imprescindível distinguir a **denúncia genérica** da **denúncia geral**. A denúncia genérica é aquela cuja imputação é gravemente contaminada por "situação de deficiência na narração do fato imputado, quando não contém os elementos mínimos de sua identificação como crime, como às vezes ocorre com a simples alusão aos elementos do tipo penal abstrato".[19] De seu turno, a denúncia geral é largamente admitida na jurisprudência, porquanto nessa modalidade há a descrição dos fatos e da atuação, ainda que de maneira geral, de cada um dos imputados (STJ, RHC 68.848/RN, rel. Min. Antonio Saldanha Palheiro, 6.ª Turma, j. 13.10.2016; STF, HC 118.891/SP, rel. Min. Edson Fachin, 1.ª Turma, j. 20.10.2015).

1.7. Concurso de pessoas e crimes culposos

A doutrina nacional é tranquila ao admitir a coautoria em crimes culposos, quando duas ou mais pessoas, conjuntamente, agindo por imprudência, negligência ou imperícia, violam o dever objetivo de cuidado a todos imposto, produzindo um resultado naturalístico.[20]

---

[18] GRECO, Rogério. *Curso de direito penal* – parte geral. 10. ed. Rio de Janeiro: Impetus, 2008. p. 472.

[19] FERNANDES, Antonio Scarance. *A reação defensiva à imputação*. São Paulo: RT, 2002. p. 184.

[20] "A doutrina majoritária admite a coautoria em crime culposo. Para tanto, devem ser preenchidos os requisitos do concurso de agentes: a) pluralidade de agentes, b) relevância causal das

No que tange a participação em crimes culposos, firmou-se a doutrina pátria no sentido de rejeitar essa possibilidade.

Frise-se, por oportuno, que a unidade de elemento subjetivo exigida para a caracterização do concurso de pessoas impede a participação dolosa em crime culposo. Na hipótese em que alguém, dolosamente, concorre para que outrem produza um resultado naturalístico culposo, há dois crimes: um doloso e outro culposo. Exemplo: "A", com a intenção de matar "B", convence "C" a acelerar seu carro em uma curva, pois sabe que naquele instante "B" por ali passará de bicicleta. O motorista atinge velocidade excessiva e atropela o ciclista, matando-o. "A" responde por homicídio doloso (CP, art. 121), e "C" por homicídio culposo na direção de veículo automotor (Lei 9.503/1997 – CTB, art. 302).

EM RESUMO:

Concurso de pessoas	É a colaboração empreendida por duas ou mais pessoas para a realização de um crime ou de uma contravenção penal. As regras inerentes ao concurso de pessoas encontram-se disciplinadas pelos arts. 29 a 31 do Código Penal. Requisitos: pluralidade de agentes culpáveis; relevância causal das condutas para produção do resultado; vínculo subjetivo; unidade de infração penal para todos os agentes; existência de fato punível. **Autoria** Teorias: 1) **Teoria subjetiva** ou **unitária**: não diferencia o autor do partícipe. Autor é aquele que de qualquer modo contribui para a produção de um resultado penalmente relevante. Seu fundamento repousa na teoria da equivalência dos antecedentes ou *conditio sine qua non*. 2) **Teoria extensiva**: também se fundamenta na teoria da equivalência dos antecedentes, não distinguindo o autor do partícipe. É, todavia, mais suave, porque admite causas de diminuição da pena para estabelecer diversos graus de autoria. Aparece nesse âmbito a figura do **cúmplice**: autor que concorre de modo menos importante para o resultado. 3) **Teoria objetiva ou dualista**: opera nítida distinção entre autor e partícipe. Foi adotada pela Lei 7.209/1984 – Reforma da Parte Geral do Código Penal, no item 25 da Exposição de Motivos. Essa teoria subdivide-se em outras três:

várias condutas, c) liame subjetivo entre os agentes e d) identidade de infração penal" (STJ, HC 235.827/SP, rel. Min. Marco Aurélio Bellizze, 5.ª Turma, j. 03.09.2013).

Concurso de pessoas

a) *Teoria objetivo-formal*: **autor** é quem realiza o **núcleo ("verbo") do tipo penal**, ou seja, a conduta criminosa descrita pelo preceito primário da norma incriminadora. Por sua vez, **partícipe** é quem de qualquer modo concorre para o crime, sem praticar o núcleo do tipo. A adequação típica, na participação, é de subordinação mediata. Nesse contexto, o **autor intelectual** (aquele que planeja mentalmente a conduta criminosa) **é partícipe**, e não autor, eis que não executa o núcleo do tipo penal. Essa teoria é a preferida pela doutrina nacional e tem o mérito de diferenciar precisamente a autoria da participação. Falha, todavia, ao deixar em aberto o instituto da **autoria mediata**.

b) *Teoria objetivo-material*: **autor** é quem presta a contribuição objetiva mais importante para a produção do resultado, e não necessariamente aquele que realiza no núcleo do tipo penal. De seu turno, **partícipe** é quem concorre de forma menos relevante, ainda que mediante a realização do núcleo do tipo.

c) *Teoria do domínio do fato*: criada em 1939, **por Hans Welzel**, com o propósito de ocupar posição intermediária entre as teorias objetiva e subjetiva. Para Welzel a teoria do domínio do fato funciona como pressuposto para determinação da autoria. Essa teoria foi posteriormente aperfeiçoada por Claus Roxin, que lhe conferiu seu modelo atual, segundo o qual **autor é quem possui controle sobre o domínio final do fato**, domina finalisticamente o trâmite do crime e decide acerca da sua prática, suspensão, interrupção e condições.

Punibilidade no concurso de pessoas

O art. 29, *caput*, do Código Penal filiou-se à **teoria unitária ou monista**, segundo a qual todos os que concorrem para um crime por ele respondem, havendo pluralidade de agentes e unidade de crime. A identidade de crime, contudo, não importa automaticamente em identidade de penas, pois o art. 29, *caput*, do Código Penal determina que as penas sejam cominadas **"na medida de sua culpabilidade"**.

Coautoria

É a forma de concurso de pessoas que se caracteriza pela existência de dois ou mais autores unidos entre si pela busca do mesmo resultado. A coautoria pode ser: a) **parcial** ou **funcional** (aquela em que os diversos agentes praticam atos diversos, os quais, somados, produzem o resultado almejado); ou b) **direta** ou **material** (os agentes realizam atos iguais, visando a produção do resultado previsto em lei).

Concurso de pessoas

Participação

É a modalidade de concurso de pessoas em que **o sujeito não realiza diretamente o núcleo do tipo penal, mas de qualquer modo concorre para o crime**.

Requisitos: propósito de colaborar para a conduta do autor (principal) e colaboração efetiva por meio de um comportamento acessório que concorra para a conduta principal.

A participação pode ser: **moral** (a conduta do agente restringe-se a **induzir** ou **instigar** terceira pessoa a cometer uma infração penal) ou **material** (a conduta do sujeito consiste em prestar **auxílio** ao autor da infração penal).

Circunstâncias incomunicáveis

São as que não se estendem, isto é, não se transmitem aos coautores ou partícipes de uma infração penal, pois se referem exclusivamente a determinado agente, incidindo apenas em relação a ele. Nesse sentido, estabelece o art. 30 do Código Penal: "não se comunicam as circunstâncias e as condições de caráter pessoal, salvo quando elementares do crime". É possível extrair três regras desse dispositivo:

1.ª as circunstâncias e condições de caráter pessoal, ou subjetivas, não se comunicam;

2.ª comunicam-se as circunstâncias de caráter real, ou objetivas;

3.ª comunicam-se as elementares, sejam objetivas ou subjetivas;

Concurso de pessoas e crimes de autoria coletiva

O Código Penal dispõe que quem provoca o tumulto tem a pena agravada (art. 62, I), enquanto quem age sob o influxo da multidão, se não a iniciou, merece o abrandamento da punição (art. 65, III, "e"). Mas a doutrina discorda sobre um ponto, qual seja, se a integração a uma multidão criminosa é, por si só, suficiente para demonstrar o vínculo subjetivo entre os agentes, caracterizando o concurso de pessoas.

Concurso de pessoas e crimes culposos

A doutrina nacional é tranquila ao admitir a coautoria em crimes culposos, quando duas ou mais pessoas, conjuntamente, agindo por imprudência, negligência ou imperícia, violam o dever objetivo de cuidado a todos imposto, produzindo um resultado naturalístico. No que tange a participação em crimes culposos, firmou-se a doutrina pátria no sentido de rejeitar essa possibilidade.

Capítulo 8

Concurso de Crimes

1. CONCURSO DE CRIMES

Concurso de crimes é o instituto que se verifica quando o agente, mediante uma ou várias condutas, pratica duas ou mais infrações penais. Pode haver, portanto, unidade ou pluralidade de condutas. Sempre serão cometidas, contudo, duas ou mais infrações penais.

O concurso de crimes pode se manifestar sob três formas: concurso material, concurso formal e crime continuado.

Sistemas de aplicação da pena no concurso de crimes:

- **Sistema do cúmulo material**: aplica-se ao réu o somatório das penas de cada uma das infrações penais pelas quais foi condenado. Foi adotado em relação ao **concurso material** (art. 69), ao **concurso formal imperfeito ou impróprio** (art. 70, *caput*, 2.ª parte), e, pelo texto da lei, ao **concurso das penas de multa** (art. 72).
- **Sistema do cúmulo exasperação**: aplica-se somente a pena da infração penal mais grave praticada pelo agente, aumentada de determinado percentual. Foi acolhido em relação ao **concurso formal próprio ou perfeito** (art. 70, *caput*, 1.ª parte) e ao **crime continuado** (art. 71).
- **Sistema da absorção**: aplica-se exclusivamente a pena da infração penal mais grave, dentre as diversas praticadas pelo agente, sem qualquer aumento. Foi consagrado pela jurisprudência em relação aos **crimes falimentares** praticados pelo falido. A unidade do crime falimentar, contudo, não impede o concurso material ou formal entre um crime falimentar e outro delito comum.

1.1. Concurso material

Concurso material ou **real**: o agente, por meio de duas ou mais condutas, pratica dois ou mais crimes, pouco importando se os fatos ocorreram ou não no mesmo contexto fático. Está disciplinado pelo art. 69 do Código Penal:

> **Art. 69.** Quando o agente, mediante mais de uma ação ou omissão, pratica dois ou mais crimes, idênticos ou não, aplicam-se cumulativamente as penas privativas de liberdade em que haja incorrido. No caso de aplicação cumulativa de penas de reclusão e de detenção, executa-se primeiro aquela.

§ 1.º Na hipótese deste artigo, quando ao agente tiver sido aplicada pena privativa de liberdade, não suspensa, por um dos crimes, para os demais será incabível a substituição de que trata o art. 44 deste Código.

§ 2.º Quando forem aplicadas penas restritivas de direitos, o condenado cumprirá simultaneamente as que forem compatíveis entre si e sucessivamente as demais.

Requisitos:

- **pluralidade de condutas;** e
- **pluralidade de resultados**.

O concurso material pode ser:

- **homogêneo**, quando os crimes são idênticos;
- **heterogêneo**, quando os crimes são diversos.

Aplica-se ao réu o somatório das penas de cada uma das infrações penais pelas quais foi condenado (sistema do cúmulo material).

> **Atenção**
>
> **Se houver conexão entre as infrações penais,** com a consequente unidade processual, **a regra do concurso material é aplicada pelo juiz que profere a sentença condenatória**. O magistrado, em respeito ao princípio constitucional da individualização da pena, deve fixar, separadamente, a pena de cada uma das infrações penais. Em seguida, na própria sentença, procede à soma de todas elas.
>
> Caso, porém, **não exista conexão entre as diversas infrações penais,** sendo elas, consequentemente, objeto de ações penais diversas, as disposições inerentes ao concurso material serão aplicadas pelo **juízo da execução.** Com o trânsito em julgado das sentenças, todas as condenações são reunidas na mesma execução, e aí se procederá à soma das penas, na forma prevista no art. 66, III, "a", da Lei de Execução Penal.

> **Importante**
>
> 1. Se for imposta pena de reclusão para um dos crimes e de detenção para o outro, executa-se inicialmente a de reclusão (CP, art. 69, caput, 2.ª parte).
>
> O § 1.º do art. 69 do Código Penal revela a possibilidade de se cumular, na aplicação das penas de crimes em concurso material, uma pena privativa de liberdade, desde que tenha sido concedido sursis, com uma restritiva de direitos. Por lógica, também será admissível a aplicação de pena restritiva de direitos quando ao agente

tiver sido imposta pena privativa de liberdade, com regime aberto para seu cumprimento, eis que será possível a execução simultânea de ambas.

De acordo com o art. 69, § 2.º, do Código Penal, o condenado cumprirá simultaneamente as penas restritivas de direitos que forem compatíveis entre si, e sucessivamente as demais. Admite-se, por exemplo, o cumprimento simultâneo de prestação de serviços à comunidade e prestação pecuniária. Se forem, todavia, duas penas de limitação de final de semana, serão cumpridas sucessivamente.

2. A suspensão condicional do processo somente é admissível quando, no concurso material, a somatória das penas impostas ao acusado preencha os pressupostos do art. 89 da Lei 9.099/1995. O total das penas mínimas, portanto, deve ser igual ou inferior a 1 (um) ano.

1.2. Concurso formal

Concurso formal ou **ideal**: é aquele em que o agente, mediante uma única conduta, pratica dois ou mais crimes, idênticos ou não. Como dispõe o art. 70 do Código Penal:

> **Art. 70.** Quando o agente, mediante uma só ação ou omissão, pratica dois ou mais crimes, idênticos ou não, aplica-se-lhe a mais grave das penas cabíveis ou, se iguais, somente uma delas, mas aumentada, em qualquer caso, de um sexto até metade. As penas aplicam-se, entretanto, cumulativamente, se a ação ou omissão é dolosa e os crimes concorrentes resultam de desígnios autônomos, consoante o disposto no artigo anterior.
>
> **Parágrafo único.** Não poderá a pena exceder a que seria cabível pela regra do art. 69 deste Código.

Requisitos:

- **Unidade de conduta**: a unidade de conduta somente se concretiza quando os atos são realizados no mesmo contexto temporal e espacial. Com efeito, a unidade de conduta não importa, obrigatoriamente, em ato único, pois há condutas fracionáveis em diversos atos, como no caso daquele que mata alguém (conduta) mediante diversos golpes de punhal (atos);
- **Pluralidade de resultados**.

    O concurso formal pode ser:

- **Homogêneo**: quando os crimes são idênticos. Exemplo: três homicídios culposos praticados na direção de veículo automotor.
- **Heterogêneo**: quando os delitos são diversos. Exemplo: "A", dolosamente, efetua disparos de arma de fogo contra "B", seu desafeto, matando-o. O projétil, entretanto, perfura o corpo da vítima, resultando em lesões culposas em terceira pessoa.
- **Perfeito**: é a espécie de concurso formal em que o agente realiza a conduta típica, que produz dois ou mais resultados, sem agir com desígnios autônomos. Desígnio

autônomo é o propósito de produzir, com uma única conduta, mais de um crime. É fácil concluir, portanto, que o concurso formal perfeito ou próprio ocorre entre crimes culposos, ou então entre um crime doloso e um crime culposo. Em relação ao **concurso formal perfeito** ou **próprio**, o Código Penal acolheu o **sistema da exasperação**, no qual se aplica a pena de qualquer dos crimes, se idênticos, ou então a mais grave, aumentada, em qualquer caso, de um sexto até a metade. O critério que norteia o juiz para fixar o aumento da pena entre os patamares legalmente previstos é, exclusivamente, o número de crimes cometidos pelo agente. Estatui o parágrafo único do art. 70 do Código Penal: "não poderá a pena exceder a que seria cabível pela regra do art. 69 deste Código". Em alguns casos o sistema do cúmulo material é melhor do que o da exasperação, prevalecendo sobre este. Fala-se, no caso, em **concurso material benéfico** ou **favorável**.

- **Imperfeito**: é a modalidade de concurso formal que se verifica quando a conduta dolosa do agente e os crimes concorrentes derivam de desígnios autônomos. Portanto, envolve **crimes dolosos**, qualquer que seja sua espécie (dolo direto ou dolo eventual). No que diz respeito ao **concurso formal impróprio** ou **imperfeito**, o art. 70, *caput*, 2.ª parte, do Código Penal consagrou o **sistema do cúmulo material**. Tal como no concurso material, serão somadas as penas de todos os crimes produzidos pelo agente.

Teorias acerca do concurso formal de crimes:

a) **Teoria subjetiva**: exige-se unidade de desígnios na conduta do agente para a configuração do concurso formal.

b) **Teoria objetiva**: bastam a unidade de conduta e a pluralidade de resultados para a caracterização do concurso formal. Pouco importa se o agente agiu ou não com unidade de desígnios. Foi acolhida pelo Código Penal, uma vez que o art. 70, *caput*, 2.ª parte, admite o concurso formal imperfeito.

1.3. Crime continuado

Crime continuado: o agente, por meio de duas ou mais condutas, comete dois ou mais crimes da mesma espécie e, pelas condições de tempo, local, modo de execução e outras semelhantes, devem os subsequentes ser havidos como continuação do primeiro. Nos termos do art. 71 do Código Penal:

> **Art. 71.** Quando o agente, mediante mais de uma ação ou omissão, pratica dois ou mais crimes da mesma espécie e, pelas condições de tempo, lugar, maneira de execução e outras semelhantes, devem os subsequentes ser havidos como continuação do primeiro, aplica-se-lhe a pena de um só dos crimes, se idênticas, ou a mais grave, se diversas, aumentada, em qualquer caso, de 1/6 (um sexto) a 2/3 (dois terços).
>
> **Parágrafo único.** Nos crimes dolosos, contra vítimas diferentes, cometidos com violência ou grave ameaça à pessoa, poderá o juiz, considerando a culpabilidade, os antecedentes, a conduta social e a personalidade do agente, bem como os motivos e as circunstâncias, aumentar a pena de um só dos crimes, se idênti-

cas, ou a mais grave, se diversas, até o triplo, observadas as regras do parágrafo único do art. 70 e do art. 75 deste Código.

Requisitos:

- **pluralidade de condutas**;
- **pluralidade de crimes da mesma espécie**:
    a) **1.ª posição** (majoritária em sede jurisprudencial): crimes da mesma espécie são aqueles **tipificados pelo mesmo dispositivo legal**, consumados ou tentados, seja na forma simples, privilegiada ou qualificada, e devem ser idênticos os bens jurídicos tutelados;
    b) **2.ª posição**: sustenta serem crimes da mesma espécie aqueles que **tutelam o mesmo bem jurídico, pouco importando se estão ou não previstos no mesmo tipo penal**; e
- **condições semelhantes de tempo, lugar, maneira de execução e outras semelhantes**:
    a) **Condições de tempo semelhantes**: não se admite um intervalo excessivo entre um crime e outro. A jurisprudência consagrou um critério objetivo, pelo qual entre um crime parcelar e outro não pode transcorrer um hiato superior a 30 (trinta) dias. Mas, em ação penal pela prática de crime contra a ordem tributária, o Pretório Excelso excepcionalmente admitiu a continuidade delitiva com intervalo temporal de até 3 (três) meses entre as condutas.
    b) **Semelhantes condições de lugar**: a jurisprudência firmou o entendimento de que os diversos delitos devem ser praticados na mesma cidade, ou no máximo em cidades limítrofes, ou ainda contíguas, isto é, próximas entre si.
    c) **Semelhança entre a maneira de execução** pela qual os crimes são praticados: o agente deve seguir sempre um padrão análogo em suas diversas condutas.
    d) **Conexão ocasional**: não foi prevista em lei, mas é exigida por parcela da doutrina e da jurisprudência, em razão de admitir o art. 71, *caput*, do Código Penal, "outras [condições] semelhantes", de modo que o agente, para executar os crimes posteriores, deve se valer da ocasião proporcionada pelo crime anterior.
- **unidade de desígnio**: doutrina e jurisprudência divergem acerca da necessidade desse requisito:
    a) **1.ª posição: Teoria objetivo-subjetiva ou mista:** não basta a presença dos requisitos objetivos previstos no art. 71, *caput*, do Código Penal. Reclama-se também a unidade de desígnio, isto é, os vários crimes resultam de plano previamente elaborado pelo agente. É a posição adotada, entre outros, por Eugenio Raúl Zaffaroni, Magalhães Noronha e Damásio E. de Jesus, e amplamente dominante no âmbito jurisprudencial (STF, HC 109.730/RS, rel. Min. Rosa Weber,

1.ª Turma, j. 02.10.2012, noticiado no *Informativo* 682; STJ, HC 640.830/SP, rel. Min. Nefi Cordeiro, 6.ª Turma, j. 02.03.2021).

b) **2.ª posição**: **Teoria objetiva pura ou puramente objetiva:** basta a presença dos requisitos objetivos elencados pelo art. 71, *caput*, do Código Penal, pois, como o citado dispositivo legal apresenta apenas requisitos objetivos, as "outras semelhantes" condições ali admitidas devem ser de natureza objetiva, exclusivamente. É a posição, na doutrina, de Roberto Lyra, Nélson Hungria e José Frederico Marques.

> **Importante**
>
> Duas teorias principais buscam explicar o fundamento do crime continuado:
>
> a) **Teoria da ficção jurídica**: desenvolvida por Francesco Carrara, como seu próprio nome indica, a continuidade delitiva é uma ficção criada pelo Direito. Existem, na verdade, vários crimes, considerados como um único delito para fins de aplicação da pena.[1] Os diversos **delitos parcelares** formam um crime final. Foi a teoria acolhida pelo art. 71 do Código Penal (STF, HC 100.612/SP, rel. orig. Min. Marco Aurélio, red. p/ o acórdão Min. Roberto Barroso, 1.ª Turma, j. 16.08.2016, noticiado no *Informativo* 835; STJ, RHC 38.675/SP, rel. Min. Jorge Mussi, 5.ª Turma, j. 25.03.2014). A unidade do crime continuado se opera exclusivamente para fins de aplicação da pena. Para as demais finalidades há concurso, tanto que a prescrição, por exemplo, é analisada separadamente em relação a cada delito, como se extrai do art. 119 do Código Penal e da **Súmula 497 do Supremo Tribunal Federal**: "quando se tratar de crime continuado, a prescrição regula-se pela pena imposta na sentença, não se computando o acréscimo decorrente da continuação".
>
> b) **Teoria da realidade**, ou da **unidade real**: idealizada por Bernardino Alimena, vislumbra o crime continuado como um único delito. Para ele, a conduta pode ser composta por um ou vários atos, os quais não necessariamente guardam absoluta correspondência com a unidade ou pluralidade de delitos.[2]

O art. 71 do Código Penal apresenta três espécies de crime continuado:

- **Simples** ou **comum**: é aquele em que as penas dos delitos parcelares são idênticas. Exemplo: três furtos simples. Aplica-se a pena de um só dos crimes, aumentada de 1/6 a 2/3.

---

1 CARRARA, Francesco. *Programa de derecho criminal*. Parte general. Bogotá: Temis, 2004. v. I, p. 343 e ss.
2 ALIMENA, Bernardino. *Principios de derecho penal*. Trad. Eugenio Cuello Callón. Madrid: Victoriano Suárez, 1915. v. 1, p. 492.

- **Qualificado**: as penas dos crimes são diferentes. Exemplo: um furto simples consumado e um furto simples na forma tentada. Aplica-se a pena do crime mais grave, exasperada de 1/6 a 2/3.

No simples e no continuado, o vetor para o aumento da pena entre 1/6 e 2/3 é o número de crimes, exclusivamente, conforme **Súmula 659 do Superior Tribunal de Justiça**. É possível o aumento da pena na fração máxima (2/3) quando não se conhece, com exatidão, o número de delitos praticados pelo agente, desde que sejam vários e prolongados em amplo espaço de tempo (STF, HC 127.158/MG, rel. Min. Dias Toffoli, 2.ª Turma, j. 23.06.2015, noticiado no *Informativo* 791; STJ, Processo em segredo de justiça, rel. Min. Jesuíno Rissato (Desembargador convocado do TJDFT), 6.ª Turma, j. 08.08.2023, noticiado no *Informativo* 782).

- **Específico**: é o previsto no parágrafo único do art. 71 do Código Penal, o qual se verifica nos crimes dolosos, contra vítimas diferentes, cometidos com violência ou grave ameaça à pessoa.[3] Aplica-se a pena de qualquer dos crimes, se idênticas, ou a mais grave, se diversas, aumentada até o triplo. A lei não indica o percentual mínimo de aumento da pena, mas somente o máximo (até o triplo). Em sintonia com o *caput*, deve ser utilizado o mínimo de 1/6, pois, caso contrário, o crime continuado seria inútil por se confundir com o concurso material, ofendendo-se a vontade da lei e a origem do instituto, consistente em tratar de forma benéfica os autores de crimes da mesma espécie ligados entre si pelas mesmas condições de tempo, local, maneira de execução e outras semelhantes. A exasperação da pena, de um sexto até o triplo, deve levar em conta, além do número de crimes, as 6 (seis) circunstâncias judiciais expressamente indicadas no art. 71, parágrafo único, do Código Penal: culpabilidade, antecedentes, conduta social, personalidade do agente, motivos e circunstâncias do crime. A pena do crime continuado não pode exceder a que seria resultante do concurso material (CP, art. 71, parágrafo único, *in fine*).

Atenção

O crime continuado, em qualquer de suas espécies, constitui-se em **causa obrigatória de aumento da pena**, e incide, por corolário, na **terceira fase** de aplicação da pena. Se, entretanto, os crimes parcelares forem objeto de ações penais diversas, em juízos distintos, não unificadas antes do trânsito em julgado, é possível a unificação das penas em sede de execução, com fulcro no art. 82 do Código de Processo Penal: "se, não obstante a conexão ou continência, forem instaurados processos diferentes, a autoridade de jurisdição prevalente deverá avocar os processos que corram perante os outros juízes, salvo se já estiverem com sentença definitiva. Neste caso, a unidade dos processos só se dará, ulteriormente, para o efeito de soma ou de unificação das penas".

---

3 Exige-se a violência real, consistente no emprego de força física contra a vítima, razão pela qual não pode ser reconhecida a continuidade delitiva específica na hipótese de estupros de vulnerável (CP, art. 217-A) contra vítimas diversas (STJ, Processo em segredo de justiça, rel. Min. Reynaldo Soares da Fonseca, 5.ª Turma, j. 05.09.2023, noticiado no *Informativo* 786).

> **Importante**
>
> 1. O crime continuado, pela teoria da ficção jurídica aceita pelo Código Penal, é um único crime para fins de aplicação da sanção penal, sobre o qual deve incidir a exasperação de 1/6 a 2/3, por se tratar de causa obrigatória de aumento da pena. Para se admitir a suspensão condicional do processo (Lei 9.099/1995, art. 89), portanto, é necessário respeitar o limite da pena mínima do crime, de 1 (um) ano, aí já computado o aumento decorrente da continuação. É o que estabelece a **Súmula 723 do Supremo Tribunal Federal**: "não se admite a suspensão condicional do processo por crime continuado, se a soma da pena mínima da infração mais grave com o aumento mínimo de 1/6 (um sexto) for superior a 1 (um) ano".
>
> 2. A teoria da ficção jurídica considera vários crimes como um só para fins de aplicação da pena. Para os demais efeitos subsiste a pluralidade de delitos. Em relação à extinção da punibilidade, destacando-se a prescrição como uma de suas formas, o art. 119 do Código Penal estatui: "no caso de concurso de crimes, a extinção da punibilidade incidirá sobre a pena de cada um, isoladamente".
>
> E, especificamente no tocante à prescrição do crime continuado, estabelece a **Súmula 497 do Supremo Tribunal Federal**: "quando se tratar de crime continuado, a prescrição regula-se pela pena imposta na sentença, não se computando o acréscimo decorrente da continuação".
>
> Exemplo: dois furtos qualificados praticados em continuidade delitiva, com aplicação da pena privativa de liberdade no patamar mínimo. A operação seria: 2 anos (pena mínima) + aumento de 1/6 em face da continuidade delitiva (4 meses) = pena final de 2 (dois) anos e 4 (quatro) meses. Essa pena prescreve em 8 (oito) anos, conforme previsto no art. 109, IV, do Código Penal. Com a aplicação da Súmula 497 do Supremo Tribunal Federal, porém, a prescrição será calculada com base na pena de 2 (dois) anos, desprezando-se o aumento decorrente da continuação. Logo, a prescrição se concretizará em 4 (quatro) anos (CP, art. 109, V).

> **Atenção**
>
> No **crime continuado**, vários delitos, por ficção jurídica, são legalmente considerados como um só, para fins de aplicação da pena. Cada crime parcelar, contudo, tem existência autônoma, e, não fosse a série de continuidade, subsistiria isoladamente como fato punível. Como exemplo, três apropriações indébitas cometidas por um indivíduo nas mesmas condições de tempo, lugar, maneira de execução e outras semelhantes caracterizam um crime continuado, mas não se pode dizer que uma apropriação indébita, por si só, não seja crime.

De seu turno, **crime habitual** é aquele em que cada ato isolado representa um indiferente penal. O crime somente se aperfeiçoa quando a conduta é reiteradamente praticada pelo agente. Exemplificativamente, cada ato de exercício ilegal da medicina, analisado separadamente, é irrelevante, mas a pluralidade de atos iguais acarreta na tipicidade do fato.

Estabelece o art. 72 do Código Penal: "no concurso de crimes, as **penas de multa** são aplicadas distinta e integralmente". Essa conclusão é inquestionável no tocante ao concurso material e ao concurso formal. Mas há forte controvérsia em relação ao crime continuado:

1.ª posição: o art. 72 do Código Penal foi taxativo ao determinar a soma das penas de multa no concurso de crimes, pouco importando a sua modalidade, isto é, se concurso material, formal, ou, ainda, crime continuado. Não se poderia, assim, ser acolhida interpretação diversa, em manifesta oposição ao texto legal. Além disso, a posição geográfica da regra revelaria a intenção do legislador de fazer valer seu mandamento a todas as espécies de concurso de crimes. É a posição dominante em sede doutrinária.

2.ª posição: alegam que a adoção da teoria da ficção jurídica pelo art. 71 do Código Penal implica na aplicação de uma única pena de multa, por se tratar de crime único para fins de dosimetria da sanção penal. Não teria sentido aplicar-se uma só pena privativa de liberdade, e várias penas de multa, para um crime continuado. É a posição majoritária no âmbito jurisprudencial.

O crime continuado é formado por uma pluralidade de crimes da mesma espécie. Pode ocorrer de estar em vigor uma determinada lei para um grupo de delitos, e, com a superveniência de outra lei, mais gravosa, ser praticada uma nova série de crimes, todos eles em continuidade, nos moldes do art. 71, *caput*, do Código Penal. A lei mais gravosa deve ser aplicada a **toda a série delitiva**, pois o agente que insistiu na empreitada criminosa, depois da entrada em vigor da nova lei, tinha a opção de seguir ou não seus mandamentos. Além disso, se o crime continuado é um único delito para fins de aplicação da pena, deve incidir a lei em vigor por ocasião da sua conclusão. Nesse sentido é o teor da **Súmula 711 do Supremo Tribunal Federal**: "a lei penal mais grave aplica-se ao crime continuado ou ao crime permanente, se a sua vigência é anterior à cessação da continuidade ou da permanência".

EM RESUMO:

Concurso de crimes

É o instituto que se verifica quando o agente, mediante uma ou várias condutas, pratica duas ou mais infrações penais.

Concurso material (CP, art. 69): o agente, por meio de duas ou mais condutas, pratica dois ou mais crimes, pouco importando se os fatos ocorreram ou não no mesmo contexto fático. Requisitos: pluralidade de condutas e pluralidade de resultados.

O concurso material pode ser: **homogêneo** (quando os crimes são idênticos) ou **heterogêneo** (quando os crimes são diversos).

Aplica-se ao réu o somatório das penas de cada uma das infrações penais pelas quais foi condenado (sistema do cúmulo material).

Concurso formal (CP, art. 70): é aquele em que o agente, mediante uma única conduta, pratica dois ou mais crimes, idênticos ou não.

Requisitos: unidade de conduta e pluralidade de resultados.

O concurso formal pode ser: **homogêneo** (quando os crimes são idênticos) ou **heterogêneo** (quando os delitos são diversos); **perfeito** (o agente realiza a conduta típica, produzindo dois ou mais resultados, sem agir com desígnios autônomos – **sistema da exasperação**) ou **imperfeito** (a conduta dolosa do agente e os crimes concorrentes derivam de desígnios autônomos – **sistema do cúmulo material**).

Crime continuado (CP, art. 71): o agente, por meio de duas ou mais condutas, comete dois ou mais crimes da mesma espécie e, pelas condições de tempo, local, modo de execução e outras semelhantes, devem os subsequentes ser havidos como continuação do primeiro.

Requisitos: pluralidade de condutas, pluralidade de crimes da mesma espécie e condições semelhantes de tempo, lugar, maneira de execução e outras semelhantes. A jurisprudência majoritária entende que a unidade de desígnio também é um requisito (**Teoria objetivo-subjetiva ou mista**).

O crime continuado pode ser: **simples** (as penas dos delitos parcelares são idênticas – aplica-se a pena de um só dos crimes, aumentada de 1/6 a 2/3), **qualificado** (as penas dos crimes são diferentes – aplica-se a pena do crime mais grave, exasperada de 1/6 a 2/3) ou **específico** (se verifica nos crimes dolosos, contra vítimas diferentes, cometidos com violência ou grave ameaça à pessoa – aplica-se a pena de qualquer dos crimes, se idênticas, ou a mais grave, se diversas, aumentada até o triplo).

Capítulo 9

Das Penas

Pena é a reação que uma comunidade politicamente organizada opõe a um fato que viola uma das normas fundamentais da sua estrutura e, assim, é definido na lei como crime.

O bem jurídico de que o condenado pode ser privado ou sofrer limitação varia: liberdade (pena privativa de liberdade), patrimônio (multa, prestação pecuniária e perda de bens e valores), vida (pena de morte, na excepcional hipótese prevista no art. 5.º, XLVII, "a", da CF) ou outro direito qualquer, em conformidade com a legislação em vigor (penas restritivas de direitos).

1. ESPÉCIES

1) Pena privativa de liberdade

Retira do condenado o seu direito de locomoção, em razão da prisão por tempo determinado. Não se admite a privação perpétua da liberdade (CF, art. 5.º, XLVII, "b"), mas somente a de natureza temporária, pelo período máximo de 40 (quarenta) anos para crimes (CP, art. 75) ou de 5 (cinco) anos para contravenções penais (LCP, art. 10).

O direito penal brasileiro admite três espécies de penas privativas de liberdade:

a) Reclusão (CP, art. 33, *caput*)

A pena de reclusão deve ser cumprida inicialmente em regime fechado, semiaberto ou aberto (CP, art. 33, *caput*, 1.ª parte). Os critérios para a determinação do regime são os seguintes, a teor das alíneas "a", "b" e "c" do § 2.º do art. 33 do Código Penal:

- o reincidente inicia o cumprimento da pena privativa de liberdade no regime fechado, independentemente da quantidade da pena aplicada. Para amenizar essa regra o **Superior Tribunal de Justiça** editou a **Súmula 269**: "é admissível a adoção do regime prisional semiaberto aos reincidentes condenados a pena igual ou inferior a 4 (quatro) anos se favoráveis as circunstâncias judiciais";[1]

- o primário, cuja pena seja superior a 8 (oito) anos deverá começar a cumpri-la no regime fechado;
- o primário, cuja pena seja superior a 4 (quatro) anos e não exceda a 8 (oito), poderá, desde o princípio, cumpri-la em regime semiaberto; e
- o primário, cuja pena seja igual ou inferior a 4 (quatro) anos poderá, desde o início, cumpri-la em regime aberto.

É possível, todavia, que seja imposto em relação ao condenado primário um regime inicial mais rigoroso do que o permitido exclusivamente pela quantidade da pena aplicada. Com efeito, dispõe o art. 33, § 3.º, do Código Penal: "a determinação do regime inicial de cumprimento da pena far-se-á com observância dos critérios previstos no art. 59 deste Código". Destarte, nada impede, exemplificativamente, a fixação do regime fechado a condenado primário condenado a 5 (cinco) anos de reclusão, se as circunstâncias judiciais do art. 59, *caput*, do Código Penal lhe forem desfavoráveis.

Não basta, para tanto, o julgador reportar-se apenas à gravidade abstrata do crime, pois, como estatui a **Súmula 718 do Supremo Tribunal Federal**: "a opinião do julgador sobre a gravidade em abstrato do crime não constitui motivação idônea para a imposição de regime mais severo do que o permitido segundo a pena aplicada".

De acordo com a **Súmula 719 do Supremo Tribunal Federal**: "a imposição do regime de cumprimento mais severo do que a pena aplicada permitir exige motivação idônea".

b) *Detenção* (CP, art. 33, *caput*)

A pena de detenção deve ser cumprida inicialmente em regime semiaberto ou aberto (CP, art. 33, *caput, in fine*). Não se admite o início de cumprimento da pena privativa de liberdade no fechado, nada obstante seja possível a regressão a esse regime.

Os critérios para fixação do regime inicial de cumprimento da pena de detenção são os seguintes:

- o condenado reincidente inicia o cumprimento da pena privativa de liberdade no regime semiaberto, seja qual for a quantidade da pena aplicada;
- o primário, cuja pena seja superior a 4 (quatro) anos, deverá cumpri-la no regime semiaberto; e
- o primário, cuja pena seja igual ou inferior a 4 (quatro) anos, poderá, desde o início, cumpri-la no regime aberto.[2]

---

1 Existem opiniões no sentido de que o reincidente condenado a pena de reclusão igual ou inferior a quatro anos pode iniciar o seu cumprimento no regime aberto, desde que a condenação anterior tenha sido exclusivamente à pena de multa. Aplica-se analogicamente o art. 77, § 1.º, do Código Penal: se a condenação anterior à pena de multa não impede o *sursis*, também não pode vedar o regime inicial aberto.

2 Já decidiu o Supremo Tribunal Federal, entretanto, que não existe direito subjetivo ao cumprimento da pena no regime aberto (HC 84.306/PR, rel. Min. Gilmar Mendes, 2.ª Turma, j. 06.03.2007).

c) Prisão simples (LCP, art. 5.º, I)

A pena de prisão simples, cabível unicamente para as contravenções penais, deve ser cumprida, sem rigor penitenciário, em estabelecimento especial ou seção especial de prisão comum, em regime semiaberto ou aberto. O condenado à prisão simples fica sempre separado dos condenados à pena de reclusão ou de detenção (LCP, art. 6.º, *caput* e § 1.º).

Não há regime fechado, seja inicialmente, seja em decorrência de regressão. Além disso, o trabalho é facultativo, se a pena aplicada não excede a 15 (quinze) dias, nos termos do art. 6.º, § 2.º, do Decreto-lei 3.688/1941 – Lei das Contravenções Penais.

> **Importante**
>
> Regime ou sistema penitenciário é o meio pelo qual se efetiva o cumprimento da pena privativa de liberdade. O art. 33, § 1.º, do Código Penal elenca três regimes:
>
> a) **fechado:** a pena privativa de liberdade é executada em estabelecimento de segurança máxima ou média;
>
> b) **semiaberto:** a pena privativa de liberdade é executada em colônia agrícola, industrial ou estabelecimento similar;
>
> c) **aberto:** a pena privativa de liberdade é executada em casa de albergado ou estabelecimento adequado. O regime aberto baseia-se na **autodisciplina** e **senso de responsabilidade** do condenado (CP, art. 36, *caput*).

2) Pena restritiva de direitos

Limita um ou mais direitos do condenado, em substituição à pena privativa de liberdade. Está prevista no art. 43 do Código Penal e por alguns dispositivos da legislação extravagante.

As penas restritivas de direito possuem duas características marcantes, indicadas pelos arts. 44 e 54 do Código Penal:

- **Substitutividade:** resultam do procedimento judicial que, depois de aplicar uma pena privativa de liberdade com obediência ao critério trifásico, efetua a sua substituição por uma ou mais penas restritivas de direitos, desde que presentes os requisitos legais. Isso ocorre em razão de os tipos penais não possuírem, no preceito secundário, a previsão direta de penas restritivas de direitos, as quais estão definidas pela Parte Geral do Código Penal. De fato, os tipos incriminadores, depois de definirem a conduta criminosa, não dizem, exemplificativamente: "pena: prestação de serviços à comunidade, por 1 (um) ano". A Lei 11.343/2006 – Lei de Drogas, contudo, abriu nítida exceção a essa regra, no tocante ao crime tipificado pelo art. 28 (posse de droga para consumo pessoal), ao qual não se impõe pena privativa de liberdade, mas imediatamente penas restritivas de direitos consistentes em advertência sobre os efeitos das drogas, prestação de serviços à comunidade e medida educativa de comparecimento a programa ou curso educativo.

- **Autonomia**: uma vez substituídas, não podem ser cumuladas com a pena privativa de liberdade. Em suma, o magistrado deve aplicar isoladamente uma pena privativa de liberdade para, em seguida, substituí-la por uma ou mais restritivas de direitos. É vedado, contudo, somá-las. Além disso, durante a execução penal o Poder Judiciário deve regular o cumprimento da pena restritiva de direitos, olvidando-se da pena privativa de liberdade, exceto se for necessário o seu restabelecimento nas hipóteses extraordinariamente previstas em lei.

> **Você precisa ler**
>
> **Exceções à autonomia das penas restritivas de direitos:**
> - Lei 9.503/1997 – Código de Trânsito Brasileiro: previu em diversos delitos a aplicação conjunta de penas privativa de liberdade e restritiva de direitos, como se observa dos arts. 302 (homicídio culposo na direção de veículo automotor), 303 (lesão corporal culposa na direção de veículo automotor), 306 (embriaguez ao volante), 307 (violação de proibição ou restrição para direção de veículo automotor) e 308 (participação em competição não autorizada). E se não bastasse, afirmou expressamente em seu art. 292: "a suspensão ou a proibição de se obter a permissão ou a habilitação para dirigir veículo automotor pode ser imposta isolada ou cumulativamente com outras penalidades".
> - Lei 8.078/1990 – Código de Defesa do Consumidor: "art. 78. Além das penas privativas de liberdade e de multa, podem ser impostas, cumulativa ou alternadamente, observado o disposto nos arts. 44 a 47, do Código Penal: I – a interdição temporária de direitos; II – a publicação em órgãos de comunicação de grande circulação ou audiência, às expensas do condenado, de notícia sobre os fatos e a condenação; III – a prestação de serviços à comunidade."

As penas restritivas de direitos possuem os seguintes requisitos:

a) **Requisitos objetivos:**

- *Natureza do crime (CP, art. 44, I)*: em se tratando de **crime doloso**, deve ter sido **cometido sem violência ou grave ameaça à pessoa**. Quanto à **violência imprópria**, isto é, aquela em que não há emprego de força física contra a vítima, mas o agente a reduz por qualquer meio à impossibilidade de resistência, o entendimento dominante é de não ser possível a substituição, pois a violência imprópria nada mais é do que uma forma específica de violência.

Discute-se também se seria admissível a substituição nos casos de **infrações penais de menor potencial ofensivo**, quando praticadas com emprego de violência ou grave ameaça à pessoa, tais como lesão corporal de natureza leve, ameaça e constrangimento ilegal. Prevalece o entendimento de que, se é possível até mesmo a composição dos danos civis, em determinados casos, e frequentemente a transação penal, institutos muito mais benéficos, não seria pertinente a vedação da substituição da pena privativa de liberdade por restritiva de direitos.

Na hipótese de **crimes culposos**, entende-se ser possível a substituição em todos eles, ainda que resulte na produção de violência contra a pessoa, tal como no homicídio culposo, tanto do Código Penal (art. 121, § 3.º) como do Código de Trânsito Brasileiro (art. 302).

- *Quantidade da pena aplicada (CP, art. 44, I)*: preocupou-se o legislador com a **pena efetivamente aplicada na situação concreta**, independentemente daquela cominada pelo preceito secundário do tipo penal. Nos crimes dolosos, desde que não tenham sido cometidos com emprego de violência ou grave ameaça à pessoa, o limite é de **4 (quatro) anos**. Em se tratando de concurso de crimes, a substituição da pena privativa de liberdade por restritiva de direitos somente será possível quando o total das reprimendas não ultrapasse o limite de quatro anos previsto no art. 44, I, do CP. Em relação aos **crimes culposos**, é possível a substituição por pena restritiva de direitos, qualquer que seja a quantidade de pena privativa de liberdade imposta.

> **Atenção**
>
> Nos crimes de homicídio culposo e lesão corporal culposa (grave ou gravíssima) na direção de veículo automotor com embriaguez ao volante (CTB, arts. 302, § 3.º, e 303, § 2.º) é expressamente vedada a substituição da pena privativa por restritivas de direitos, em face da determinação contida no art. 312-B da Lei 9.503/1997 – Código de Trânsito Brasileiro.

b) *Requisitos subjetivos:*
- *Não ser reincidente em crime doloso (CP, art. 44, II)*: conclui-se, indiretamente, não ser a reincidência em crime culposo impeditiva da substituição da pena privativa de liberdade por restritiva de direitos. E, mesmo para o reincidente em crime doloso, abre-se uma exceção: o juiz poderá aplicar a substituição, desde que, em face de condenação anterior, a medida seja socialmente re-

comendável e a reincidência não se tenha operado em virtude da prática do mesmo crime (CP, art. 44, § 3.º).

- *Princípio da suficiência (CP, art. 44, III)*: como estatui o art. 44, III, do Código Penal: "a culpabilidade, os antecedentes, a conduta social e a personalidade do condenado, bem como os motivos e as circunstâncias indicarem que essa substituição seja suficiente". A pena restritiva de direitos precisa ser adequada e suficiente para atingir as finalidades da pena. Por corolário, não cabe a substituição quando a pena-base tiver sido fixada acima do mínimo legal, em razão do reconhecimento judicial expresso e fundamentado das circunstâncias desfavoráveis, em face do não atendimento do art. 44, III, do Código Penal.

2.2. Penas restritivas de direitos em espécie

a) **Prestação pecuniária** (CP, art. 43, I): consiste no pagamento em dinheiro à vítima, a seus dependentes, ou a entidade pública ou privada com destinação social, de importância fixada pelo juiz, não inferior a 1 (um) salário mínimo nem superior a 360 (trezentos e sessenta) salários mínimos (CP, art. 45, § 1.º, 1.ª parte).

Para identificação dos dependentes deve ser utilizada analogicamente a relação contida no art. 16 da Lei 8.213/1991. Qualquer entidade pública pode ser beneficiária do valor correspondente à prestação pecuniária, mas, em se tratando de entidade privada, exige-se que tenha destinação social.

Em se tratando de sanção penal, a prestação pecuniária se reveste de **caráter unilateral, impositivo e cogente**, razão pela qual independe de aceitação da pessoa por ela favorecida.

b) **Perda de bens e valores** (CP, art. 43, II): consiste na retirada de bens e valores integrantes do **patrimônio lícito** do condenado, transferindo-os ao Fundo Penitenciário Nacional. Seu valor terá como teto – o que for maior – o montante do prejuízo causado ou do proveito obtido pelo agente ou por terceiro, em consequência da prática do crime (CP, art. 45, § 3.º).

A possibilidade de aplicação dessa pena se dá exclusivamente a **crimes**, não podendo ser utilizada para contravenções penais. Além disso, exige-se que o crime tenha produzido algum tipo de prejuízo à vítima ou ainda proporcionado vantagem patrimonial ao responsável pelo crime ou a terceira pessoa. Nessa linha de raciocínio, exemplificativamente, seria uma pena adequada a um crime de furto, mas incabível para crime de participação, na direção de veículo automotor, em competição não autorizada (Lei 9.503/1997 – Código de Trânsito Brasileiro, art. 308).

Em face do caráter pessoal da pena (princípio da personalidade, da intransmissibilidade ou da intranscendência), previsto no art. 5.º, XLV, da Constituição Federal, a perda de bens e valores não pode ultrapassar a pessoa do condenado. Portanto, é vedado atingir o patrimônio de terceiros.

A perda de bens e valores e o confisco não se confundem. Aquela é uma pena restritiva de direitos (CP, art. 45, § 3.º), ao passo que este é efeito genérico e automático da condenação (CP, art. 91, II). O confisco incide sobre os instrumentos ou sobre o produto do crime, **de cunho ilícito**, enquanto a perda de bens e valores recai sobre o **patrimônio lícito** do condenado.

c) **Limitação de fim de semana** (CP, art. 43, III): essa modalidade está regulada no Brasil pelo art. 48 do Código Penal: "**Art. 48.** A limitação de fim de semana consiste na obrigação de permanecer, aos sábados e domingos, por 5 (cinco) horas diárias, em casa de albergado ou outro estabelecimento adequado. **Parágrafo único.** Durante a permanência poderão ser ministrados ao condenado cursos e palestras ou atribuídas atividades educativas". É pouco aplicada, uma vez que praticamente não existem casas de albergado.

d) **Prestação de serviço à comunidade ou a entidades públicas** (CP, art. 43, IV): consiste na atribuição de **tarefas gratuitas** ao condenado, em entidades assistenciais, hospitais, escolas, orfanatos e outros estabelecimentos congêneres, em programas comunitários ou estatais (CP, art. 46, §§ 1.º e 2.º). Essa pena somente é aplicável às **condenações superiores a 6 (seis) meses** de privação da liberdade (CP, art. 46, *caput*). As tarefas serão atribuídas conforme as aptidões do condenado (CP, art. 46, § 3.º), sendo vedada atividade cruel, ociosa, vexatória ou humilhante, que em nada se compatibilizaria com as finalidades da pena. Da mesma forma, não é possível a imposição de prestação de serviços em igreja ou qualquer tipo de templo religioso, por não se tratar de serviço à **comunidade**, além de ofender o caráter laico do Estado (CF, art. 19, I).

As tarefas devem ser cumpridas à razão de **1 (uma) hora de tarefa por dia de condenação**, fixadas de modo a não prejudicar a jornada normal de trabalho (CP, art. 46, § 3.º). Adotou-se, nesse ponto, o sistema da **hora-tarefa**.

Se a pena substituída for superior a 1 (um) ano, é facultado ao condenado cumprir a pena alternativa **em menor tempo, nunca inferior à metade da pena privativa de liberdade fixada** (CP, art. 46, § 4.º).

As tarefas executadas como prestação de serviços à comunidade não serão remuneradas (LEP, art. 30), e também não geram vínculo empregatício com o Estado (LEP, art. 28, § 2.º).

A execução da pena de prestação de serviços à comunidade tem início a partir da data do primeiro comparecimento do condenado à entidade beneficiada (LEP, art. 149, § 2.º). Cabe ao juiz da execução, nos termos do art. 149 da Lei de Execução Penal: I – designar a entidade ou programa comunitário ou estatal, devidamente credenciado ou convencionado, junto ao qual o condenado deverá trabalhar gratuitamente, de acordo com as suas aptidões; II – determinar a intimação do condenado, cientificando-o da entidade, dias e horários em que deverá cumprir a pena; e III – alterar a forma de execução, a fim de ajustá-la às modificações ocorridas na jornada de trabalho. A entidade beneficiada com a prestação de serviços encaminhará, **mensalmente**, ao juiz da execução, relatório circunstanciado das atividades do condenado, bem como, a qualquer tempo, comunicação sobre ausência ou falta disciplinar (LEP, art. 150).

e) **Interdição temporária de direitos** (CP, art. 43, V): essas penas estão elencadas pelo art. 47 do Código Penal:

I – proibição do exercício de cargo, função ou atividade pública, bem como de mandato eletivo: Essa pena restritiva de direitos é **específica**, uma vez que somente é aplicável ao crime cometido no exercício de profissão, atividade, ofício, cargo ou função, sempre que houver violação dos deveres que lhes são inerentes (CP, art. 56). Diz respeito à **vida pública** do condenado. Com o integral cumprimento da pena, encerra-se a proibição do exercício do direito. Essa pena não se confunde com o **efeito da condenação** relativo à **perda de cargo, função pública ou mandato eletivo**, definido pelo art. 92, I, do Código Penal.

II – proibição do exercício de profissão, atividade ou ofício que dependam de habilitação especial, de licença ou autorização do poder público: cuida-se também de pena restritiva de direitos **específica**, aplicável exclusivamente ao crime cometido no exercício de profissão, atividade, ofício, cargo ou função, sempre que houver violação dos deveres que lhes são inerentes (CP, art. 56). Refere-se, contudo, à **esfera privada** de atuação do condenado, embora dependente de habilitação especial, de licença ou autorização do poder público.

III – suspensão de autorização ou de habilitação para dirigir veículo: Essa pena aplica-se somente aos crimes culposos de trânsito (CP, art. 57). Mas, como tais crimes encontram-se atualmente previstos em sua maioria pelo Código de Trânsito Brasileiro – Lei 9.503/1997, esse dispositivo foi por ele tacitamente revogado.

IV – proibição de frequentar determinados lugares: Essa pena, embora definida pelo art. 47, IV, do Código Penal como restritiva de direitos é, na verdade, uma restrição da liberdade, pois o condenado é atingido diretamente em sua liberdade de locomoção. Além disso, a proibição de frequentar determinados lugares é também uma condição do *sursis* especial (CP, art. 78, § 2.º, "a").

V – proibição de inscrever-se em concurso, avaliação ou exame públicos: Nada obstante esta pena restritiva de direitos guarde estreita relação com o crime tipificado no art. 311-A do Código Penal (fraudes em certames de interesse público), sua aplicação – a critério do magistrado – é possível aos condenados em geral, se presentes os requisitos elencados pelo art. 44 do Código Penal. Com efeito, a condenação por diversos delitos recomenda a vedação do acesso às funções e cargos públicos, pela ausência de lisura e de idoneidade moral do agente, a exemplo do que se dá no estelionato, nos crimes contra a Administração Pública, nos crimes em licitações e contratos administrativos, entre tantos outros. Trata-se, portanto, de pena restritiva de direitos genérica, pois seu raio de incidência não se limita ao crime definido no art. 311-A do Código Penal.

> **Importante**
>
> **Tráfico de drogas**: A pena cominada ao crime de tráfico de drogas, tanto na forma simples como na modalidade equiparada (Lei 11.343/2006 – Lei de Drogas, art. 33, *caput* e § 1.º), é de reclusão, de 5 (cinco) a 15 (quinze) anos, e 500 a 1.500 dias-multa. Contudo, nas situações em que o agente for primário e de bons antecedentes, não se dedicar a atividades criminosas nem integrar organizações criminosas, as penas (privativa de liberdade e multa) poderão ser reduzidas de 1/6 (um sexto) a 2/3 (dois terços), nos termos do art. 33, § 4.º, da Lei 11.343/2006. Nesses casos, é possível a aplicação da pena abaixo do teto de 4 (quatro) anos ao sujeito condenado pelo crime de tráfico de drogas. A Lei 11.343/2006 (arts. 33, § 4.º, e 44, *caput*), visando afastar qualquer controvérsia, impediu expressamente a substituição da pena privativa de liberdade por restritivas de direitos no tráfico de drogas. O Supremo Tribunal Federal, entretanto, decidiu pela inconstitucionalidade das regras impeditivas da substituição da pena privativa de liberdade, por ofensa ao **princípio da individualização da pena**. Destarte, admite-se a aplicação de penas restritivas de direitos, desde que presentes os requisitos elencados pelo art. 44 do Código Penal.
>
> **Violência doméstica ou familiar contra a mulher e penas restritivas de direitos**: Estabelece o art. 17 da Lei 11.340/2006 – Lei Maria da Penha: "é vedada a aplicação, nos casos de violência doméstica e familiar contra a mulher, de penas de cesta básica ou outras de prestação pecuniária, bem como a substituição de pena que implique o pagamento isolado de multa". A Lei Maria da Penha não vedou expressamente a substituição da pena privativa de liberdade por restritiva de direitos em qualquer situação, mas somente naquelas expressamente indicadas. A jurisprudência, contudo, visando conferir maior proteção à mulher, tem decidido pela proibição total de aplicação de penas restritivas de direitos nos crimes ou nas contravenções penais com violência doméstica ou familiar contra ela praticados (STF, HC 129.446/MS, rel. Min. Teori Zavascki, 2.ª Turma, j. 20.10.2015, noticiado no *Informativo* 804; HC 137.888/MS, rel. Min. Rosa Weber, 1.ª Turma, j. 31.10.2017, noticiado no *Informativo* 884; STJ, Súmula 588).

3) Pena de multa

Incide sobre o patrimônio do condenado.

O valor da pena de multa deve ser revertido ao Fundo Penitenciário, Nacional ou Estadual, a depender do caso concreto, como se extrai da regra inscrita no art. 49, *caput*, do Código Penal. Já na sistemática implementada pelo art. 73 da Lei 9.605/1998

– Lei dos Crimes Ambientais, os valores arrecadados em pagamento de multas por infração ambiental serão revertidos ao Fundo Nacional do Meio Ambiente, ao Fundo Naval, ao Fundo Nacional para Calamidades Públicas, Proteção e Defesa Civil (Funcap), e aos fundos estaduais ou municipais de meio ambiente ou correlatos.

O Código Penal adota, por força do art. 2.º da Lei 7.209/1984 – Reforma da Parte Geral do Código Penal –, o critério do **dia-multa**, pelo qual o preceito secundário de cada tipo penal se limita a cominar a pena de multa, sem indicar seu valor, o qual deve ser calculado com base nos critérios previstos no art. 49 do Código Penal. Em face da redação do art. 12 do Código Penal, essa regra não impede a existência de exceções, ou seja, é possível que leis especiais se valham, pontualmente, de critérios diversos.

Aos crimes em licitações e contratos administrativos são cominadas, cumulativamente, pena privativa de liberdade e pena de multa. Nesses crimes, a pena de multa é calculada de acordo com os parâmetros delineados no art. 49 do Código Penal. O art. 337-P do Código Penal faz uma ressalva: a pena de multa não poderá ser inferior a 2% do **valor do contrato licitado ou celebrado com contratação direta**. Esse limite mínimo somente é cabível nas hipóteses de contratos diretamente celebrados, ou seja, sem prévia licitação. Nos contratos antecedidos de procedimento licitatório, não há falar no piso de 2% do valor do contrato.

4) Pena restritiva da liberdade

Restringe o direito de locomoção do condenado, sem privá-lo da liberdade, isto é, sem submetê-lo à prisão. É o caso da pena de banimento, consistente na expulsão de brasileiro do território nacional, vedada pelo art. 5.º, XLVII, "d", da Constituição Federal. É possível a instituição, por lei, de pena restritiva da liberdade, em face de autorização constitucional (art. 5.º, XLVI, "a"). Exemplo: proibir o condenado por crime sexual de aproximar-se da residência da vítima. A deportação, a expulsão e a extradição de estrangeiros são admissíveis, uma vez que têm natureza administrativa, e não penal, e encontram-se previstas nos arts. 50 a 60 e 81 a 99 da Lei 13.445/2017 – Lei de Migração.

5) Pena corporal

Viola a integridade física do condenado, tal como ocorre nas penas de açoite, de mutilações e de marcas de ferro quente. Essas penas são vedadas pelo art. 5.º, XLVII, "e", da Constituição Federal, em face da crueldade de que se revestem. Admite-se, excepcionalmente, a pena de morte, em caso de guerra declarada contra agressão estrangeira (CF, art. 5.º, XLVII, "a"), nas hipóteses previstas no Decreto-lei 1.001/1969 – Código Penal Militar.

2. COMINAÇÃO

Nos moldes do art. 53 do Código Penal: "as penas privativas de liberdade têm seus limites estabelecidos na sanção correspondente a cada tipo legal de crime".

Esse dispositivo é desnecessário no tocante às penas privativas de liberdade, pois já são cominadas por cada tipo legal de crime ou contravenção penal nos limites mínimo e máximo. Exemplificativamente, o art. 155 do Código Penal prevê, para o furto simples, o limite mínimo de 1 (um) e máximo de 4 (quatro) anos de reclusão.[3]

Entretanto, a função substitutiva atribuída às penas restritivas de direitos e a cominação indeterminada das penas de multa explicam a introdução no Código Penal dessas regras de cominação, evitando uma cansativa e indevida repetição em cada tipo legal.[4]

Em nosso sistema penal as penas podem ser cominadas (previstas em abstrato) por diversas modalidades:

a) **Isoladamente:** cuida-se da cominação única de uma pena, prevista com exclusividade pelo preceito secundário do tipo incriminador. Exemplo: art. 121, *caput*, do Código Penal, com pena de reclusão.

b) **Cumulativamente:** o tipo penal prevê, em conjunto, duas espécies de penas. Exemplo: art. 157, *caput*, do Código Penal, com penas de reclusão e multa.

c) **Paralelamente:** cominam-se, alternativamente, duas modalidades da mesma pena. Exemplo: art. 235, § 1.º, do Código Penal, com penas de reclusão ou detenção, pois ambas são privativas de liberdade.

d) **Alternativamente:** a lei coloca à disposição do magistrado a aplicação única de duas espécies de penas. Há duas opções, mas o julgador somente pode aplicar uma delas. Exemplo: art. 140, *caput*, do Código Penal, com penas de detenção ou multa.

3. APLICAÇÃO

A atividade de aplicar a pena, **exclusivamente judicial,** consiste em fixá-la, na sentença, depois de superadas todas as etapas do devido processo legal, em quantidade determinada e respeitando os requisitos legais, em desfavor do réu a quem foi imputada a autoria ou participação em uma infração penal. Cuida-se de **ato discricionário juridicamente vinculado**. O juiz está preso aos parâmetros que a lei estabelece.

A aplicação da pena tem como pressuposto a **culpabilidade** do agente, constituída por imputabilidade, potencial consciência da ilicitude e exigibilidade de conduta diversa. Ausente a culpabilidade, será impossível a imposição de pena, qualquer que

---

3 Na legislação extravagante existem situações diversas. No Código Eleitoral – Lei 4.737/1965, a diversos crimes (exemplo: arts. 289, 290 e 291) o legislador impõe somente o limite máximo da pena, sem cominar seu mínimo. Para complementar essa opção legislativa, o art. 284 do Código Eleitoral estabelece: "sempre que este Código não indicar o grau mínimo, entende-se que será ele de quinze dias para a pena de detenção e de um ano para a de reclusão". Essa técnica se repete no Código Penal Militar – Decreto-lei 1.001/1969 (exemplos: arts. 146, 147 e 148), estabelecendo seu art. 58: "o mínimo da pena de reclusão é de um ano, e o máximo de trinta anos; o mínimo da pena de detenção é de trinta dias, e o máximo de dez anos".

4 SANTOS, Juarez Cirino dos. *Direito penal*. Parte geral. 2. ed. Curitiba: ICPC; Lumen Juris, 2007. p. 549.

seja a sua modalidade (privativa de liberdade, restritiva de direitos ou multa). Mas, na hipótese de inadequação da pena, poderá o réu suportar uma medida de segurança, se for maior de 18 anos de idade e dotado de periculosidade.

Sistemas ou critérios para aplicação da pena:

- **Critério bifásico** (Roberto Lyra): a pena privativa de liberdade deveria ser aplicada em duas fases distintas. Na primeira fase, o magistrado calcularia a pena-base levando em conta as circunstâncias judiciais e as atenuantes e agravantes genéricas. Em seguida, incidiriam na segunda fase as causas de diminuição e de aumento da pena.[5]
- **Critério trifásico** (Nélson Hungria): sustenta a dosimetria da pena privativa de liberdade em três etapas. Na primeira, o juiz fixa a pena-base, com apoio nas circunstâncias judiciais. Em seguida, aplica as atenuantes e agravantes genéricas, e, finalmente, as causas de diminuição e de aumento da pena.

O art. 68, *caput*, do Código Penal filiou-se ao critério trifásico, ao dispor que "a pena-base será fixada atendendo-se ao critério do art. 59 deste Código; em seguida serão consideradas as circunstâncias atenuantes e agravantes; por último, as causas de diminuição e de aumento". Veja-se:

a) 1.ª fase – **pena-base**: o juiz, com apoio nas circunstâncias judiciais (CP, art. 59 – culpabilidade, antecedentes, conduta social, personalidade do agente, motivos, circunstâncias e consequências do crime), fixa a pena-base dentro dos limites legais cominados à infração penal, isto é, não pode ultrapassar o patamar mínimo nem o patamar máximo correspondente ao crime ou à contravenção penal pelo qual o réu foi condenado.

As circunstâncias judiciais têm caráter **residual ou subsidiário**, pois apenas podem ser utilizadas quando não configurarem elementos do tipo penal, qualificadoras ou privilégios, agravantes ou atenuantes genéricas, ou ainda causas de aumento ou de diminuição da pena, todas elas preferenciais pelo fato de terem sido expressamente definidas em lei.

É necessário, na fixação da pena-base, o respeito ao **princípio da proporcionalidade**, evidenciado pela relação lógica entre o número de circunstâncias judiciais prejudiciais ao réu e a elevação da pena mínima legalmente prevista.

b) 2.ª fase – **pena intermediária**: se estiverem presentes agravantes (CP, arts. 61 e 62 – rol taxativo) ou atenuantes genéricas (CP, arts. 65 e 66 – rol exemplificativo), a pena não pode ser elevada além do máximo abstratamente cominado nem reduzida aquém do mínimo legal.

---

5 LYRA, Roberto. *Comentários ao Código Penal*. Rio de Janeiro: Forense, 1942. v. 2, p. 172.

Circunstâncias agravantes:

- **Reincidência** (CP, art. 61, I): em conformidade com o art. 63 do Código Penal, "verifica-se a reincidência quando o agente comete novo crime, depois de transitar em julgado a sentença que, no País ou no estrangeiro, o tenha condenado por crime anterior".

Trata-se de circunstância agravante de caráter **subjetivo** ou **pessoal**, que não se comunica aos demais coautores ou partícipes.

O art. 64, I, adotou o **sistema da temporariedade**, limitando a validade da reincidência ao período de 5 (cinco) anos.

No caso de crime cometido no estrangeiro, a sentença estrangeira não precisa ser homologada pelo Superior Tribunal de Justiça.

> **Atenção**
>
> No critério trifásico de aplicação da pena privativa de liberdade, os maus antecedentes do réu incidem na primeira fase, e a reincidência é utilizada na segunda fase. Destarte, em se tratando de réu reincidente, a condenação penal definitiva deve ser realçada pelo magistrado somente na segunda fase da dosimetria da pena, por se constituir em agravante genérica, prevista expressamente no art. 61, I, do Código Penal. Não pode ser também utilizada para a caracterização de maus antecedentes, sob pena de fomentar o *bis in idem*, conforme súmula 241 do Superior Tribunal de Justiça.

- Ter o agente cometido o crime por **motivo fútil ou torpe**; para facilitar ou assegurar a execução, a ocultação, a impunidade ou vantagem de outro crime; à traição, de emboscada, ou mediante dissimulação, ou outro recurso que dificultou ou tornou impossível a defesa do ofendido; com emprego de veneno, fogo, explosivo, tortura ou outro meio insidioso ou cruel, ou de que podia resultar perigo comum; contra ascendente, descendente, irmão ou cônjuge; com abuso de autoridade ou prevalecendo-se de relações domésticas, de coabitação ou de hospitalidade, ou com violência contra a mulher na forma da lei específica; com abuso de poder ou violação de dever inerente a cargo, ofício, ministério ou profissão; contra criança, maior de 60 (sessenta) anos, enfermo ou mulher grávida; quando o ofendido estava sob a imediata proteção da autoridade; em ocasião de incêndio, naufrágio, inundação ou qualquer calamidade pública, ou de desgraça particular do ofendido; em estado de embriaguez preordenada (CP, art. 61, II, alíneas "a" a "l").

Agravantes no caso de concurso de pessoas:

- agente que promove, ou organiza a cooperação no crime ou dirige a atividade dos demais agentes (CP, art. 62, I);
- agente que coage ou induz outrem à execução material do crime (CP, art. 62, II);
- agente que instiga ou determina a cometer o crime alguém sujeito à sua autoridade ou não-punível em virtude de condição ou qualidade pessoal (CP, art. 62, III);
- agente que executa o crime, ou nele participa, mediante paga ou promessa de recompensa (CP, art. 62, IV).

Circunstâncias atenuantes:

- ser o agente menor de 21 (vinte e um), na data do fato, ou maior de 70 (setenta) anos, na data da sentença (CP, art. 65, I);
- o desconhecimento da lei (CP, art. 65, II);
- ter o agente: cometido o crime por motivo de relevante valor social ou moral; procurado, por sua espontânea vontade e com eficiência, logo após o crime, evitar-lhe ou minorar-lhe as consequências, ou ter, antes do julgamento, reparado o dano; cometido o crime sob coação a que podia resistir, ou em cumprimento de ordem de autoridade superior, ou sob a influência de violenta emoção, provocada por ato injusto da vítima; confessado espontaneamente, perante a autoridade, a autoria do crime; cometido o crime sob a influência de multidão em tumulto, se não o provocou (CP, art. 65, III, alíneas "a" a "e");
- circunstância relevante, anterior ou posterior ao crime, embora não prevista expressamente em lei (CP, art. 66).

Concurso de circunstâncias agravantes e atenuantes:

Se presentes, simultaneamente, agravantes e atenuantes genéricas, a regra geral é a de que uma neutraliza a eficácia da outra. É o que se denomina de **equivalência das circunstâncias**. Excepciona-se essa sistemática quando existente alguma **circunstância preponderante**, atinente aos motivos do crime, à personalidade do agente e à reincidência (CP, art. 67).

c) 3.ª fase – **pena definitiva**: as causas de aumento e de diminuição são aplicáveis em relação à reprimenda resultante da segunda fase, e não sobre a pena-base. Se existirem no caso concreto, a pena pode ser definitivamente fixada acima ou abaixo dos limites máximo e mínimo abstratamente definidos pelo legislador.

As causas de diminuição e de aumento da pena dividem-se em:

- **genéricas**: quando definidas na Parte Geral do Código Penal e aplicáveis à generalidade dos crimes; e

- **específicas**: se contidas na Parte Especial do Código Penal ou na legislação extravagante, e de aplicação restrita a determinados delitos.

Nos termos do art. 68, parágrafo único, do Código Penal: "no concurso de causas de aumento ou de diminuição previstas na parte especial, pode o juiz limitar-se a um só aumento ou a uma só diminuição, prevalecendo, todavia, a causa que mais aumente ou diminua". Extraem-se desse dispositivo as seguintes conclusões:

- Se existirem duas ou mais causas de aumento ou de diminuição previstas na **Parte Geral**, ambas deverão ser aplicadas, desde que obrigatórias.
- Se existirem duas ou mais causas de aumento ou de diminuição previstas na **Parte Especial**, ou na **legislação especial** (analogia *in bonam partem*), o juiz pode limitar-se a um só aumento ou a uma só diminuição, ainda que obrigatórias, prevalecendo, nesse caso, a causa que mais aumente ou mais diminua. Cuida-se de faculdade judicial.
- Se existirem uma causa de aumento e uma causa de diminuição, simultaneamente, ambas deverão ser aplicadas, desde que obrigatórias. Em primeiro lugar, o magistrado aplica as causas de aumento, e depois as de diminuição. Não pode a sentença fazê-las recair ao mesmo tempo, compensando-as.
- Se existirem, ao mesmo tempo, duas causas de aumento, ou então duas causas de diminuição, previstas uma na Parte Geral e outra na Parte Especial ou legislação especial, todas elas serão aplicáveis. Por questão de lógica intrínseca à estrutura do tipo penal, incidem inicialmente as causas de aumento e de diminuição da Parte Especial ou da legislação especial, e, posteriormente, as majorantes ou minorantes da Parte Geral.

d) Na ausência de agravantes e/ou atenuantes genéricas, e também de causas de aumento e/ou de diminuição da pena, a pena-base resultará como definitiva.

Concluída a operação relativa à dosimetria da pena, a etapa seguinte consiste em determinar o regime inicial de cumprimento da pena privativa de liberdade: fechado, semiaberto ou aberto.

Após, o magistrado deve analisar, na própria sentença condenatória, eventual possibilidade de substituição da pena privativa de liberdade por restritiva de direitos ou multa. E se não for cabível a substituição, mas a pena for igual ou inferior a 2 (dois) anos, exige-se manifestação fundamentada acerca da pertinência ou não da suspensão condicional da pena (*sursis*), se presentes os requisitos legais.

Depois de concretizada a sanção penal, o juiz fixará valor mínimo para reparação dos danos causados pela infração, considerando os prejuízos sofridos pelo ofendido (CPP, art. 387, inc. IV).[6]

---

6 Para o Superior Tribunal de Justiça, a fixação do valor mínimo depende de pedido expresso do titular da ação penal (Ministério Público ou querelante), e pode abranger tanto os danos

Finalmente, se não foi possível a substituição ou a suspensão condicional da pena privativa de liberdade, o magistrado, na sentença, decidirá, fundamentadamente, sobre a manutenção ou, se for o caso, a imposição de prisão preventiva ou de outra medida cautelar, sem prejuízo do conhecimento da apelação que vier a ser interposta (CPP, art. 387, § 1.º).

Para a **pena de multa** adotou-se o **sistema bifásico** (CP, art. 49, *caput* e § 1.º), é dizer, sua aplicação deve respeitar duas fases distintas e sucessivas, quais sejam:

a) **1.ª fase:** O juiz estabelece o **número de dias-multa**, que varia entre o mínimo de 10 (dez) e o máximo de 360 (trezentos e sessenta). É o que dispõe o art. 49, *caput*, parte final, do Código Penal.

Para encontrar esse número, o magistrado leva em conta as circunstâncias judiciais do art. 59, *caput*, do Código Penal, bem como eventuais atenuantes e agravantes e causas de diminuição e aumento da pena. Em suma, todas as etapas que devem ser percorridas para a dosimetria da pena privativa de liberdade são utilizadas para o cálculo do número de dias-multa na sanção pecuniária.

b) **2.ª fase:** Já definido o número de dias-multa, cabe agora ao magistrado a fixação do **valor de cada dia-multa**, que não pode ser inferior a um trigésimo do maior salário mínimo mensal vigente ao tempo do fato, nem superior a cinco vezes esse salário (CP, art. 49, § 1.º). Leva-se em conta a **situação econômica do réu**, nos termos do art. 60, *caput*, do Código Penal.

Esse método possibilita a perfeita individualização da pena de multa, na forma exigida pelo art. 5.º, XLVI, da Constituição Federal.

> **Importante**
>
> Concluído o sistema bifásico e calculado o valor da pena de multa, o magistrado pode reputar que, em face do elevado poder econômico do réu, a sanção pecuniária, embora aplicada no máximo legal, é ineficaz. Nessa hipótese, a ele se reserva a faculdade de aumentar o seu valor até o **triplo** (CP, art. 60, § 1.º).
>
> Nos crimes contra a propriedade industrial (Lei 9.279/1996, art. 197, parágrafo único) e nos crimes previstos nos arts. 33 a 39 da Lei de Drogas (Lei 11.343/2006, art. 43, parágrafo único), o **valor final** da pena de multa pode ser aumentado até o **décuplo**. Por sua vez, nos crimes contra o sistema financeiro nacional, o valor do **dia-multa** pode ser estendido até o **décuplo** (Lei 7.492/1986, art. 33).

---

materiais como também os danos morais causados pela infração penal (REsp 1.265.707/RS, rel. Min. Rogerio Schietti Cruz, 6.ª Turma, j. 27.05.2014; e REsp 1.585.684/DF, rel. Min. Maria Thereza de Assis Moura, 6.ª Turma, j. 09.08.2016, noticiado no *Informativo* 588).

O art. 76, § 1.º, da Lei 9.099/1995 autoriza o juiz, nas hipóteses em que a pena de multa seja a única aplicável, a reduzi-la até a metade. Essa redução somente é possível quando a situação econômica do autor do fato a recomendar.

De seu turno, o art. 197, parágrafo único, da Lei 9.279/1996 (crimes contra a propriedade industrial) autoriza a redução da pena de multa em até 10 vezes, dependendo das condições pessoais do agente e da vantagem auferida no caso concreto.

4. DA SUSPENSÃO CONDICIONAL DA PENA

Sursis é a suspensão condicional da execução da pena privativa de liberdade, na qual o réu, se assim desejar, se submete durante o período de prova à fiscalização e ao cumprimento de condições judicialmente estabelecidas.

Preceitua o art. 157 da Lei de Execução Penal: "o juiz ou tribunal, na sentença que aplicar pena privativa de liberdade, [...], deverá pronunciar-se, motivadamente, sobre a suspensão condicional, quer a conceda, quer a denegue". Destarte, o cabimento ou não do *sursis* deve ser analisado, de maneira fundamentada, na sentença ou no acórdão.

É possível, todavia, a delegação dessa matéria ao juízo da execução quando a ação penal não apresentar elementos probatórios suficientes para se decidir se o condenado preenche ou não os requisitos legalmente exigidos para a medida. O juízo da execução também poderá conceder o *sursis* quando, por força de fato superveniente à sentença ou ao acórdão condenatório, desaparecer o motivo que obstava sua concessão. Nos dois casos, o fundamento legal repousa no art. 66, III, "d", da Lei 7.210/1984 – Lei de Execução Penal.

Importante

Há três posições acerca da natureza jurídica do *sursis*:

a) *Instituto de política criminal*: cuida-se de execução mitigada da pena privativa de liberdade. O condenado cumpre a pena que lhe foi imposta, mas de forma menos gravosa. É, assim, benefício, tal como proclama o art. 77, II, do Código Penal, e também modalidade de satisfação da pena. É o entendimento dominante.

b) *Direito público subjetivo do condenado*: consubstancia-se em benefício penal assegurado ao réu. O juiz tem liberdade para analisar a presença dos requisitos legais, os quais, se presentes, impõem a concessão do *sursis*.

c) *Pena*: trata-se de espécie de pena, embora não prevista no art. 32 do Código Penal.

4.1. Requisitos da suspensão condicional da execução da pena

Os requisitos da suspensão condicional da execução da pena são previstos no art. 77 do Código Penal:

> **Art. 77.** A execução da pena privativa de liberdade, não superior a 2 (dois) anos, poderá ser suspensa, por 2 (dois) a 4 (quatro) anos, desde que:
>
> I – o condenado não seja reincidente em crime doloso;
>
> II – a culpabilidade, os antecedentes, a conduta social e a personalidade do agente, bem como os motivos e as circunstâncias autorizem a concessão do benefício;
>
> III – não seja indicada ou cabível a substituição prevista no art. 44 do Código.
>
> § 1.º A condenação anterior a pena de multa não impede a concessão do benefício.
>
> § 2.º A execução da pena privativa de liberdade, não superior a 4 (quatro) anos, poderá ser suspensa, por 4 (quatro) a 6 (seis) anos, desde que o condenado seja maior de 70 (setenta) anos de idade, ou razões de saúde justifiquem a suspensão.

O dispositivo legal apresenta requisitos:

a) **Objetivos** (relacionados à pena):

- *Natureza da pena:* a pena deve ser privativa de liberdade, isto é, reclusão ou detenção, no caso de crime, ou prisão simples, em se tratando de contravenção penal. E como determina o art. 80 do Código Penal, o *sursis* não se estende às penas restritivas de direitos nem à multa. O *sursis* não se aplica, em hipótese alguma, às medidas de segurança. O próprio nome do instituto é elucidativo: suspensão condicional da **pena**, e não da medida de segurança. Se não bastasse, em relação aos inimputáveis a sentença é absolutória, não se falando em imposição de pena privativa de liberdade. Já no tocante aos semi-imputáveis, a sentença condenatória que determina a incidência de pena reduzida a substitui por medida de segurança, que, em qualquer caso, possui finalidade completamente diversa do *sursis*.

- *Quantidade da pena privativa de liberdade:* a pena concreta, efetivamente aplicada na sentença condenatória, **não pode ser superior a dois anos**. Em se tratando de concurso de crimes, seja qual for sua espécie, a pena resultante da pluralidade de infrações penais não pode ultrapassar o limite legal. Destarte, o concurso de crimes, por si só, não exclui a suspensão condicional da pena. Há situações, contudo, em que o Código Penal e leis especiais admitem excepcionalmente o *sursis* para condenações superiores a dois anos:

    - Em se tratando de condenado maior de 70 anos de idade, ao tempo da sentença ou do acórdão (*sursis* **etário**) ou com problemas de saúde (*sursis* **humanitário** ou **profilático**), a pena aplicada pode ser **igual ou inferior a quatro anos**.

Cap. 9 – Das Penas

- Nos crimes previstos na Lei 9.605/1998 – Crimes Ambientais (art. 16), a execução da pena privativa de liberdade pode ser condicionalmente suspensa nas condenações **iguais ou inferiores a três anos**.

- *Não tenha sido a pena privativa de liberdade substituída por restritiva de direitos:* o inciso III do art. 77 do Código Penal evidencia ser o *sursis* subsidiário em relação às penas restritivas de direitos, por ser menos favorável ao condenado. Com o alargamento das penas restritivas de direitos a partir da Lei 9.714/1998, o instituto em apreço passou a ser cada vez menos utilizado. Em regra, quando cabível o *sursis*, será também possível a substituição da pena privativa de liberdade nos moldes do art. 44 do Código Penal, mais vantajosa ao réu. Remanesce o *sursis* para raras hipóteses, tal como quando o réu, não reincidente em crime doloso, for condenado à pena privativa de liberdade igual ou inferior a dois anos por delito cometido com o emprego de violência à pessoa ou grave ameaça.

b) **Subjetivos** (ligados ao agente):

- *Réu não reincidente em crime doloso:* a reincidência em crime culposo não impede o *sursis*. Lembre-se, ainda, que a condenação anterior por contravenção penal não caracteriza a reincidência. É possível o *sursis* ao reincidente em crime doloso em uma hipótese: a condenação anterior foi exclusivamente à pena de multa (CP, art. 77, § 1.º). Nesse sentido, estatui a **Súmula 499 do Supremo Tribunal Federal**: "Não obsta à concessão do *sursis* condenação anterior à pena de multa".

- *A culpabilidade, os antecedentes, a conduta social e personalidade do agente, bem como os motivos e as circunstâncias do crime, autorizem a concessão do benefício:* a análise deve ser efetuada, exclusivamente, no caso concreto. A existência de outras ações penais em trâmite contra o réu, embora não lhe retirem a primariedade, pode impedir a suspensão condicional da pena pelo não preenchimento do requisito subjetivo contido no inciso II do art. 77 do Código Penal. Veja-se: pode impedir, mas não impede automaticamente. Nesse sentido, já decidiu o Superior Tribunal de Justiça que "uma única ocorrência penal não é motivo suficiente para impedir a concessão do *sursis*" (HC 80.923/RJ, rel. Min. Maria Thereza de Assis Moura, 6.ª Turma, j. 06.12.2007).

4.2. Espécies de *sursis*

O Código Penal possui duas espécies de *sursis*:

a) **Sursis simples:** aplicável quando o condenado não houver reparado o dano, injustificadamente, e/ou as circunstâncias do art. 59 do Código Penal não lhe forem inteiramente favoráveis. No primeiro ano do período de prova o condenado deverá prestar serviços à comunidade ou submeter-se à limitação de fim de semana, cabendo a escolha ao magistrado.

b) **Sursis especial:** aplicável quando o condenado tiver reparado o dano, salvo impossibilidade de fazê-lo, e se as circunstâncias do art. 59 do Código Penal lhe forem inteiramente favoráveis. Nessa modalidade, o condenado, em regra, não presta serviços à comunidade nem se submete a limitação de fim de semana, pois o juiz pode substituir tal exigência por outras **condições cumulativas:** proibição de frequentar determinados lugares e de ausentar-se da comarca onde reside, sem autorização do juiz, e comparecimento pessoal e obrigatório a juízo, mensalmente, para informar e justificar suas atividades. Não é possível a cumulação das condições do sursis especial no sursis simples.

A suspensão da pena condicional obedece a:

a) **Condições legais**: no sursis simples, a condição legal e obrigatória é a **prestação de serviços à comunidade** ou **limitação de fim de semana**, durante o primeiro ano do período de suspensão (CP, art. 78, § 1.º). No sursis especial, as condições legais que devem ser cumpridas cumulativamente no primeiro ano do período de suspensão são: **proibição de frequentar determinados lugares e de ausentar-se da comarca onde reside, sem autorização do juiz**, e **comparecimento pessoal e obrigatório a juízo**, mensalmente, para informar e justificar suas atividades.

b) **Condições judiciais**: o art. 79 do Código Penal permite ao magistrado especificar, na sentença, outras condições a que fica subordinada a suspensão, desde que adequadas ao fato e à situação pessoal do condenado. Tais condições jamais podem ser vexatórias ou abusivas, não se admitindo que violem direitos fundamentais do condenado. Também devem ser cumpridas, por identidade de razão, somente no primeiro ano do período de suspensão.

c) **Condições legais indiretas: o** art. 81 do Código Penal prevê condições legais indiretas, assim chamadas por autorizarem a revogação do sursis. São condições proibitivas, uma vez que, se presentes, acarretarão a revogação do benefício.

> **Importante**
>
> **Período de prova**: É o intervalo de tempo fixado na sentença condenatória concessiva do sursis, no qual o condenado deverá revelar boa conduta, bem como cumprir as condições que lhe foram impostas pelo Poder Judiciário:
> - Regra geral (CP, art. 77, caput): varia entre dois e quatro anos, o que também se dá nos crimes ambientais, embora o limite da condenação seja de três anos, diferentemente do previsto na legislação comum.

- *Sursis* etário ou humanitário (CP, art. 77, § 2.º): o período de prova é de quatro a seis anos, desde que a condenação seja superior a dois anos e inferior a quatro anos, por questão de razoabilidade. Com efeito, se a condenação seguir a sistemática comum, ou seja, for igual ou inferior a dois anos, o período de prova será o comum (dois a quatro anos).
- Lei das Contravenções Penais – Decreto-lei 3.688/1941 (art. 11): o período de suspensão é de um a três anos.

A fixação do período de prova acima do patamar mínimo legalmente previsto deve ser justificada, fundamentadamente, sob pena de nulidade e redução pela superior instância.

O período de prova tem início com a **audiência admonitória** (LEP, art. 161), realizada pelo juiz depois do trânsito em julgado da condenação. Nessa audiência, o juiz procede à leitura da sentença ao condenado, advertindo-o das consequências de nova infração penal e do descumprimento das condições impostas (LEP, art. 160).

1) **Sursis sucessivo**: é o concedido a réu que, anteriormente, teve a sua pena privativa de liberdade extinta em razão do cumprimento integral de *sursis* originário da prática de outra infração penal. Essa situação é possível quando o agente, após cumprir a suspensão condicional da pena, comete crime culposo ou contravenção penal. Por não ser reincidente em crime doloso, é permitida a concessão de novo *sursis*.

2) **Sursis simultâneos ou coetâneos**: são os *sursis* cumpridos ao mesmo tempo. Isso pode ocorrer em duas hipóteses:

1.ª hipótese: o réu, durante o período de prova, é irrecorrivelmente condenado por crime culposo ou contravenção penal a pena privativa de liberdade igual ou inferior a dois anos. Pode ser a ele concedido novo *sursis,* pois não é reincidente em crime doloso, e nada impede a manutenção do *sursis* anterior, uma vez que a revogação é facultativa.

2.ª hipótese: o réu, antes do início do período de prova, é irrecorrivelmente condenado pela prática de crime doloso, sem ser reincidente, e obtém novo *sursis*. O *sursis* anterior é preservado, pois a condenação por crime doloso apenas o revoga quando seu trânsito em julgado se verificar durante o período de prova.

4.3. Revogação

Com a revogação do *sursis*, o condenado deverá cumprir **integralmente** a pena privativa de liberdade que se encontrava suspensa, observando-se o regime prisional (fechado, semiaberto ou aberto) determinado na sentença. Portanto, não se considera o tempo em que permaneceu no período de prova, ainda que nesse intervalo tenha cumprido as condições impostas.

A revogação pode ser de duas espécies:

a) **Obrigatória**: a revogação obrigatória, nada obstante imponha ao magistrado a atuação em consonância com a lei, não é automática. Exige-se decisão judicial. Com efeito, dispõe o art. 81, I, do Código Penal: "a suspensão **será revogada** se, no curso do prazo, o beneficiário":

I – *é condenado, em sentença irrecorrível, por crime doloso*: pouco importa o momento da prática do delito. O fator decisivo é o tempo do trânsito em julgado da condenação. Em primeira análise, a revogação deveria ocorrer qualquer que fosse a sanção penal imposta como decorrência da prática de crime doloso. Porém, é pacífico o entendimento de que a condenação irrecorrível à pena de multa não autoriza a revogação da suspensão condicional, mesmo em se tratando de crime doloso. O raciocínio é simples: se a condenação a esse tipo de pena não impede o *sursis* (CP, art. 77, § 1.º), por igual fundamento não pode revogá-lo. Por fim, a sentença que concede perdão judicial pela prática de crime doloso não revoga o *sursis*, pois não é condenatória, mas declaratória da extinção da punibilidade (**Súmula 18 do STJ**).

II – *frustra, embora solvente, a execução da pena de multa ou não efetua, sem motivo justificado, a reparação do dano*: em relação à **inadimplência da multa**, há duas posições acerca da possibilidade de revogação do *sursis*:

1.ª posição: não é possível. A multa deve ser tratada como dívida de valor. Como não pode ser convertida em prisão, sua inadimplência não justifica a revogação da suspensão condicional da pena.

2.ª posição: é possível. A modificação do art. 51 do Código Penal não afeta os demais dispositivos legais relativos à multa. Além disso, a pena privativa de liberdade já foi imposta, e o *sursis* não se confunde com a pena de multa.

Prevalece o entendimento no sentido de que, se depois de revogado o benefício, o condenado paga a multa, é permitido o seu restabelecimento.

A lei também determina a revogação do *sursis* em caso de ausência injustificada da **reparação do dano**.

III – *descumpre a condição do § 1.º do art. 78 deste Código*: é causa obrigatória de revogação da suspensão condicional da pena o descumprimento da prestação de serviços à comunidade ou da limitação de fim de semana, no primeiro ano do período de prova do *sursis* simples.

b) **Facultativa**: nos termos do art. 81, § 1.º, do Código Penal: "a suspensão poderá ser revogada se o condenado descumpre qualquer outra condição imposta ou é irrecorrivelmente condenado, por crime culposo ou por contravenção, a pena privativa de liberdade ou restritiva de direitos".

Quando facultativa a revogação, o juiz pode, em vez de decretá-la, prorrogar o período de prova até o máximo, se este não foi o fixado. Vislumbram-se duas situações de revogação facultativa:

1.ª situação: descumprimento de qualquer outra condição imposta: as condições ora indicadas são as previstas no Código Penal, em seus arts. 78, § 2.º, "a", "b" e "c", e 79, isto é, proibição de frequentar determinados lugares e de ausentar-se da comarca onde reside, sem autorização do juiz; comparecimento pessoal e obrigatório a juízo, mensalmente, para informar e justificar suas atividades, além das judiciais, desde que adequadas ao fato e à situação pessoal do condenado. De fato, o descumprimento das condições arroladas pelo art. 78, § 1.º, do Código Penal, enseja a revogação obrigatória do *sursis*.

2.ª situação: condenação irrecorrível, por crime culposo ou contravenção, a pena privativa de liberdade ou restritiva de direitos: a condenação com trânsito em julgado, por crime culposo ou contravenção penal, a pena privativa de liberdade, somente comportará a manutenção do *sursis* quando for imposto o regime prisional aberto para o seu cumprimento. De fato, a aplicação de regime fechado ou semiaberto acarreta a obrigação de o condenado ser colocado em estabelecimento penal, incompatibilizando o cumprimento da suspensão condicional da pena. Atente-se, ainda, ao fato de que a condenação à pena pecuniária não se constitui sequer em causa de revogação facultativa do *sursis*, o que se coaduna com a regra traçada pelo art. 77, § 1.º, do Código Penal.

Em respeito aos princípios constitucionais da **ampla defesa** e do **contraditório**, entende-se que deve ser ouvido o condenado antes da revogação do benefício, a ele conferindo a oportunidade para justificar eventual manutenção da suspensão condicional da pena.

Essa oitiva, entretanto, é impertinente e desnecessária quando a causa de revogação for a condenação irrecorrível por crime, doloso ou culposo, ou por contravenção penal (CP, art. 81, I e § 1.º, parte final).

4.4. Cassação do *sursis*

A cassação do *sursis* se verifica quando o benefício fica sem efeito **antes** do início do período de prova. Não se confunde, pois, com a revogação, que somente pode ser decretada durante a suspensão condicional da pena.

A cassação pode ocorrer em quatro hipóteses:

1.ª) O condenado não comparece, injustificadamente, à audiência admonitória (LEP, art. 161). A suspensão ficará sem efeito, executando-se imediatamente a pena.

2.ª) O condenado renuncia ao benefício. O cumprimento do *sursis* é vinculado à aceitação do condenado, podendo o réu preferir o cumprimento da pena.

3.ª) O réu é irrecorrivelmente condenado a pena privativa de liberdade não suspensa. A condenação à prisão, durante o período de prova, é causa de revogação do *sursis*. Tem lugar a cassação, todavia, quando o trânsito em julgado ocorrer antes do início do período de prova, pois é incompatível o cumprimento simultâneo da pena em regime fechado ou semiaberto e do *sursis*.

4.ª) A pena privativa de liberdade é majorada em grau de recurso da acusação, passando de dois anos. O *sursis* anteriormente concedido é cassado pelo tribunal.

4.5. Prorrogação do período de prova

É a situação em que a duração da suspensão condicional da pena excede o prazo do período de prova determinado na sentença condenatória. Prevalece o entendimento de que durante a prorrogação do período de prova **não subsistem as condições do *sursis***.

Existem, no Código Penal, duas hipóteses de prorrogação do período de prova:

1.ª hipótese: *O beneficiário está sendo processado por outro crime ou contravenção – art. 81, § 2.º*

Nesse caso, considera-se prorrogado o prazo da suspensão até o julgamento definitivo.

Como o Código Penal disse **"considera-se"**, conclui-se ser automática a prorrogação, ou seja, independe de decisão judicial expressa nesse sentido. Basta o recebimento da denúncia ou queixa, e não a mera prática do crime ou contravenção penal, pois a lei fala em beneficiário que está sendo **"processado"** (STJ, HC 175.758/SP, rel. Min. Laurita Vaz, 5.ª Turma, j. 04.10.2011).

A ação penal pode relacionar-se a crime ou contravenção penal praticados durante o período de prova, ou mesmo com infração penal cometida antes daquela cuja condenação redundou na concessão do *sursis* que teve seu período de prova prorrogado.

O fundamento da prorrogação é o seguinte: não é o cometimento do crime ou da contravenção penal que autoriza a revogação do *sursis*, mas a condenação transitada em julgado daí derivada. É razoável, destarte, aguardar o término da ação penal para se constatar se será ou não caso de revogação, seja ela obrigatória (crime doloso) ou facultativa (contravenção penal), se o réu for condenado, ou de extinção da pena privativa de liberdade, nos moldes do art. 82 do Código Penal, na hipótese de ser absolvido.

A mera instauração de inquérito policial não autoriza a prorrogação do período de prova.

2.ª hipótese: *nas hipóteses de revogação facultativa – art. 81, § 3.º*

Nesses casos, o juiz pode, em vez de decretar a revogação do *sursis*, prorrogar o período de prova até o máximo, se este não foi o fixado.

A prorrogação não é automática. Depende de expressa decisão judicial nesse sentido.

Cap. 9 – Das Penas

> **Importante**
>
> Em se tratando de sentença declaratória o ato que declara extinta a pena privativa de liberdade, na forma do art. 82 do Código Penal, pode o juiz, depois de encerrado o período de prova, prorrogá-lo por descobrir que o condenado está sendo processado por outro crime ou contravenção penal, para decidir, no futuro, se o benefício deve ou não ser revogado? Formaram-se duas posições acerca do assunto:
>
> **1.ª posição:** é possível a prorrogação. Aliás, essa prorrogação é automática, prescindindo de decisão judicial. É o entendimento dominante, consagrado inclusive no Supremo Tribunal Federal (HC 91.562/PR, rel. Min. Joaquim Barbosa, 2.ª Turma, j. 09.10.2007) e no Superior Tribunal de Justiça (REsp 723.090/MG, rel. Min. Gilson Dipp, 5.ª Turma, j. 19.09.2006). Anote-se, contudo, que a prorrogação será cabível desde que o juiz ainda não tenha declarado extinta a pena privativa de liberdade, com o consequente trânsito em julgado. De fato, se já tiver transitado em julgado a declaração de extinção da punibilidade, nada mais poderá ser feito.
>
> **2.ª posição:** não se admite a prorrogação. A pena estará automaticamente extinta com o término do período de prova.

4.6. Extinção da pena

Cumprido integralmente o período de prova, sem revogação, considera-se extinta a pena privativa de liberdade. É o que se extrai do art. 82 do Código Penal.

A sentença é meramente declaratória, e retroage ao dia em que se encerrou o período de prova. Exige-se prévia manifestação do Ministério Público, sob pena de nulidade, com fundamento no art. 67 da Lei de Execução Penal.

5. DO LIVRAMENTO CONDICIONAL

Livramento condicional é o benefício que permite ao condenado à pena privativa de liberdade superior a 2 (dois) anos a liberdade antecipada, condicional e precária, desde que cumprida parte da reprimenda imposta e sejam observados os demais requisitos legais. Essa liberdade é:

- **antecipada**, pois o condenado retorna ao convívio social antes do integral cumprimento da pena privativa de liberdade;
- **condicional**, pois durante o período restante da pena (período de prova) o egresso submete-se ao atendimento de determinadas condições fixadas na decisão que lhe concede o benefício; e

- **precária**, pois pode ser revogada se sobrevier uma ou mais condições previstas nos arts. 86 e 87 do Código Penal.

O livramento condicional constitui-se em **benefício** conferido pela lei ao condenado que preenche os requisitos legais. Embora se constitua em instituto penal restritivo da liberdade, por importar em limitação de diversos direitos da pessoa humana, funciona como **direito subjetivo**, pois a liberdade precoce não pode ser negada àquele que atende a todos os mandamentos aplicáveis à espécie.

Egresso é a nomenclatura dispensada pelo art. 26, II, da Lei de Execução Penal ao condenado beneficiado pelo livramento condicional, durante o período de prova.

O livramento condicional somente pode ser concedido depois de cumprida parte da pena privativa de liberdade. Normalmente, já existe trânsito em julgado da condenação, inclusive com cumprimento da pena, razão pela qual é competente o juízo da execução para analisar o cabimento ou não do benefício (LEP, art. 66, III, "e").

Todavia, o Supremo Tribunal Federal tem admitido a concessão do livramento condicional em sede de **execução provisória**, isto é, com o trânsito em julgado da condenação apenas para a acusação.

5.1. Requisitos para concessão do livramento condicional

O livramento condicional, para ser concedido, depende do preenchimento de requisitos:

a) **Objetivos** (relacionados à pena e à reparação do dano):

- *Espécie da pena***:** deve ser privativa de liberdade (reclusão, detenção ou prisão simples).
- *Quantidade da pena*: a pena privativa de liberdade imposta ao condenado, a qual se encontra em sede de execução, deve ser igual ou superior a 2 (dois) anos. Nesse ponto, convém destacar que, nos termos do art. 84 do Código Penal, "as penas que correspondem a infrações diversas devem somar-se para efeito do livramento".
- *Parcela da pena já cumprida*: o montante depende das condições do condenado e da natureza do crime por ele praticado.
    - Condenado não reincidente em crime doloso com bons antecedentes: basta o cumprimento de mais de um terço da pena (CP, art. 83, I). Trata-se do livramento condicional **simples**.
    - Condenado reincidente em crime culposo: há duas posições: 1.ª) encaixa-se na regra prevista no art. 83, I, do Código Penal; e 2.ª) esse tratamento a ele não se aplica, pois um reincidente em crime culposo não pode ser considerado possuidor de bons antecedentes.

- Condenado reincidente em crime doloso: exige-se o cumprimento de mais de metade da pena (CP, art. 83, II). É o livramento condicional **qualificado**. E, na hipótese de diversos crimes, o requisito objetivo é o cumprimento de mais da metade do total das penas unificadas.
- Condenado não reincidente em crime doloso, mas portador de maus antecedentes: não se enquadra no inciso I nem no inciso II do art. 83 do Código Penal. Há duas posições: 1.ª) deve receber igual tratamento dispensado ao reincidente em crime doloso, de modo que o livramento condicional só será possível com o cumprimento de mais de metade da pena. Como não possui bons antecedentes, não se amolda ao inciso I, que exige dois requisitos cumulativos (não ser reincidente em crime doloso e ostentar bons antecedentes). Aplica-se subsidiariamente, portanto, a regra delineada pelo inciso II; 2.ª) É necessário adotar a posição mais favorável ao condenado, em face da ausência de expressa previsão legal. Destarte, será cabível o benefício com o cumprimento de mais de um terço da pena, pois, embora portador de maus antecedentes, não é reincidente em crime doloso. É a posição do Superior Tribunal de Justiça (HC 102.278/RJ, rel. Min. Jane Silva (Desembargadora convocada do TJ/MG), 6.ª Turma, j. 03.04.2008).
- Condenado pela prática de crime hediondo (Lei 8.072/1990, art. 1.º) ou equiparado (tráfico de drogas, tortura e terrorismo) ou pelo tráfico de pessoas que não seja reincidente específico em delitos dessa natureza: é necessário o cumprimento de mais de dois terços da pena. Cuida-se do livramento condicional **específico** (CP, art. 83, V).
- Condenado por crime hediondo (ou equiparado) ou tráfico de pessoas quando reincidente específico em delito dessa natureza: é vedado o livramento condicional (CP, art. 83, V).
- Condenado, primário ou reincidente, por crime hediondo ou equiparado com resultado morte: não se admite o livramento condicional (Lei 7.210/1984 – Lei de Execução Penal, art. 112, VI, "a" e VIII).

- *Reparação do dano*: dispensa-se esse requisito quando comprovada a efetiva impossibilidade do condenado em atendê-lo (CP, art. 83, IV). Esse requisito pode ser ainda dispensado quando a vítima não for encontrada para ser indenizada, bem como quando renunciar a dívida ou mostrar-se desinteressada em ser ressarcida.

b) **Subjetivos** (relacionados às condições pessoais do condenado):
- *Bom comportamento durante a execução da pena* (CP, art. 83, III, "a"): esse requisito deve ser comprovado pelo **diretor do estabelecimento prisional**, levando em conta o modo de agir do condenado após o início da execução da

pena, de uma forma ampla, desprezando-se seu comportamento pretérito. Além disso, sua análise deve incidir sobre **todo o histórico prisional do condenado**, não se limitando ao período de 12 meses exigido na alínea "b" do inc. III do art. 83 do Código Penal (STJ: **Tema 1.161 do Recurso Repetitivo**).

- *Não cometimento de falta grave nos últimos 12 meses* (CP, art. 83, III, "b"): a relação das faltas graves aplicáveis aos condenados à pena privativa de liberdade encontra-se no art. 50 da Lei 7.210/1984 – Lei de Execução Penal. Se a falta grave foi cometida em período anterior aos 12 meses do pedido de livramento condicional, em tese o benefício será cabível, desde que sua prática não seja incompatível com o "bom comportamento durante a execução da pena" elencado pelo art. 83, III, "a", do Código Penal.

- *Bom desempenho no trabalho que lhe foi atribuído* (CP, art. 83, III, "c"): esse requisito deve ser desprezado quando, em face de problemas do estabelecimento prisional, nenhum trabalho foi atribuído ao condenado.

- *Aptidão para prover a própria subsistência mediante trabalho honesto* (CP, art. 83, III, "d"): exige-se unicamente prova da **aptidão** para o exercício de trabalho honesto, e não de emprego certo e garantido após a saída do estabelecimento prisional.

- *Para o condenado por crime doloso, cometido com violência ou grave ameaça à pessoa, a constatação de condições pessoais que façam presumir que o liberado não voltará a delinquir* (art. 83, parágrafo único): esse requisito deve ser constatado pela Comissão Técnica de Classificação, responsável pela elaboração e fiscalização do programa de individualização da execução penal (LEP, arts. 5.º a 9.º). Faz-se um **juízo de prognose**, direcionado ao futuro, com o propósito de constatar se, em razão de suas condições pessoais, é provável a reincidência pelo condenado. Esse requisito, obrigatório para os crimes cometidos com violência à pessoa ou grave ameaça, é facultativo para os demais delitos.

O pedido de livramento condicional deve ser endereçado ao juízo da execução (LEP, arts. 66, III, "e", e 131). Não precisa ser subscrito por advogado, a teor do art. 712, *caput*, do Código de Processo Penal: "o livramento condicional poderá ser concedido mediante requerimento do sentenciado, de seu cônjuge ou de parente em linha reta, ou por proposta do diretor do estabelecimento penal, ou por iniciativa do Conselho Penitenciário".

A decisão que concede (ou denega) o livramento condicional será sempre motivada e precedida de manifestação do Ministério Público e do defensor (LEP, art. 112, § 2.º), sob pena de nulidade. Tal decisão pode ser impugnada por recurso de agravo (LEP, art. 197).

Cap. 9 – Das Penas

Concedido o benefício, será expedida **carta de livramento** com cópia integral da decisão judicial em duas vias, remetendo-se uma à autoridade administrativa incumbida da sua execução e outra ao Conselho Penitenciário (LEP, art. 136).

Após, em dia marcado pelo presidente do Conselho Penitenciário, será realizada audiência admonitória, consistente em cerimônia solene no estabelecimento onde o condenado cumpre a pena privativa de liberdade, observando-se o procedimento previsto no art. 137 da Lei de Execução Penal: I – a sentença será lida ao liberando, na presença dos demais condenados, pelo presidente do Conselho Penitenciário ou membro por ele designado, ou, na falta, pelo juiz; II – a autoridade administrativa chamará a atenção do liberando para as condições impostas na sentença de livramento; e III – o liberando declarará se aceita as condições.

Se aceitar as condições, o liberado, ao sair do estabelecimento penal, receberá uma **caderneta**, que exibirá à autoridade judiciária ou administrativa sempre que lhe for exigida (LEP, art. 138, *caput*).

Importante

O livramento condicional obedece a condições:

a) **Condições legais**: serão **sempre** impostas ao liberado condicional as obrigações seguintes (LEP, art. 132, § 1.º - rol taxativo):

- *Obter ocupação lícita, dentro de prazo razoável, se for apto para o trabalho*: esse prazo razoável deve ser estipulado pelo juiz. Entende-se que, se o condenado for pessoa portadora de deficiência física impeditiva de atividade laborativa, não se impõe essa condição.
- *Comunicar periodicamente ao juiz sua ocupação*: o prazo da comunicação também deve ser indicado pelo magistrado. Na praxe, normalmente é mensal.
- *Não mudar do território da comarca do Juízo da Execução, sem prévia autorização deste.*

b) **Condições judiciais**: não são de aplicação peremptória, reservando espaço para a discricionariedade do magistrado. Poderão ser impostas ao liberado condicional, entre outras obrigações, as seguintes (CP, art. 132, § 2.º - rol exemplificativo):

- *Não mudar de residência sem comunicação ao juiz e à autoridade incumbida da observação cautelar e de proteção.*
- *Recolher-se à habitação em hora fixada*: o juízo da execução deve indicar precisamente o horário de recolhimento.
- *Não frequentar determinados lugares*: o juízo da execução deve indicar precisamente os lugares cuja frequência está proibida.

c) **Condições legais indiretas:** Consistem nas causas de revogação do livramento condicional, e recebem esse nome pela razão de se constituírem em **condições negativas**, ou seja, revogam o benefício se estiverem presentes. Portanto, o condenado, para não ensejar a revogação da liberdade antecipada durante o período de prova, deve evitar que tais acontecimentos se verifiquem.

Livramento condicional humanitário: é o livramento condicional deferido ao condenado que ainda não cumpriu o montante da pena legalmente exigido (CP, art. 83, I, II ou V), mas está acometido por enfermidade grave e incurável. Baseia-se em razões de piedade, de forma análoga ao *sursis* humanitário. Não pode ser permitido por ausência de previsão legal. Para a concessão do livramento condicional, o condenado deve atender a todos os requisitos objetivos e subjetivos exigidos pela legislação em vigor.

5.2. Revogação do livramento condicional

O livramento condicional é **precário**. Destarte, é inerente ao benefício sua possibilidade de revogação a qualquer momento, desde que não sejam cumpridas suas condições, legais, judiciais ou indiretas. Deve ser decretada pelo **juiz da execução**, de ofício, a requerimento do Ministério Público ou mediante representação do Conselho Penitenciário. Em qualquer caso, o juiz deve proceder à **prévia oitiva** do condenado, sob pena de nulidade por violação do princípio constitucional da ampla defesa.

A revogação pode ser de duas espécies:

a) **Obrigatória**: ao magistrado não é dado o direito de recusar as causas legais de revogação, não há qualquer margem de discricionariedade para o Poder Judiciário. Com efeito, dispõe o art. 86 do Código Penal: "revoga-se o livramento, se o liberado vem a ser condenado a pena privativa de liberdade, em sentença irrecorrível:"

I – *por crime cometido durante a vigência do benefício*: o liberado deve ser condenado à pena privativa de liberdade, por decisão transitada em julgado, por crime **cometido durante a vigência do benefício**. Nesse caso, o juiz poderá ordenar a prisão do liberado, ouvidos o Conselho Penitenciário e o Ministério Público, **suspendendo** o curso do livramento condicional, cuja revogação, entretanto, ficará dependendo da decisão final (LEP, art. 145). Se a decisão final for condenatória, e transitar em julgado, o juiz deverá revogar o livramento condicional. De fato, o juiz não poderá declarar extinta a pena, enquanto não passar em julgado a sentença em processo a que responde o liberado, por crime cometido na vigência do livramento (CP, art. 89). Como violou a confiança nele depositada pelo juízo da execução, praticando um crime durante a vigência do benefício, os efeitos da revogação são rigorosos, quais sejam (CP, art. 88 e LEP, arts. 141 e 142): (i) não se computa na pena o tempo em que esteve solto o liberado; (ii) não se concede, em relação à mesma pena, novo livramento; e (iii) não se pode somar o restante da pena cominada ao crime à nova pena, para fins de concessão de novo livramento.

II – por crime anterior, observado o disposto no art. 84 deste Código: o livramento condicional deve ser revogado quando o liberado vem a ser condenado a pena privativa de liberdade, em sentença irrecorrível, **por crime anterior**, observado o disposto no art. 84 do Código Penal. A referência ao art. 84 tem o seguinte significado: somente é possível a revogação quando a nova pena privativa de liberdade, somada à anterior, que ensejou o livramento condicional, resultar na impossibilidade de manutenção do benefício. Como, entretanto, o liberado não abusou da confiança nele depositada pelo Poder Judiciário, pois o crime foi cometido antes da concessão da liberdade antecipada, os efeitos da revogação são mais suaves, quais sejam (CP, art. 88 e LEP, arts. 141 e 142): (i) computa-se como cumprimento da pena o tempo em que o condenado esteve solto; (ii) admite-se a soma do tempo das duas penas para concessão de novo livramento; e (iii) permite-se novo livramento condicional, desde que o condenado tenha cumprido mais de um terço ou mais de metade do total da pena imposta (soma das penas), conforme seja primário e portador de bons antecedentes ou reincidente em crime doloso.

b) **Facultativa**: nos termos do art. 87 do Código Penal, "o juiz poderá, também, revogar o livramento, se o liberado deixar de cumprir qualquer das obrigações constantes da sentença, ou for irrecorrivelmente condenado, por crime ou contravenção, a pena que não seja privativa de liberdade". O dispositivo citado contém **causas judiciais** de revogação do livramento condicional, pois fica a critério do magistrado eventual manutenção do benefício. E, se decidir não revogá-lo, o juiz deverá advertir o liberado ou agravar as condições impostas (LEP, art. 140, parágrafo único). A revogação facultativa é possível em duas hipóteses:

1.ª hipótese: se o liberado deixar de cumprir qualquer das obrigações constantes da sentença.

2.ª hipótese: se o liberado for irrecorrivelmente condenado, por crime ou contravenção, a pena que não seja privativa de liberdade: é irrelevante o momento da prática do crime ou da contravenção penal, isto é, se antes do livramento condicional ou durante o período de experiência. Saliente-se, porém, que a revogação facultativa depende de condenação irrecorrível a pena que **não seja privativa de liberdade**.

5.3. Suspensão do livramento condicional

Dispõe o art. 145 da Lei de Execução Penal:

> Praticada pelo liberado outra infração penal, o juiz poderá ordenar a sua prisão, ouvidos o Conselho Penitenciário e o Ministério Público, suspendendo o curso do livramento condicional, cuja revogação, entretanto, ficará dependendo da decisão final.

A revogação do livramento condicional, tanto na modalidade obrigatória como na forma facultativa, quando motivada pela prática de crime ou contravenção penal, depende do trânsito em julgado da condenação (CP, arts. 86 e 87).

Pode acontecer, entretanto, de ser moroso o trâmite da ação penal iniciada em razão do cometimento do crime ou da contravenção penal, a ponto de não haver decisão definitiva ao tempo do término do período de prova do livramento condicional. Para superar esse entrave, o art. 145 da Lei de Execução Penal permite ao magistrado, depois de ouvidos o Conselho Penitenciário e o Ministério Público, a suspensão do livramento condicional até a decisão final.

O dispositivo legal é aplicável às hipóteses descritas pelo art. 86, I e II, bem como pelo art. 87, ambos do Código Penal. Com efeito, o art. 145 da LEP limita-se a falar em **prática de outra infração penal** (crime ou contravenção), pouco importando se na vigência do livramento condicional ou em momento pretérito. Não se exige, portanto, condenação definitiva, bastando o cometimento do crime ou da contravenção penal.

Ademais, a condenação por sentença irrecorrível decorrente de crime do qual resulte pena privativa de liberdade **deve** ensejar a revogação do benefício, enquanto a condenação definitiva por crime ou contravenção penal a pena que não seja privativa de liberdade **pode** produzir igual efeito.

Mas não é possível a suspensão do livramento condicional quando o liberado deixa de cumprir qualquer das obrigações decorrentes da sentença (CP, art. 87, 1.ª parte), pois a Lei de Execução Penal autoriza essa medida somente quando praticada outra infração penal.

5.4. Prorrogação do período de prova

É cabível a prorrogação do período de prova quando o beneficiário responde a ação penal em razão de **crime cometido na vigência do livramento condicional**. É o que dispõe o art. 89 do Código Penal: "o juiz não poderá declarar extinta a pena, enquanto não passar em julgado a sentença em processo a que responde o liberado, por crime cometido na vigência do livramento".

Nesse caso, o juiz da vara das execuções deve prorrogar o período de prova até o trânsito em julgado da sentença, que poderá ser condenatória ou absolutória. Para o Supremo Tribunal Federal, a prorrogação não é automática e depende de decisão judicial expressa.

Durante a prorrogação não subsistem as condições do livramento condicional, desde que já tenha sido ultrapassado o período de prova, ou seja, já tenha se esvaído o tempo restante da pena privativa de liberdade.

Com o término da prorrogação em razão de crime cometido durante a vigência do benefício, operando-se o trânsito em julgado da sentença, podem ocorrer as seguintes situações:

a) o liberado é absolvido: declara-se a extinção da pena privativa de liberdade;
b) o liberado é condenado a pena privativa de liberdade: o benefício é obrigatoriamente revogado (CP, art. 86, I e II); e
c) o liberado é condenado a pena que não seja privativa de liberdade: a revogação do livramento condicional é facultativa (CP, art. 87, *in fine*).

5.5. Extinção da pena

Superado sem revogação o período de prova do livramento condicional, considera-se extinta a pena privativa de liberdade (CP, art. 90). Como estatui a **Súmula 617 do Superior Tribunal de Justiça**: "a ausência de suspensão ou revogação do livramento condicional antes do término do período de prova enseja a extinção da punibilidade pelo integral cumprimento da pena".

Cuida-se de **sentença meramente declaratória**, com **eficácia retroativa (*ex tunc*)** à data em que se encerrou o período de prova. Destarte, extingue-se a pena privativa de liberdade com o término sem revogação do período de prova, e não com a decisão judicial que se limita a reconhecer o fim da sanção penal.

Antes da decretação da extinção da pena privativa de liberdade, o magistrado deve ouvir o Ministério Público (LEP, art. 67).

> **Importante**
>
> O livramento condicional, nada obstante constitua-se em benefício ao condenado que preenche os requisitos previstos no art. 83 do Código Penal, funciona como uma forma de cumprimento do restante da pena privativa de liberdade. Destarte, em sua execução deve ser observada a regra contida no art. 75 do Código Penal, atinente ao **limite de cumprimento da pena privativa de liberdade**. Em síntese, o tempo da pena privativa de liberdade efetivamente cumprida pelo sentenciado, somado ao período de prova do livramento condicional (CP, art. 83, I, II ou V), não pode ser superior a 40 (quarenta) anos.

6. EFEITOS DA CONDENAÇÃO E REABILITAÇÃO

6.1. Efeitos da condenação

Efeitos da condenação são todas as consequências que, direta ou indiretamente, atingem a pessoa do condenado por sentença penal transitada em julgado. Esses efeitos não se limitam ao campo penal.

Os efeitos da condenação se dividem em:

1) **Principais**: são a imposição da pena privativa de liberdade, restritiva de direitos, pecuniária, e, ainda, de medida de segurança ao semi-imputável dotado de periculosidade.

2) **Secundários**: se dividem em dois blocos:

   a) ***Penais***:
   - caracterização da reincidência, se posteriormente for praticado novo crime, com todas as consequências daí resultantes (CP, arts. 63 e 64);
   - fixação de regime fechado para cumprimento da pena privativa de liberdade, se for cometido novo crime (CP, art. 33, § 2.º);
   - configuração de maus antecedentes (CP, art. 59);
   - impedimento à concessão da suspensão condicional da pena, quando da prática de novo crime, e revogação, obrigatória ou facultativa, do sursis e do livramento condicional (CP, arts. 77, I e § 1.º, 81, I, 86, *caput*, e 87);
   - aumento ou interrupção do prazo da prescrição da pretensão executória (CP, arts. 110, *caput*, e 117, VI), em face do reconhecimento da reincidência quando da prática de novo crime;
   - revogação da reabilitação, como consequência do reconhecimento da reincidência (CP, art. 95);
   - conversão da pena restritiva de direitos por privativa de liberdade, se não for possível ao condenado o cumprimento simultâneo da pena substitutiva anterior (CP, art. 44, § 5.º);
   - vedação da concessão de privilégios a crimes contra o patrimônio, como desdobramento do reconhecimento da reincidência (CP, arts. 155, § 2.º, 170 e 171, § 1.º);
   - impossibilidade de concessão da transação penal e da suspensão condicional do processo, na eventual prática de novo delito (Lei 9.099/1995, arts. 76, § 2.º, I, e 89, *caput*).

   b) ***Extrapenais***:
   - *Genéricos* (CP, art. 91):
     – Obrigação de reparar o dano: o art. 91, I, do Código Penal, dispõe que é efeito da condenação "tornar certa a obrigação de indenizar o dano causado pelo crime". Em sintonia com esse dispositivo, o art. 63 do Código de Processo Penal estatui que "transitada em julgado a sentença condenatória, poderão promover-lhe a execução, no juízo cível, para efeito de reparação do dano, o ofendido, seu representante legal e seus herdeiros". Nesse sentido, estabelece o art. 515, VI, do Código de Processo

Civil de 2015, ser título executivo judicial a sentença penal condenatória transitada em julgado.

Recorde-se que a sentença que concede perdão judicial não é condenatória, mas declaratória da extinção da punibilidade (**Súmula 18 do STJ**). Por outro lado, a sentença que aplica medida de segurança ao inimputável é absolutória, enquanto a que impõe igual sanção penal ao semi-imputável é condenatória.

– Confisco: é a **perda de bens de natureza ilícita** em favor da União. A medida possui dupla finalidade: impedir a difusão de instrumentos adequados à prática de novos crimes e proibir o enriquecimento ilícito por parte do criminoso.

O art. 91, II, dispõe que são efeitos da condenação a perda em favor da União, ressalvado o direito do lesado ou de terceiro de boa-fé, dos **instrumentos do crime**, desde que consistam em coisas cujo fabrico, alienação, uso, porte ou detenção constitua fato ilícito; do **produto do crime** ou de qualquer bem ou valor que constitua **proveito** auferido pelo agente com a prática do fato criminoso.

A perda dos instrumentos do crime é **automática**, resultando do trânsito em julgado da sentença penal condenatória. Não cabe o confisco, por consequência, nos casos de absolvição, ou quando celebrada transação penal, por se tratar de sentença meramente homologatória, ou na hipótese de declaração da extinção da punibilidade fundada na prescrição da pretensão punitiva.

O produto e o proveito do crime deverão ser restituídos ao prejudicado pelo crime ou ao terceiro de boa-fé. O confisco pela União somente será efetuado se for desconhecida a identidade do proprietário do bem ou não for reclamado seu valor, hipótese em que, uma vez confiscados, os instrumentos e produtos do crime passam à União, integrando o patrimônio do Fundo Penitenciário Nacional (art. 2.º, IV, da Lei Complementar 79/1994, regulamentada pelo Decreto 1.093/1994).

• *Específicos* (CP, art. 92):

– Perda de cargo, função pública ou mandato eletivo: ocorre quando aplicada pena privativa de liberdade por tempo igual ou superior a um ano, nos crimes praticados com abuso de poder ou violação de dever para com a Administração Pública ou quando for aplicada pena privativa de liberdade por tempo superior a 4 (quatro) anos nos demais casos. Esses efeitos **não são automáticos**, devendo ser motivadamente declarados na sentença, considerando a natureza e a extensão do dano, bem como as condições pessoais do réu. Esse efeito específico da condenação não se confunde com a proibição do exercício de cargo, função ou atividade pública, elencada no art. 47, I, do Código Penal como pena restritiva de direitos, espécie de pena de interdição **temporária** de direitos. O efeito da condenação, por sua vez, é **permanente**, já que o condenado, ainda que seja posteriormente reabilitado, jamais poderá ocupar o cargo, função ou mandato objeto da perda, salvo se o recuperar por investidura legítima. Além disso, este efeito da condenação não alcança a **cassação da aposentadoria**, ainda que o crime tenha sido praticado quando o funcionário público estava na ativa.

– A incapacidade para o exercício do poder familiar, da tutela ou da curatela nos crimes dolosos sujeitos à pena de reclusão cometidos contra outrem igualmente titular do mesmo poder familiar, contra filho, filha ou outro descendente ou contra tutelado ou curatelado: esse efeito não é automático, e para a sua imposição reclama três requisitos: (1) **natureza do crime**: somente os dolosos; (2) **natureza da pena**: reclusão; e (3) **qualidade da vítima**: pessoa igualmente detentora do poder familiar. Presentes os requisitos, o juiz pode declarar na sentença esse efeito, independentemente da quantidade da pena e do regime prisional. Sua aplicação não é obrigatória, e sua pertinência deve ser avaliada no caso concreto, notadamente quando o crime provoque a incompatibilidade para o exercício do poder familiar, tutela ou curatela. Essa incapacidade pode ser estendida para alcançar outros filhos, pupilos ou curatelados, além da vítima do crime. Em relação à **vítima do crime doloso e punido com reclusão**, essa **incapacidade é permanente**. De fato, mesmo em caso de reabilitação é vedada a reintegração do agente na situação anterior (CP, art. 93, parágrafo único). No tocante **a outros filhos, pupilos ou curatelados**, a **incapacidade é provisória**, pois o condenado, se reabilitado, poderá voltar a exercer o poder familiar, tutela ou curatela.

– A inabilitação para dirigir veículo, quando utilizado como meio para a prática de crime doloso: a lei exige, portanto, dois requisitos: (1) o crime deve ser doloso; e (2) utilização do veículo como meio de execução. Não se autoriza esse efeito, pois, no caso de crime culposo.

6.2. Reabilitação

Reabilitação é o instituto jurídico-penal que se destina a **promover a reinserção social do condenado**, a ele assegurando o **sigilo de seus antecedentes criminais**, bem como a **suspensão condicional de determinados efeitos secundários de natureza extrapenal e específicos da condenação**, mediante a declaração judicial no sentido de que as penas a ele aplicadas foram cumpridas ou por qualquer outro modo extintas.

Tem, portanto, duas funções: (1) assegurar ao condenado o sigilo dos registros sobre seu processo e condenação (art. 93, *caput*); e (2) suspender condicionalmente os efeitos da condenação previstos no art. 92 do Código Penal (art. 93, parágrafo único).

Modalidades de reabilitação no Código Penal:

1) **Sigilo das condenações** (art. 93, *caput*, parte final): a reabilitação assegura ao condenado o sigilo dos registros sobre seu processo e condenação (CP, art. 93, *caput*, parte final). O **sigilo assegurado pela reabilitação é amplo**, pois as informações por ele cobertas somente podem ser obtidas por requisição (ordem), não de qualquer integrante do Poder Judiciário, mas exclusivamente do **juiz criminal** (CPP, art. 748 do Código de Processo Penal). Esse sigilo diferencia-se do disposto no art. 202 da Lei de Execução Penal, o qual estatui que, cumprida ou extinta a pena, não constarão da folha corrida, atestados ou certidões fornecidas por autoridade policial ou por auxiliares da Justiça, qualquer notícia ou referência à condenação, salvo para instruir processo pela prática de nova infração penal ou outros casos expressos em lei. O sigilo previsto na LEP prescinde da reabilitação, sendo garantido de forma automática e imediata depois do cumprimento integral ou extinção da pena por qualquer outro motivo, e é mais restrito, pois pode ser quebrado por qualquer autoridade judiciária, por membro do Ministério Público ou, ainda, por Delegado de Polícia.

2) **Efeitos secundários de natureza extrapenal e específicos da condenação** (art. 93, parágrafo único):

   a) *Perda de cargo, função pública ou mandato eletivo*: o art. 92, I, do Código Penal, prevê como efeito secundário de natureza extrapenal e específico da condenação a perda de cargo, função pública ou mandato eletivo quando aplicada pena privativa de liberdade por tempo igual ou superior a um ano, nos crimes praticados com abuso de poder, ou violação de dever para com a administração pública, ou ainda quando aplicada pena privativa de liberdade por tempo superior a quatro anos, nos demais crimes. O agente reabilitado não é reintegrado, automaticamente, à situação anterior, por expressa determinação do art. 93, parágrafo único, do Código Penal, mas pode voltar a exercer novo cargo, emprego ou função pública, **desde que proveniente de nova investidura**.

   b) *Incapacidade para o exercício do poder familiar, da tutela ou da curatela*: é efeito secundário de natureza extrapenal e específico da condenação a incapacidade para o exercício do poder familiar, da tutela ou da curatela nos crimes dolosos sujeitos à pena de reclusão cometidos contra outrem igualmente titular do mesmo poder familiar, contra filho, filha ou outro descendente ou contra tutelado ou curatelado (CP, art. 92, II). Esse efeito da condenação pode ser estendido a outros filhos, tutelados ou curatelados. Com a reabilitação, o condenado pode voltar a exercer o poder familiar, a tutela ou a curatela **em relação àqueles que não foram vítimas do delito doloso punido com reclusão**, pois em relação ao ofendido a incapacidade é permanente, conforme determina o art. 93, parágrafo único, do Código Penal.

c) **Inabilitação para dirigir veículo**: o art. 92, III, do Código Penal arrola como efeito secundário de natureza extrapenal e específico da condenação a inabilitação para dirigir veículo, quando utilizado como meio para a prática de crime doloso. Uma vez reabilitado, o agente **poderá obter nova carteira de habilitação**, sem qualquer restrição legal.

> **Importante**
>
> A interpretação do art. 94 do Código Penal revela que a reabilitação possui um pressuposto e diversos requisitos. O **pressuposto** é a existência de uma sentença condenatória transitada em julgado. É indiferente a natureza da sanção penal aplicada ao condenado, uma vez que a reabilitação alcança quaisquer penas aplicadas em sentença definitiva, tal como dispõe o art. 93, *caput*, do Código Penal. A lei exige, ainda, a observância de **requisitos**:
>
> a) **Objetivos**:
>
> - *Tempo de cumprimento da pena*: o art. 94, *caput*, do Código Penal, condiciona a reabilitação a um marco temporal. Deve ter transcorrido o período de **2 (dois) anos** do dia em que tiver sido extinta, de qualquer modo, a pena ou terminar a sua execução, computando-se o período de prova do *sursis* e do livramento condicional, se não sobrevier revogação. O prazo é o mesmo, seja o condenado primário ou reincidente. Nas hipóteses de *sursis* e de livramento condicional, o termo inicial do prazo é a audiência admonitória. Na pena de multa, o prazo se inicia a partir do seu efetivo pagamento, pois esse ato enseja a sua extinção. Se ocorrer a sua execução, motivada pela ausência do adimplemento voluntário, a multa será cobrada como dívida de valor, razão pela qual o decurso legal para a reabilitação inicia-se a partir da data em que deveria ter ocorrido o pagamento da pena pecuniária. Em se tratando de extinção da pena pela ocorrência da prescrição, a contagem do prazo tem início na data em que ocorreu a causa extintiva da punibilidade, pouco importando o momento em que se deu o seu reconhecimento judicial. **Se o agente ostentar diversas condenações, o pedido de reabilitação deve ser formulado no tocante a todas elas**.
>
> - *Reparação do dano*: o art. 94, III, do Código Penal autoriza a reabilitação ao condenado que tenha ressarcido o dano causado pelo crime ou demonstre a abso-

luta impossibilidade de fazê-lo, até o dia do pedido, ou exiba documento que comprove a renúncia da vítima ou novação da dívida. Esse requisito é dispensado quando já se operou a prescrição do débito no âmbito civil. Em homenagem à separação e independência entre as instâncias, subsiste a obrigação de reparar o dano, como requisito da reabilitação, quando em prol do penalmente condenado tiver sido julgado improcedente o pedido de indenização formulado no juízo civil. Com efeito, prevalece a decisão penal no tocante à prova da autoria e da materialidade do fato delituoso. Não há falar em dano a ser reparado nos crimes que não o produzem, tal como apologia ao crime, ato obsceno e associação criminosa. Da mesma forma, não incide esse requisito quando o crime não apresenta vítima determinada, ou ainda quando figura como sujeito passivo um ente destituído de personalidade jurídica (crime vago). A pobreza, na acepção jurídica do termo, que justifica a dispensa da reparação do dano, pode ser provada por qualquer meio legítimo. A renúncia da vítima ou a novação civil da dívida também autorizam a reabilitação independentemente do ressarcimento dos prejuízos. O fato de a vítima não ter ajuizado ação indenizatória contra o condenado não significa estar ele livre de reparar o dano.

b) **Subjetivos**:
- *Domicílio no país*: exige-se que o condenado tenha sido domiciliado no Brasil no prazo de dois anos após a extinção da pena, o que admite liberdade de prova.
- *Bom comportamento público e privado*: o condenado, no prazo de dois anos posteriormente à extinção da pena, deve ter apresentado, de forma efetiva e constante, bom comportamento público e privado.

Atenção

Reabilitação e reincidência: a reabilitação suspende condicionalmente alguns efeitos secundários de natureza extrapenal e específicos da condenação. A condenação, todavia, permanece íntegra, pois o instituto em análise não a rescinde. **Portanto, se, embora reabilitado, o agente vier a praticar novo delito, será considerado reincidente**. Com efeito, o art. 64, I, do Código Penal é peremptório ao esclarecer que a condenação anterior somente perde força para gerar a reincidência quando, entre a data do cumprimento ou extinção da pena dela decorrente e a infração posterior tiver decorrido período de tempo superior a 5 (cinco) anos, computado o período de prova da suspensão ou do livramento condicional, se não ocorrer revogação. Esse hiato temporal é o que se convencionou chamar de período depurador ou caducidade da reincidência.

> **Importante**
>
> **Pedido de reabilitação**: a legitimidade para formular o pedido de reabilitação é **privativa do condenado**. Cuida-se de ato eminentemente pessoal, intransferível. Não se estende aos seus herdeiros ou sucessores em caso de falecimento do titular, o que se justifica pela finalidade do instituto (reinserção social do condenado).
>
> O condenado deve ser assistido por advogado e o pedido deve ser endereçado ao juízo de primeiro grau em que tramitou a ação penal, ainda que a decisão condenatória transitada em julgado tenha sido proferida em sede recursal. No caso de competência originária, a reabilitação deve ser ajuizada perante o Tribunal competente.
>
> A petição inicial deve estar acompanhada de todos os requisitos de índole objetiva e subjetiva, disciplinados pelo art. 94 do Código Penal. Deve ser ouvido o Ministério Público previamente à decisão judicial. A sentença que concede ou nega a reabilitação pode ser impugnada por meio de recurso de apelação, na forma do art. 593, II, do Código de Processo Penal. Na hipótese de concessão, comporta também recurso de ofício, conforme determina o art. 746 do citado diploma legal.
>
> O art. 94, parágrafo único, do Código Penal revela o caráter *rebus sic stantibus* da reabilitação, pois, uma vez negada, poderá ser novamente requerida, a qualquer tempo, desde que o pedido seja instruído com novos elementos comprobatórios dos requisitos necessários.
>
> - **Revogação da reabilitação**: preceitua o art. 95 do Código Penal: "a reabilitação será revogada, de ofício ou a requerimento do Ministério Público, se o reabilitado for condenado, como reincidente, por decisão definitiva, a pena que não seja de multa".

7. MEDIDAS DE SEGURANÇA

Medida de segurança é a modalidade de sanção penal com finalidade exclusivamente preventiva, e de caráter terapêutico, destinada a tratar inimputáveis e semi-imputáveis portadores de periculosidade, com o escopo de evitar a prática de futuras infrações penais.

Princípios das medidas de segurança:

1) **Legalidade**: apenas a lei pode criar medidas de segurança. Não podem ser veiculadas por medida provisória, nos termos do art. 62, § 1.º, I, "b", da Constituição Federal.

2) **Anterioridade**: somente se admite a imposição de uma medida de segurança quando sua previsão legal for anterior à prática da infração penal, eis que a essa

espécie de sanção penal também incide o princípio constitucional da irretroatividade da lei penal mais severa (CF, art. 5.º, XL).

3) **Jurisdicionalidade**: a medida de segurança apenas pode ser aplicada pelo Poder Judiciário, com observância do devido processo legal.

A aplicação de medida depende de três requisitos:

1) **Prática de um fato típico e ilícito**: reclamam-se certeza da autoria e prova da materialidade do fato delituoso.

2) **Periculosidade do agente**: é a **efetiva probabilidade**, relativa ao responsável por uma infração penal, inimputável ou semi-imputável, de voltar a envolver-se em crimes ou contravenções penais. Extrai-se da natureza e da gravidade do fato cometido e das circunstâncias indicadas na legislação nacional. A periculosidade pode ser:

   a) **Presumida**: é a que ocorre quando a lei, expressamente, considera determinado indivíduo perigoso. Essa presunção é absoluta (*iuris et de iure*), e o juiz tem a obrigação de impor ao agente a medida de segurança. Aplica-se aos inimputáveis do art. 26, *caput*, do Código Penal, de modo que tais pessoas serão submetidas a medida de segurança quando comprovado seu envolvimento em uma infração penal.

   b) **Real**: é a que deve ser provada no caso concreto, isto é, a lei não presume sua existência. É aplicável aos semi-imputáveis do art. 26, parágrafo único, do Código Penal. Destarte, quando um semi-imputável comete uma infração penal, será tratado como culpável, salvo se o exame pericial que constatar sua responsabilidade diminuída concluir também (e essa conclusão for aceita pelo magistrado) pela sua periculosidade, recomendando a substituição da pena por medida de segurança.

3) **Não tenha ocorrido a extinção da punibilidade**: é obrigatório que o Estado ainda possua o direito de punir. Nos termos do art. 96, parágrafo único, do Código Penal: "Extinta a punibilidade, não se impõe medida de segurança nem subsiste a que tenha sido imposta". Desse modo, se já tiver verificado a extinção da punibilidade, pela prescrição ou por qualquer outra causa, não pode ser aplicada medida de segurança.

Aplicação da medida de segurança:

1) **Inimputável** (CP, art. 26, *caput*): o **inimputável** que pratica uma infração penal é absolvido (CPP, art. 386, VI). Não se aplica pena, em virtude da ausência de seu pressuposto, qual seja, a culpabilidade. Trata-se de **sentença absolutória imprópria**, assim chamada por recair sobre o réu uma sanção penal, na forma definida pelo art. 386, parágrafo único, III, do Código de Processo Penal. De acordo com a

Súmula 422 do Supremo Tribunal Federal, "a absolvição criminal não prejudica a medida de segurança, quando couber, ainda que importe privação da liberdade".

2) **Semi-imputável** (CP, art. 26, parágrafo único): no tocante ao **semi-imputável** responsável por um crime ou contravenção penal, a sentença é **condenatória**. A presença da culpabilidade, embora diminuída, autoriza a imposição de pena, reduzida obrigatoriamente de um a dois terços. Se, entretanto, constatar-se a sua periculosidade, de forma a necessitar o condenado de especial tratamento curativo, a pena reduzida pode ser substituída por medida de segurança. O art. 98 do Código Penal acolheu o **sistema vicariante** ou **unitário**, pois ao semi-imputável será aplicada pena reduzida de um a dois terços ou medida de segurança, conforme seja mais adequado ao caso concreto. Nada impede a imposição **simultânea** ao semi-imputável de pena privativa de liberdade e de medida de segurança, **pela prática de fatos diversos**, situação que não viola o sistema vicariante. Nesse contexto, se o condenado estava cumprindo pena e sobreveio a imposição, em outra ação penal, de medida de segurança, não é obrigatória a conversão da reprimenda em internação ou tratamento ambulatorial.

O art. 96 do Código Penal apresenta duas espécies de medidas de segurança:

1) **Detentiva** (inciso I): consiste em **internação** em hospital de custódia e tratamento psiquiátrico ou, à falta, em outro estabelecimento adequado. Importa em privação da liberdade do agente.

2) **Restritiva** (inciso II): é a sujeição a **tratamento ambulatorial**. O agente permanece livre, mas submetido a tratamento médico adequado.

O critério para escolha da espécie de medida de segurança a ser aplicada reside na **natureza da pena cominada** à infração penal. Com efeito, dispõe o art. 97, *caput*, do Código Penal, que se o fato for punível com:

1) **Reclusão**: o juiz determinará, obrigatoriamente, sua **internação**.

2) **Detenção**: o juiz poderá optar entre a **internação** e o **tratamento ambulatorial**. No caso de pena de detenção, a escolha entre as medidas de segurança detentiva e restritiva deve ser guiada pelo grau de periculosidade do réu.

Atenção

O Supremo Tribunal Federal e o Superior Tribunal de Justiça admitem, em casos excepcionais, a substituição da internação por medida de tratamento ambulatorial quando a pena estabelecida para o tipo é a reclusão, notadamente quando manifesta a desnecessidade da internação (STF, HC 85.401/RS, rel. Min. Cezar Peluso, 2.ª Turma, j. 04.12.2009; STJ, EREsp 998.128/MG, rel. Min. Ribeiro Dantas, 3.ª Seção, j. 27.11.2019, noticiado no *Informativo* 662).

Cap. 9 – Das Penas

Importante

1) **Prazo da medida de segurança:**

- **Mínimo**: a sentença que aplica medida de segurança deve, obrigatoriamente, fixar o prazo mínimo de internação ou tratamento ambulatorial, entre um a três anos, nos termos do art. 97, § 1.º, *in fine*, do Código Penal. O prazo mínimo se destina à **realização do exame de cessação da periculosidade**.

- **Máximo**: o Código Penal estabelece em seu art. 97, § 1.º, 1.ª parte: "a internação, ou tratamento ambulatorial, será por tempo indeterminado, perdurando enquanto não for averiguada, mediante perícia médica, a cessação de periculosidade". O **Superior Tribunal de Justiça** entende que a duração da medida de segurança não pode ultrapassar o limite máximo da pena cominada ao delito praticado, em obediência aos **princípios da isonomia e da proporcionalidade, pois caso contrário os destinatários das medidas de segurança, normalmente inimputáveis, acabariam recebendo um tratamento jurídico-penal mais severo do que aquele dispensado aos imputáveis.** Este é o entendimento consolidado na **Súmula 527**: "o tempo de duração da medida de segurança não deve ultrapassar o limite máximo da pena abstratamente cominada ao delito praticado".

2) Com o trânsito em julgado da sentença que aplica a medida de segurança, será ordenada pelo juiz a expedição de **guia para a execução** (LEP, art. 171). Essa guia é imprescindível, pois sem ela ninguém será internado em hospital de custódia e tratamento psiquiátrico, nem submetido a tratamento ambulatorial, para cumprimento da medida de segurança (LEP, art. 172).

Em se tratando de internação, o agente é obrigatoriamente submetido a exame criminológico. No tratamento ambulatorial esse exame é facultativo (LEP, art. 174).

Durante a execução da medida de segurança, o sentenciado pode contratar médico de sua confiança pessoal para orientar e acompanhar o tratamento. Em caso de divergência entre o profissional particular e o médico oficial, decidirá o juiz da execução (LEP, art. 43, *caput* e parágrafo único).

Ao término do prazo mínimo de duração da medida de segurança, será averiguada a cessação da periculosidade, pelo exame das condições pessoais do agente. O procedimento a ser seguido consta do art. 175 da Lei de Execução Penal:

> I – a autoridade administrativa, até 1 (um) mês antes de expirar o prazo de duração mínima da medida, remeterá ao Juiz minucioso relatório que o habilite a resolver sobre a revogação ou permanência da medida;
>
> II – o relatório será instruído com o laudo psiquiátrico;
>
> III – juntado aos autos o relatório ou realizadas as diligências, serão ouvidos, sucessivamente, o Ministério Público e o curador ou defensor, no prazo de 3 (três) dias para cada um;

IV – o Juiz nomeará curador ou defensor para o agente que não o tiver;

V – o Juiz, de ofício ou a requerimento de qualquer das partes, poderá determinar novas diligências, ainda que expirado o prazo de duração mínima da medida de segurança; e

V – ouvidas as partes ou realizadas as diligências a que se refere o inciso anterior, o Juiz proferirá a sua decisão, no prazo de 5 (cinco) dias.

Excepcionalmente, o juiz pode determinar a antecipação do exame de cessação da periculosidade, embora não decorrido o período mínimo de duração da medida de segurança, atendendo a pedido fundamentado do Ministério Público ou do interessado, seu procurador ou defensor (LEP, art. 176). Ainda que não previsto em lei, entende-se que o juiz pode também, de ofício, ordenar antecipadamente a realização do exame, quando tiver ciência de fato relevante capaz de justificar sua atuação.

Se concluir pela persistência da periculosidade, o juiz manterá a medida de segurança, devendo a autoridade administrativa renovar o exame psiquiátrico de ano em ano, ou a qualquer tempo, se o determinar o juiz da execução (CP, art. 97, § 2.º).

Por outro lado, se concluir pela cessação da periculosidade, o juiz **suspende** a execução da medida de segurança, determinando a **desinternação** (para a espécie detentiva) ou a **liberação** (para a modalidade restritiva) do agente. Essa decisão comporta agravo em execução, **com efeito suspensivo**, pois a desinternação ou liberação dependem do trânsito em julgado (LEP, art. 179). Essa é a única hipótese de agravo de execução com efeito suspensivo (LEP, art. 197 c/c art. 179).

A desinternação e a liberação serão sempre **condicionadas**, pois o juiz deve impor ao agente as mesmas condições do livramento condicional (LEP, art. 178). Essas condições se dividem em:

- **Obrigatórias:** a) obter ocupação lícita, se apto para o trabalho, b) comunicar periodicamente ao juiz sua ocupação, e c) não mudar da comarca sem prévia autorização judicial (LEP, art. 178 c/c o art. 132, § 1.º).

- **Facultativas**: o juiz tem, ainda, a discricionariedade para impor as seguintes condições: a) não mudar de residência sem comunicação ao juiz e à autoridade incumbida da observância cautelar e de proteção, b) recolher-se à habitação em hora fixada, e c) não frequentar determinados lugares (LEP, art. 178 c/c o art. 132, § 2.º).

A desinternação e a liberação, de natureza condicional, serão revogadas pelo juízo da execução se o agente, **antes do decurso de 1 ano**, praticar fato, e não necessariamente infração penal, indicativo da manutenção da sua periculosidade (CP, art. 97, § 3.º).

O internado ou submetido a tratamento ambulatorial que foi liberado pelo período de 1 (um) ano, a contar da saída do estabelecimento, é chamado de **egresso** pelo art. 26, I, da Lei de Execução Penal.

3) **Conversão do tratamento ambulatorial em internação**: de acordo com o art. 97, § 4.º, do Código Penal, "em qualquer fase do tratamento ambulatorial, poderá o juiz determinar a internação do agente, se essa providência for necessária para fins curativos". E, ainda, estabelece o art. 184 da Lei de Execução Penal: "o tratamento ambulatorial poderá ser convertido em internação se o agente revelar incompatibilidade com a medida". Além disso, determina o parágrafo único do citado dispositivo legal que, nessa hipótese, o prazo mínimo de internação será de 1 (um) ano.

4) **Desinternação progressiva**: cuida-se da **conversão da internação para tratamento ambulatorial**, durante o prazo de duração da medida de segurança, como forma de preparar o sentenciado, progressivamente, para o retorno ao convívio social, nos casos em que a internação não se mostra mais necessária, embora o agente dependa da manutenção dos cuidados médicos. Essa providência, nada obstante não prevista em lei, tem sido admitida na prática forense, uma vez que a medida de segurança não possui o caráter de castigo, podendo ser abrandada quando a situação fática dispensar a privação da liberdade do agente.

5) **Conversão da pena em medida de segurança**: se no curso da execução da pena privativa de liberdade sobrevier ao condenado doença mental ou perturbação de saúde mental, o art. 183 da Lei de Execução Penal autoriza o juiz, de ofício, a requerimento do Ministério Público ou da autoridade administrativa, a substituí-la por medida de segurança. Essa substituição somente deve ocorrer quando a doença mental ou perturbação da saúde mental for de natureza **permanente**. Se transitória, transfere-se o condenado a hospital de custódia e tratamento psiquiátrico, e, uma vez curado, retorna ao estabelecimento prisional, nos moldes do art. 41 do Código Penal. A conversão somente poderá ser efetuada **durante o prazo de cumprimento da pena, e necessita de perícia médica**.

Para o Superior Tribunal de Justiça, "em se tratando de medida de segurança aplicada em substituição à pena corporal, prevista no art. 183 da Lei de Execução Penal, sua **duração está adstrita ao tempo que resta para o cumprimento da pena privativa de liberdade** estabelecida na sentença condenatória, sob pena de ofensa à coisa julgada" (HC 130.162/SP, rel. Min. Maria Thereza de Assis Moura, 6.ª Turma, j. 02.08.2012).

8. EXTINÇÃO DA PUNIBILIDADE

Praticado um crime ou uma contravenção penal, nasce automaticamente a **punibilidade**, compreendida como a **possibilidade jurídica de o Estado impor uma sanção penal ao responsável (autor, coautor ou partícipe) pela infração penal**. A punibilidade consiste, pois, em **consequência da infração penal**. Não é seu elemento, razão pela qual o crime e a contravenção penal permanecem íntegros com a superveniência de causa extintiva da punibilidade. Em hipóteses excepcionais, entretanto, a extinção da punibilidade elimina a própria infração penal, como nos casos da *abolitio criminis* e da anistia.

> **Você precisa ler**
>
> O art. 107 do Código Penal apresenta um rol exemplificativo contendo algumas causas de extinção da punibilidade admitidas pelo Direito Penal brasileiro. Porém, diversas outras causas extintivas podem ser encontradas na legislação especial, destacando-se: o término do período de prova, sem revogação, do *sursis*, do livramento condicional e da suspensão condicional do processo (Lei 9.099/1995, art. 89); as escusas absolutórias (CP, arts. 181 e 348, § 2.º); a reparação do dano, no peculato culposo, efetivada antes do trânsito em julgado da sentença condenatória (CP, art. 312, § 3.º); o pagamento do tributo ou contribuição social nos crimes contra a ordem tributária (Lei 10.684/2003, art. 9.º, § 2.º); a confissão espontânea e pagamento das contribuições, importâncias ou valores e prestação das informações devidas à previdência social, na forma definida em lei ou regulamento, antes do início da ação fiscal, nos crimes de apropriação indébita previdenciária e sonegação de contribuição previdenciária (CP, arts. 168-A, § 2.º, e 337-A, § 1.º, e Lei 9.430/1996, art. 83, § 4.º); morte do cônjuge ofendido no crime de induzimento a erro essencial e ocultação de impedimento (CP, art. 236), por se tratar de ação penal privada personalíssima; cumprimento integral do acordo de leniência, relativamente aos crimes contra a ordem econômica tipificados na Lei 8.137/1990 (Lei 12.529/2011, art. 87, parágrafo único); cumprimento integral do acordo de não persecução penal (CPP, art. 28-A, § 13).

As causas de extinção da punibilidade podem alcançar a:

1) **Pretensão punitiva**: interesse do Estado em aplicar a sanção penal, que surge com a prática da infração penal. Exemplos de causas extintivas que atacam exclusivamente a pretensão punitiva: decadência, perempção, renúncia do direito de queixa, perdão aceito, retratação do agente e perdão judicial. As causas de extinção da punibilidade que atingem a pretensão punitiva eliminam todos os efeitos penais de eventual sentença condenatória já proferida. Destarte, esse ato judicial não serve

como pressuposto da reincidência, nem pode ser usado como título executivo judicial na área cível.

2) **Pretensão executória**: interesse do Estado em exigir o cumprimento de uma sanção penal já imposta, que nasce com o trânsito em julgado da condenação. Exemplos de causas extintivas que atacam exclusivamente a pretensão executória: indulto e graça. Além disso, o *sursis* e o livramento condicional, previstos fora do art. 107 do Código Penal, afetam exclusivamente a pretensão executória, em face do término do período de prova sem revogação. As causas extintivas que afetam a pretensão executória, salvo nas hipóteses de *abolitio criminis* e anistia, apagam unicamente o efeito principal da condenação: a pena. Subsistem os efeitos secundários da sentença condenatória: pressuposto da reincidência e constituição de título executivo judicial no campo civil. Nesse contexto, estatui a **Súmula 631 do Superior Tribunal de Justiça**: "o indulto extingue os efeitos primários da condenação (pretensão executória), mas não atinge os efeitos secundários, penais ou extrapenais".

Importante

Extinção da punibilidade nos crimes acessórios, complexos e conexos: estabelece o art. 108 do Código Penal: "a extinção da punibilidade de crime que é pressuposto, elemento constitutivo ou circunstância agravante de outro não se estende a este. Nos crimes conexos, a extinção da punibilidade de um deles não impede, quanto aos outros, a agravação da pena resultante da conexão".

- **Crime acessório** (aquele cuja existência depende da prática anterior de outro crime, chamado de principal): a extinção da punibilidade do crime principal não se estende ao crime acessório. Exemplo: a lavagem de dinheiro (Lei 9.613/1998, art. 1.º) será punível mesmo com a extinção da infração penal que permitiu a sua prática.

- **Crime complexo** (aquele que resulta da união de dois ou mais crimes): a extinção da punibilidade da parte (um dos crimes) não alcança o todo (crime complexo). Exemplo: eventual prescrição do roubo não importa na automática extinção da punibilidade do latrocínio.

- **Crime conexo** (aquele praticado para assegurar a execução, a ocultação, a impunidade ou a vantagem de outro crime): a extinção da punibilidade de um deles não impede, quanto aos outros, a agravação da pena resultante da conexão. Exemplo: indivíduo que, para vender drogas, mata um policial que o investigava. A ele serão imputados os crimes de homicídio qualificado pela conexão (CP, art. 121, § 2.º, V) em concurso material com o tráfico de drogas (Lei 11.343/2006, art. 33). De acordo com o art. 108 do Código Penal, ainda que ocorra a prescrição do tráfico de drogas, subsiste, no tocante ao homicídio, a qualificadora da conexão.

No âmbito do **princípio da consunção** (conflito aparente de normas penais), a extinção da punibilidade do crime-fim igualmente atinge o direito de punir do Estado em relação ao crime-meio.

8.1. Causas da extinção da punibilidade

Causas de extinção da punibilidade do art. 107 do Código Penal:

1) **Morte do agente**: cuida-se de **causa personalíssima**, razão pela qual não se comunica aos demais coautores e partícipes, que respondem normalmente pela infração penal. Essa regra alcança todas as espécies de penas (privativa de liberdade, restritiva de direitos e multa), além dos efeitos penais da sentença condenatória. Excepcionam-se, porém, por expressa disposição constitucional, a obrigação de reparar o dano, até os limites das forças da herança, e a decretação do perdimento de bens. Além disso, se a morte do agente ocorrer após o trânsito em julgado da condenação, subsistem os efeitos secundários **extrapenais**, autorizando a execução da sentença penal no juízo cível contra os seus herdeiros nos limites da herança.

2) **Anistia**, **graça** ou **indulto**: somente acarretam na extinção da punibilidade de seu destinatário após acolhimento por decisão judicial.

   a) **Anistia**: é a exclusão, por lei ordinária com efeitos retroativos (*ex tunc*), de um ou mais fatos criminosos do campo de incidência do Direito Penal, rescindindo até mesmo a condenação. É concedida por **lei ordinária** editada pelo **Congresso Nacional** (CF, arts. 21, XVII, e 48, VIII). Abrange **fatos**, e não indivíduos, embora possam ser impostas condições específicas ao réu ou condenado (anistia **condicionada**). E, concedida a anistia, o juiz, de ofício, a requerimento do interessado ou do Ministério Público, por proposta da autoridade administrativa ou do Conselho Penitenciário, declarará extinta a punibilidade (LEP, art. 187). Os crimes hediondos e equiparados são incompatíveis com a anistia (CF, art. 5.º, XLIII). A anistia divide-se em:

   - *Própria* (quando concedida anteriormente à condenação) ou *imprópria* (quando concedida após a sentença condenatória).
   - *Condicionada* (sujeita a condições, hipótese em que pode ser recusada por seu destinatário) ou *incondicionada* (não sujeita a condições).
   - *Geral* (concedida em termos gerais) ou *parcial* (faz exceções entre crimes ou pessoas).

   b) **Graça** (ou **indulto individual**): tem por objeto **crimes comuns, com sentença condenatória transitada em julgado**, visando o benefício de **pessoa deter-**

minada por meio da extinção ou comutação da pena imposta. A graça é **ato privativo e discricionário do Presidente da República** (CF, art. 84, XII), desde que respeitadas as vedações impostas pelo sistema constitucional, e passível de delegação aos Ministros de Estado, ao Procurador-Geral da República ou ao Advogado-Geral da União (CF, art. 84, parágrafo único). Alcança apenas o cumprimento da pena, na forma realçada pelo decreto presidencial, restando íntegros os efeitos penais secundários e também os efeitos de natureza civil. Os crimes hediondos e equiparados são incompatíveis com a graça (CF, art. 5.º, XLIII). A graça normalmente não poderá ser recusada, salvo quando proposta comutação de pena (CPP, art. 739) ou submetida a condições para sua concessão. E, uma vez concedida a graça ou indulto individual, e anexada aos autos cópia do decreto, o juiz declarará extinta a punibilidade ou ajustará a execução aos termos do decreto, em caso de comutação da pena (LEP, art. 192). A graça classifica-se como:

- *Plena* (quando importa em extinção da pena imposta ao condenado) ou *parcial* (quando acarreta em diminuição ou comutação da pena).

c) **Indulto (*indulto propriamente dito* ou *indulto coletivo*)**: é modalidade de clemência concedida **espontaneamente** pelo Presidente da República a todo o **grupo de condenados** que preencherem os requisitos apontados pelo decreto. Embora essa seja a regra, não se faz necessário o trânsito em julgado da sentença condenatória para sua concessão. O indulto leva em consideração a duração da pena aplicada, bem como o preenchimento de determinados requisitos subjetivos e objetivos. A Lei de Crimes Hediondos – Lei 8.072/1990 –, em seu art. 2.º, I, vedou a concessão de indulto para crimes hediondos e equiparados. Igual vedação é atualmente prevista no art. 44, *caput*, da Lei 11.343/2006, no tocante ao tráfico de drogas. Embora o indulto não esteja expressamente previsto no art. 5.º, XLIII, da Constituição Federal, o Supremo Tribunal Federal entende que essa previsão legal é **constitucional**, pois a graça seria gênero do qual o indulto é espécie. Cumpre também destacar o teor da **Súmula 535 do Superior Tribunal de Justiça**: "a prática de falta grave não interrompe o prazo para fim de comutação de pena ou indulto". Além disso, convém observar a incidência do indulto não só às penas, mas também às medidas de segurança. O indulto pode ser:

- *Total* (quando há extinção da pena, subsistindo os demais efeitos, penais ou extrapenais, não abarcados pelo benefício, conforme Súmula 631 do STJ) ou *parcial* (quando há diminuição ou comutação de penas).
- *Condicionado* (sujeito a condições, hipótese em que pode ser recusado por seu destinatário) ou *incondicionado* (não sujeito a condições).

3) **Retroatividade de lei que não mais considera o fato como criminoso (abolitio criminis)**: é a nova lei que exclui do âmbito do Direito Penal um fato até então considerado criminoso (CP, art. 2.º, *caput*). Alcança a execução e os efeitos penais da sentença condenatória, não servindo como pressuposto da reincidência, nem configurando maus antecedentes. Sobrevivem, entretanto, os efeitos civis de eventual condenação, isto é, a obrigação de reparar o dano provocado pela infração penal e a constituição de título executivo judicial. Juízo competente para aplicação:

- *Inquérito policial* ou de *ação penal que se encontre em 1.º grau de jurisdição*: ao juiz natural compete a aplicação da lei mais favorável.
- *Ação penal em grau de recurso* ou *crime de competência originária dos Tribunais*: compete ao Tribunal respectivo.
- *Condenação transitada em julgado*: compete ao juízo da Vara das Execuções Criminais (LEP, art. 66, I, e STF, Súmula 611).

4) **Prescrição**: é a perda da **pretensão punitiva** ou da **pretensão executória** em face da inércia do Estado durante determinado **tempo legalmente previsto**. Pretensão punitiva é o interesse em aplicar uma sanção penal ao responsável por um crime ou por uma contravenção penal, enquanto a pretensão executória é o interesse em executar, em exigir que seja cumprida uma sanção penal já imposta. Para o cômputo de seu prazo observa-se o art. 10 do Código Penal: inclui-se o dia do começo e exclui-se o dia do final, contando-se os dias, os meses e os anos pelo calendário comum ou gregoriano. Os **prazos prescricionais são improrrogáveis**, não se suspendendo em finais de semana, feriados ou férias. Além disso, trata-se de **matéria de ordem pública**, podendo e devendo ser decretada de ofício, em qualquer tempo e grau de jurisdição, ou mediante requerimento de qualquer das partes (CPP, art. 61).

Imprescritibilidade: racismo (CF, art. 5.º, XLII), regulamentado pela Lei 7.716/1989, e ação de grupos armados, civis ou militares, contra a ordem constitucional e o Estado Democrático (CF, art. 5.º, XLIV), disciplinados no Título XII da Parte Especial do Código Penal – "Crimes contra o Estado Democrático de Direito". Entende-se, majoritariamente, que a legislação ordinária não pode criar outras hipóteses de imprescritibilidade.

Espécies de prescrição:

a) *Prescrição da pretensão punitiva:* na prescrição da pretensão punitiva, não há trânsito em julgado para ambas as partes (acusação e defesa). Essa modalidade de prescrição **obsta o exercício da ação penal**, seja na fase administrativa (inquérito policial) ou na fase judicial (ação penal), autorizando-se inclusive a rejeição da denúncia ou queixa, nos moldes do art. 395, II, do Código de Processo Penal. A prescrição da pretensão punitiva **apaga todos os efeitos de eventual sentença condenatória já proferida, principal**

ou secundários, penais ou extrapenais, não servindo como pressuposto da reincidência, nem como maus antecedentes. Além disso, não constituirá título executivo no juízo civil.

a.1) *Prescrição da pretensão punitiva propriamente dita ou prescrição da ação penal*:

Essa espécie de prescrição está disciplinada pelo art. 109, *caput*, do Código Penal: "a prescrição, antes de transitar em julgado a sentença final, [...], regula-se pelo máximo da pena privativa de liberdade cominada ao crime [...]".

A prescrição da ação penal é calculada com base no máximo da pena privativa de liberdade abstratamente cominada ao crime:

Máximo da pena privativa de liberdade abstratamente cominada ao delito	Prazo prescricional
Inferior a 1 ano (inciso VI)	3 anos
Igual ou superior a 1 ano, até 2 anos (inciso V)	4 anos
Superior a 2 anos até 4 anos (inciso IV)	8 anos
Superior a 4 anos até 8 anos (inciso III)	12 anos
Superior a 8 anos até 12 anos (inciso II)	16 anos
Superior a 12 anos (inciso I)	20 anos

Esses prazos são reduzidos pela metade quando o criminoso era, ao tempo do crime, menor de 21 (vinte e um) anos, ou, na data da sentença, maior de 70 (setenta) anos (CP, art. 115).

Como as causas de aumento podem levar a pena acima do limite máximo legal, e as causas de diminuição têm o condão de reduzi-la abaixo do piso mínimo, influem no cálculo da prescrição, ao contrário do que ocorre com as circunstâncias judiciais e com as agravantes e atenuantes genéricas. Nas causas de aumento da pena de quantidade variável, incide o percentual de **maior elevação**. Por outro lado, nas causas de diminuição da pena de quantidade variável, utiliza-se o percentual de **menor redução**.

O termo inicial encontra-se regulado pelo art. 111 do Código Penal:

> **Art. 111.** A prescrição, antes de transitar em julgado a sentença final, começa a correr:
>
> I – do dia em que o crime se consumou;
>
> II – no caso de tentativa, do dia em que cessou a atividade criminosa;
>
> III – nos crimes permanentes, do dia em que cessou a permanência;
>
> IV – nos de bigamia e nos de falsificação ou alteração de assentamento do registro civil, da data em que o fato se tornou conhecido.
>
> V – nos crimes contra a dignidade sexual ou que envolvam violência contra a criança e o adolescente, previstos neste Código ou em legislação especial, da data em que a vítima completar 18 (dezoito) anos, salvo se a esse tempo já houver sido proposta a ação penal.

As hipóteses de **interrupção da prescrição da pretensão punitiva** foram definidas pelo art. 117, I a IV, do Código Penal (rol taxativo):

> **Art. 117.** O curso da prescrição interrompe-se:
>
> I – pelo recebimento da denúncia ou da queixa;
>
> II – pela pronúncia;
>
> III – pela decisão confirmatória da pronúncia;
>
> IV – pela publicação da sentença ou acórdão condenatórios recorríveis.

Os incisos V e VI do art. 117 do Código Penal referem-se à interrupção da prescrição da pretensão executória. Interrupção do prazo significa que, verificada a causa legalmente prevista, o intervalo temporal volta ao seu início, desprezando-se o tempo até então ultrapassado.

Súmula 709 do Supremo Tribunal Federal: "salvo quando nula a decisão de primeiro grau, o acórdão que provê o recurso contra a rejeição da denúncia vale, desde logo, pelo recebimento dela".

Súmula 191 do Superior Tribunal de Justiça: "a pronúncia é causa interruptiva da prescrição, ainda que o Tribunal do Júri venha a desclassificar o crime".

De acordo com o § 1.º do art. 117, "excetuados os casos dos incisos V e VI deste artigo, a interrupção da prescrição produz efeitos relativamente a todos os autores do crime. Nos crimes conexos, que sejam objeto do mesmo processo, estende-se aos demais a interrupção relativa a qualquer deles". No que se refere ao concurso de pessoas, a interrupção da prescrição da pretensão punitiva produz efeitos relativamente a todos os coautores e partícipes do crime. Em relação aos crimes conexos (aqueles que possuem alguma ligação entre si), quando crimes forem objeto da mesma ação penal, ou seja, forem imputados ao réu na mesma denúncia ou na mesma queixa-crime, a interrupção relativa a qualquer deles estende os seus efeitos aos demais.

As **causas impeditivas da prescrição** (que obstam o início do curso da prescrição) estão disciplinadas pelo art. 116 do Código Penal:

> **Art. 116.** Antes de passar em julgado a sentença final, a prescrição não corre:
>
> I – enquanto não resolvida, em outro processo, questão de que dependa o reconhecimento da existência do crime;
>
> II – enquanto o agente cumpre pena no exterior;
>
> III – na pendência de embargos de declaração ou de recursos aos Tribunais Superiores, quando inadmissíveis; e
>
> IV – enquanto não cumprido ou não rescindido o acordo de não persecução penal.

Você precisa ler

A previsão de causas impeditivas e suspensivas da prescrição da pretensão punitiva não se restringe ao Código Penal, podendo ser encontradas nos seguintes diplomas legais:

Art. 89, § 6.º, da Lei 9.099/1995: suspensão condicional do processo, nos crimes com pena mínima igual ou inferior a 1 ano, em que também se opera a suspensão da prescrição.

Art. 366 do CPP: quando o réu, citado por edital, não comparecer ao interrogatório nem constituir defensor, suspende-se o processo e a prescrição.

Art. 368 do CPP: estando o acusado no estrangeiro, em lugar sabido, será citado mediante carta rogatória, suspendendo-se o curso da prescrição até o seu cumprimento.

Art. 53, § 5.º, da Constituição Federal: a sustação pela Câmara dos Deputados ou pelo Senado Federal, dos processos criminais contra Deputado Federal ou Senador, suspende a prescrição, enquanto durar o mandato.

Art. 87 da Lei 12.529/2011: acordo de leniência nos crimes contra a ordem econômica.

Art. 83, §§ 2.º e 3.º, da Lei 9.430/1996: parcelamento do débito tributário nos crimes contra a ordem tributária.

a.2) *Prescrição intercorrente*: é a **modalidade de prescrição da pretensão punitiva** (não há trânsito em julgado para ambas as partes) que se verifica entre a publicação da sentença condenatória (ou acórdão) recorrível e seu trânsito em julgado para a defesa. Depende do trânsito em julgado para a acusação no tocante à pena imposta, seja pela não interposição de recurso, seja pelo seu improvimento. É calculada com base na **pena aplicada**. Nos termos da **Súmula 146 do Supremo Tribunal Federal**: "a prescrição da ação penal regula-se pela pena concretizada na sentença, quando não há recurso da acusação". A prescrição superveniente pode ocorrer por dois motivos: *(i)* demora em se intimar o réu da sentença, isto é, ultrapassa-se o prazo prescricional e o réu ainda não foi dela intimado (CPP, art. 392), ou *(ii)* demora no julgamento do recurso de defesa, ou seja, o réu foi intimado, recorreu, superou-se o prazo da prescrição e o Tribunal ainda não apreciou o seu recurso.

A prescrição superveniente **não pode ser decretada na própria sentença condenatória**, em face da ausência do trânsito em julgado para a acusação, ou do improvimento do seu recurso. O Superior Tribunal de Justiça entende que, após o trânsito em julgado para a acusação, seja com o decurso *in albis* do prazo recursal, seja com o improvimento do seu recurso pelo Tribunal, pode ser decretada em 1.º grau de jurisdição, por se tratar de matéria de ordem pública, a qual pode ser reconhecida de ofício a qualquer tempo (CPP, art. 61, *caput*).

Na hipótese em que a pena imposta pela sentença de 1.ª instância for reduzida pelo Tribunal, a prescrição superveniente (entre a sentença e o acórdão) deve ser calculada com base na pena aplicada pela **sentença condenatória**, a teor da regra prevista no art. 110, § 1.º, do Código Penal. Esse raciocínio fica ainda mais reforçado com a eventual existência de recurso especial ou extraordinário ajuizado pela acusação contra o acórdão que diminui a reprimenda utilizada como parâmetro para o cômputo prescricional.

a.3) *Prescrição retroativa*: A prescrição retroativa, **espécie da prescrição da pretensão punitiva** (não há trânsito em julgado da condenação para ambas as partes), é calculada pela **pena aplicada**, ou seja, pela pena imposta na sentença condenatória. É o que se extrai do art. 110, § 1.º, do Código Penal ("a prescrição, depois da sentença condenatória com trânsito em julgado para a acusação ou depois de improvido seu recurso, regula-se pela pena aplicada, **não podendo, em nenhuma hipótese, ter por termo inicial data anterior à da denúncia ou queixa")** e também da **Súmula 146 do Supremo Tribunal Federal** ("a prescrição da ação penal regula-se pela pena concretizada na sentença, quando não há recurso da acusação"). Depende, contudo, do **trânsito em julgado da sentença condenatória** (ou acórdão condenatório) **para a acusação no tocante à pena imposta, seja pela não interposição do recurso cabível no prazo legal, seja pelo fato de ter sido improvido seu recurso.** Essa prescrição começa a correr a partir da publicação da sentença ou acórdão condenatório, desde que, é evidente, haja transitado em julgado para a acusação ou ao seu recurso tenha sido negado provimento. Justifica-se seu nome, **"retroativa"**, pelo fato de ser contada da sentença ou acórdão condenatórios para trás. Desta forma, no campo dos crimes em geral, a prescrição retroativa pode ocorrer entre a publicação da sentença ou acórdão condenatórios e o recebimento da denúncia ou queixa. Já nos crimes de competência do Tribunal do Júri, a prescrição retroativa pode se verificar: *(i)* entre a publicação da sentença ou acórdão condenatório[7] e a decisão confirmatória da pronúncia; *(ii)* entre a decisão confirmatória da pronúncia e a pronúncia; e *(iii)* entre a pronúncia e o recebimento da denúncia ou queixa.

A prescrição retroativa **jamais pode ser reconhecida na própria sentença condenatória**, em face da ausência de um pressuposto fundamental: o trânsito em julgado para a acusação ou o improvimento do seu recurso. Assim, entende o Superior Tribunal de Justiça que, após trânsito em julgado para a acusação, seja com o decurso *in albis* do prazo recursal, seja com o improvimento do seu recurso, a prescrição retroativa pode ser decretada em 1.º grau de jurisdição, pelo juízo sentenciante ou pelo juízo da execução, por se tratar de matéria de ordem pública, a qual pode ser reconhecida de ofício a qualquer tempo (CPP, art. 61, *caput*).

b) ***Prescrição da pretensão executória***: é a **perda**, em razão da omissão do Estado durante determinado prazo legalmente previsto, **do direito e do dever de executar uma sanção penal** definitivamente aplicada pelo Poder Judiciário. Na prescrição da pretensão executória a sentença penal condenatória já transitou em julgado para o Ministério Público ou para o querelante, e também para a defesa. Como já existe trânsito em julgado da sentença penal condenatória para acusação e defesa, compete ao **juízo da execução** reconhecê-la e declarar a extinção da punibilidade, depois de ouvido o *Parquet*, comportando essa decisão recurso de **agravo**, sem efeito suspensivo (LEP, arts. 66, II, e 197).[8] **Extingue somente a pena (efeito principal), mantendo-se intocáveis todos os demais efeitos secundários da condenação, penais e extrapenais**. **Subsiste a condenação**, ou seja, não se rescinde a sentença penal, que funciona como pressuposto da reincidência dentro do período depurador previsto no art. 64, I, do Código Penal. Por igual fundamento, a condenação caracteriza antecedente negativo e serve como título executivo no campo civil.

---

7   E aí, em regra, não se admite o acórdão condenatório, em homenagem à soberania dos veredictos constitucionalmente consagrada. Quando a sentença proferida no Tribunal do Júri é absolutória, o acórdão não pode condenar. Deve determinar a realização de novo julgamento, quando a decisão dos jurados for manifestamente contrária à prova dos autos. Há uma única exceção: o Conselho de Sentença condena o réu, mas o juiz presidente, ao lavrar a sentença, diverge das respostas dos jurados. O Tribunal faz, em sede recursal, a devida retificação, condenando o acusado (CPP, art. 593, III, "b", e § 1.º). Tem-se um caso de acórdão condenatório recorrível, causa de interrupção da prescrição da pretensão punitiva, no procedimento dos crimes de competência do Tribunal do Júri.

8   No tocante aos semi-imputáveis dotados de periculosidade, a prescrição da pretensão executória também acarreta na extinção da medida de segurança aplicada em substituição à pena originariamente imposta.

A prescrição da pretensão executória da pena privativa de liberdade é calculada com base na **pena concreta**, fixada na sentença ou no acórdão, pois já existe trânsito em julgado da condenação para a acusação e para a defesa. É o que consta da **Súmula 604 do Supremo Tribunal Federal**: "a prescrição pela pena em concreto é somente da pretensão executória da pena privativa de liberdade".

Na hipótese de **reincidência**, devidamente reconhecida na sentença ou no acórdão, **o prazo prescricional aumenta-se de um terço** (CP, art. 110, *caput*). Esse aumento é aplicável exclusivamente à prescrição da pretensão executória. A propósito, estabelece a **Súmula 220 do Superior Tribunal de Justiça**: "a reincidência não influi no prazo da prescrição da pretensão punitiva". E, na forma do art. 113 do Código Penal: "no caso de **evadir-se o condenado** ou de **revogar-se o livramento condicional**, a prescrição é regulada pelo tempo que **resta** da pena".

Quanto ao termo inicial estatui o art. 112:

> **Art. 112.** No caso do art. 110 deste Código, a prescrição começa a correr:
>
> I – do dia em que transita em julgado a sentença condenatória, para a acusação, ou a que revoga a suspensão condicional da pena ou o livramento condicional;
>
> II – do dia em que se interrompe a execução, salvo quando o tempo da interrupção deva computar-se na pena.

Esse dispositivo consagra três critérios, dois no inciso I, e outro no inciso II:

1.º: **Do dia em que transita em julgado a sentença condenatória para a acusação:** sobre o tema, o Supremo Tribunal Federal fixou a seguinte tese no **Tema 788 da Repercussão Geral**: "o prazo para a prescrição da execução da pena concretamente aplicada somente começa a correr do dia em que a sentença condenatória transita em julgado para ambas as partes, momento em que nasce para o Estado a pretensão executória da pena, conforme interpretação dada pelo Supremo Tribunal Federal ao princípio da presunção de inocência (art. 5º, inciso LVII, da Constituição Federal) nas ADC 43, 44 e 54".

2.º: **Do dia da revogação da suspensão condicional da pena ou do livramento condicional:** com a revogação do *sursis* ou do livramento condicional, o juiz determina a prisão do condenado. A partir de então, o Estado tem um prazo, legalmente previsto, para executar a pena imposta (CP, art. 112, I, *in fine*).

3.º: **Do dia em que se interrompe a execução, salvo quando o tempo da interrupção deva computar-se na pena:** esse critério, previsto no art. 112, II, do Código Penal, abrange as seguintes situações: *(i)* fuga do condenado, no regime fechado ou semiaberto, abandono do regime aberto, ou descumprimento das penas restritivas de direitos: a prescrição começa a correr a partir da data da evasão, do abandono ou do descumprimento, calculando-se em conformidade com o restante da pena; *(ii)* superveniência de doença mental (CP, art. 41): interrompe-se a execução, mas esse período de interrupção é computado como cumprimento da pena, pois o condenado foi acometido de doença mental, necessitando de transferência para hospital de custódia e tratamento psiquiátrico, ou, à falta, a outro estabelecimento adequado.

As causas de interrupção da prescrição da pretensão executória estão previstas no art. 117, V e VI, do Código Penal:

> **Art. 117.** O curso da prescrição interrompe-se:
>
> [...]
>
> V – pelo início ou continuação do cumprimento da pena;
>
> VI – pela reincidência.

Existem, portanto, três causas interruptivas da prescrição da pretensão executória:

1.ª: *Início do cumprimento da pena*: com a condenação, ordena-se o início do cumprimento da pena, e, quando isso efetivamente ocorre, interrompe-se a prescrição da pretensão executória.

2.ª: *Continuação do cumprimento da pena*: o cumprimento da pena foi interrompido, normalmente pela fuga, ou ainda por outro motivo que possa se apresentar. Quando o condenado é recapturado, interrompe-se novamente o prazo prescricional.

3.º: *Reincidência*: a reincidência antecedente, ou seja, aquela que já existia por ocasião da condenação, aumenta em 1/3 o prazo da prescrição da pretensão executória, enquanto a reincidência **subsequente**, posterior à condenação transitada em julgado, interrompe o prazo prescricional já iniciado. Opera-se a interrupção com a **prática do crime**, embora condicionada ao trânsito em julgado da condenação.

O art. 117, § 1.º, 1.ª parte, do Código Penal impõe expressamente a incomunicabilidade das causas interruptivas da prescrição da pretensão executória: **"excetuados os casos dos incisos V e VI deste artigo**, a interrupção da prescrição produz efeitos relativamente a todos os autores do crime".

Sobre a causa impeditiva da prescrição da pretensão executória, dispõe o art. 116, parágrafo único, do Código Penal: "depois de passada em julgado a sentença condenatória, a prescrição não corre durante o tempo em que o condenado está preso por outro motivo". Essa causa impeditiva tem incidência inclusive nas situações em que o condenado cumpre a pena privativa de liberdade em regime aberto ou prisão domiciliar, mesmo se o juízo da execução ainda não tiver determinado a soma ou a unificação das penas. Além disso, embora o Código Penal não considere, de forma explícita, a suspensão condicional da pena (*sursis*) e o livramento condicional como causas impeditivas da prescrição da pretensão executória, esse efeito deflui da lógica do sistema vigente.

Quando o indulto não funciona como causa extintiva da punibilidade, limitando-se somente a diminuir a pena (comutação da pena), irradia efeitos sobre o cálculo da prescrição da pretensão executória, que agora deve respeitar a nova sanção penal (STF, Ext. 689-4, rel. Min. Marco Aurélio, Tribunal Pleno, j. 19.12.1997).

> **Atenção**
>
> *Prescrição virtual, projetada, antecipada, prognostical ou retroativa em perspectiva*: é a extinção da punibilidade com fundamento na perspectiva de que, mesmo na hipótese de eventual condenação, inevitavelmente ocorrerá a prescrição retroativa. Trata-se de construção doutrinária e jurisprudencial, mas que não foi aceita pelo Supremo Tribunal Federal nem pelo Superior Tribunal de Justiça. O **Superior Tribunal de Justiça** inclusive editou a **Súmula 438**: "é inadmissível a extinção da punibilidade pela prescrição da pretensão punitiva com fundamento em pena hipotética, independentemente da existência ou sorte do processo penal".

5) **Decadência**: é a **perda do direito de queixa ou de representação em face da inércia de seu titular durante o prazo legalmente previsto**, o qual é preclusivo e improrrogável. O prazo, salvo disposição legal em contrário, é de 6 (seis) meses, independentemente do número de dias de cada mês, contados do dia em que o ofendido veio a saber quem é o autor do crime, ou, no caso de ação penal privada subsidiária da pública, do dia em que se esgota o prazo para oferecimento da denúncia (CP, art. 103). Esse prazo é contado a partir do conhecimento inequívoco da autoria, e não de meras suspeitas. O prazo decadencial é para o **oferecimento** da queixa-crime, e não para o seu recebimento pelo Poder Judiciário, e no caso de ser ela antecedida por inquérito policial (pedido de providências), deve o prazo ser apurado a partir da conclusão oficial deste procedimento preparatório, se somente nesse momento foi apurada a autoria da infração penal. No caso de crime continuado, o prazo decadencial é contado separadamente para cada delito parcelar e, no crime habitual, tal prazo deve ser computado a partir do último fato praticado pelo agente.

6) **Perempção**: é a **perda do direito de ação**, que acarreta na extinção da punibilidade, **provocada pela inércia processual do querelante, após a propositura da**

queixa. Em caso de **pluralidade** de querelantes, a perempção somente atingirá o desidioso, persistindo a ação penal no tocante aos demais. A perempção não é aplicável na ação penal privada subsidiária da pública, uma vez que nessa hipótese o Ministério Público dará andamento à ação na hipótese de omissão ou desídia do querelante. As causas de perempção foram previstas no art. 60 do Código de Processo Penal:

> **Art. 60.** Nos casos em que somente se procede mediante queixa, considerar-se-á perempta a ação penal:
>
> I – quando, iniciada esta, o querelante deixar de promover o andamento do processo durante 30 (trinta) dias seguidos;
>
> II – quando, falecendo o querelante, ou sobrevindo sua incapacidade, não comparecer em juízo, para prosseguir no processo, dentro do prazo de 60 (sessenta) dias, qualquer das pessoas a quem couber fazê-lo, ressalvado o disposto no art. 36;
>
> III – quando o querelante deixar de comparecer, sem motivo justificado, a qualquer ato do processo a que deva estar presente, ou deixar de formular o pedido de condenação nas alegações finais;
>
> IV – quando, sendo o querelante pessoa jurídica, esta se extinguir sem deixar sucessor.

Além das hipóteses legais, também pode ser considerada perempta a ação penal com a morte do querelante na ação penal privada **personalíssima**. O único exemplo vigente é possível no crime tipificado pelo art. 236 do Código Penal (induzimento a erro essencial e ocultação de impedimento).

7) **Renúncia do direito de queixa** ou **perdão aceito**, nos crimes de ação privada:

   a) *Renúncia do direito de queixa*: a renúncia é **ato unilateral** pelo qual se efetua a desistência do direito de ação pela vítima, operando-se **antes do oferecimento da queixa**. Nos termos do art. 104, *caput*, do Código Penal: "o direito de queixa não pode ser exercido quando renunciado expressa ou tacitamente". A renúncia pode ocorrer na ação penal exclusivamente privada, mas não na subsidiária da pública, pois se o ofendido deixar de oferecer queixa o Ministério Público poderá iniciar a ação penal enquanto não extinta a punibilidade do agente, pela prescrição ou por qualquer outra causa. Nos termos do art. 49 do Código de Processo Penal, "a renúncia ao exercício do direito de queixa, em relação a um dos autores do crime, a todos se estenderá".

   No caso de morte da vítima, o direito de oferecer queixa passará ao cônjuge, ascendente, descendente ou irmão (CPP, art. 31). E a renúncia por parte de um dos colegitimados não impedirá o exercício da ação penal privada pelos outros. De igual modo, em caso de crime com duas ou mais vítimas, a renúncia de uma delas não obsta o direito de queixa pelas demais.

b) **Perdão**: o perdão do ofendido é a **desistência** manifestada **após o oferecimento da queixa**, impeditiva do **prosseguimento da ação** (CP, art. 105). Portanto, seja ele expresso ou tácito, somente constitui-se em causa de extinção da punibilidade nos crimes que se apuram exclusivamente por ação penal privada. O perdão pode ocorrer a qualquer momento, depois do início da ação penal privada, até o trânsito em julgado da sentença condenatória (CP, art. 106, § 2.º). A **concessão** do perdão pode ser feita pelo ofendido ou por seu representante legal, quando menor de 18 anos ou incapaz. Por se tratar de **ato bilateral**, o perdão depende da **aceitação** do querelado, pois a ele pode ser interessante provar a sua inocência. O perdão concedido a um dos querelados aproveitará a todos, sem que produza, todavia, efeito em relação ao que o recusar (CPP, art. 51). No perdão, o querelado será intimado a dizer, dentro de três dias, se o aceita, devendo, ao mesmo tempo, ser cientificado de que o seu silêncio importará em anuência. Aceito o perdão, expressa ou tacitamente, o juiz julgará extinta a punibilidade (CPP, art. 58, *caput* e parágrafo único). Por fim, se concedido o perdão por um ou alguns dos ofendidos, isso não prejudicará o direito das demais vítimas em prosseguir com a ação penal. De acordo com o art. 106 do Código Penal:

> **Art. 106.** O perdão, no processo ou fora dele, expresso ou tácito:
>
> I – se concedido a qualquer dos querelados, a todos aproveita;
>
> II – se concedido por um dos ofendidos, não prejudica o direito dos outros;
>
> III – se o querelado o recusa, não produz efeito.

8) **Retratação do agente, nos casos em que a lei a admite**: retratar-se é desdizer-se, confessar que errou, revelando o arrependimento do responsável pela infração penal. Tem cabimento como causa de extinção da punibilidade apenas nos casos em que a lei a admite (CP, art. 107, VI). Exemplos: (i) quando o querelado, antes da sentença, se retrata cabalmente da calúnia ou da difamação (CP, art. 143); (ii) crime de falso testemunho ou falsa perícia, quando o agente, antes da sentença no processo em que ocorreu o ilícito, se retrata ou declara a verdade (CP, art. 342, § 2.º).

9) **Perdão judicial, nos casos previstos em lei**: perdão judicial é o ato exclusivo de membro do Poder Judiciário que, **na sentença**, deixa de aplicar a pena ao réu, em face da presença de requisitos legalmente exigidos. Somente pode ser concedido nos casos expressamente previstos em lei (CP, art. 107, inc. IX). Exemplos:

a) art. 121, § 5.º, do Código Penal: "na hipótese de homicídio culposo, o juiz poderá deixar de aplicar a pena, se as consequências da infração atingirem o próprio agente de forma tão grave que a sanção penal se torne desnecessária".

b) art. 129, § 8.º, do Código Penal: "aplica-se à lesão corporal culposa o disposto no § 5.º do art. 121". **Atenção:** no tocante ao homicídio e lesão culposos, cometidos na direção de veículo automotor, o Código de Trânsito não prevê o perdão judicial. É imperativa, contudo, a aplicação analógica do § 5.º do art. 121 e do § 8.º do art. 129, ambos do Código Penal, que são normas de caráter geral (CP, art. 12), justificativa que restou bem delineada com o veto do Presidente da República ao dispositivo legal que previa o perdão judicial em tais crimes do Código de Trânsito Brasileiro.

c) art. 140, § 1.º, do Código Penal: no tocante ao crime de injúria, "o juiz pode deixar de aplicar a pena: I – quando o ofendido, de forma reprovável, provocou diretamente a injúria; II – no caso de retorsão imediata, que consista em outra injúria".

d) art. 180, § 5.º, do Código Penal: relativamente à receptação culposa, "na hipótese do § 3.º, se o criminoso é primário, pode o juiz, tendo em consideração as circunstâncias, deixar de aplicar a pena".

e) art. 8.º da Lei das Contravenções Penais: "no caso de ignorância ou de errada compreensão da lei, quando escusáveis, a pena pode deixar de ser aplicada".

f) art. 29, § 2.º, da Lei 9.605/1998 – Lei dos Crimes Ambientais: "no caso de guarda doméstica de espécie silvestre não considerada ameaçada de extinção, pode o juiz, considerando as circunstâncias, deixar de aplicar a pena".

g) art. 13 da Lei 9.807/1999: "poderá o juiz, de ofício ou a requerimento das partes, conceder o perdão judicial e a consequente extinção da punibilidade ao acusado que, sendo primário, tenha colaborado efetiva e voluntariamente com a investigação e o processo criminal, desde que dessa colaboração tenha resultado: I – a identificação dos demais coautores ou partícipes da ação criminosa; II – a localização da vítima com a sua integridade física preservada; III – a recuperação total ou parcial do produto do crime".

O perdão judicial é causa extintiva da punibilidade (CP, art. 107, inc. IX), e consubstancia-se em direito público subjetivo, razão pela qual o magistrado deve concedê-lo ao réu quando presentes os requisitos exigidos em lei. O perdão judicial constitui-se em **condição subjetiva** ou **pessoal**. Consequentemente, não se comunica aos demais envolvidos na empreitada criminosa. Consoante o disposto na **Súmula 18 do Superior Tribunal de Justiça**: "a sentença concessiva do perdão judicial é **declaratória de extinção da punibilidade**, não subsistindo qualquer efeito condenatório".

Distinção entre perdão judicial e escusas absolutórias: em ambos, o fato é típico e ilícito, e o agente possui culpabilidade. Subsiste a infração penal, operando-se exclusivamente a extinção da punibilidade. Além disso, tanto o perdão judicial como as escusas absolutórias são condições subjetivas ou pessoais, incomunicáveis aos demais coautores e partícipes da infração penal. Nada obstante tais semelhanças, os institutos não se confundem. O perdão judicial somente pode ser concedido na sentença ou no acórdão, depois de cumprido o devido processo legal. Por sua vez, as escusas absolutórias (CP, arts. 181 e 348, § 2.º) impedem a instauração da persecução penal. Com efeito, as escusas absolutórias se justificam por questões objetivas, provadas de imediato (exemplo: relação de parentesco na linha reta). De outro lado, o perdão judicial reclama o regular trâmite da ação penal para provar se estão ou não presentes os requisitos legalmente exigidos (exemplo: somente com o término da instrução criminal será possível concluir se, em um homicídio culposo praticado por um homem contra sua esposa, as consequências do crime foram tão graves de modo a tornar dispensável a aplicação da pena).

EM RESUMO:

Das penas	**Espécies** 1) **Pena privativa de liberdade**: reclusão, detenção e prisão simples. 2) **Penas restritivas de direitos**: prestação pecuniária, perda de bens e valores, limitação de fim de semana, prestação de serviço à comunidade ou a entidades públicas e interdição temporária de direitos. 3) **Pena de multa**: incide sobre o patrimônio do condenado. 4) **Pena restritiva da liberdade**: restringe o direito de locomoção do condenado, sem privá-lo da liberdade. Pode ser instituída por lei, em face de autorização constitucional (art. 5.º, XLVI, "a"). 5) **Pena corporal:** são vedadas (CF, art. 5.º, XLVII, "e"). Admite-se, excepcionalmente, a pena de morte, em caso de guerra declarada contra agressão estrangeira (CF, art. 5.º, XLVII, "a"), nas hipóteses previstas no Decreto-lei 1.001/1969 – Código Penal Militar. **Cominação** Em nosso sistema penal as penas podem ser cominadas (previstas em abstrato) por diversas modalidades: a) **isoladamente:** cuida-se da cominação única de uma pena, prevista com exclusividade pelo preceito secundário do tipo incriminador. Exemplo: art. 121, *caput*, do Código Penal, com pena de reclusão. b) **cumulativamente:** o tipo penal prevê, em conjunto, duas espécies de penas. Exemplo: art. 157, *caput*, do Código Penal, com penas de reclusão e multa.

Das penas	c) **paralelamente:** cominam-se, alternativamente, duas modalidades da mesma pena. Exemplo: art. 235, § 1.º, do Código Penal, com penas de reclusão ou detenção, pois ambas são privativas de liberdade. d) **alternativamente:** a lei coloca à disposição do magistrado a aplicação única de duas espécies de penas. Há duas opções, mas o julgador somente pode aplicar uma delas. Exemplo: art. 140, *caput*, do Código Penal, com penas de detenção ou multa. **Aplicação** **Critério trifásico (CP, art. 68):** 1.ª fase – **pena-base**: o juiz, com apoio nas circunstâncias judiciais (CP, art. 59 – culpabilidade, antecedentes, conduta social, personalidade do agente, motivos, circunstâncias e consequências do crime), fixa a pena-base dentro dos limites legais; 2.ª fase – **pena intermediária**: se estiverem presentes agravantes (CP, arts. 61 e 62 – rol taxativo) ou atenuantes genéricas (CP, arts. 65 e 66 – rol exemplificativo), a pena não pode ser elevada além do máximo abstratamente cominado nem reduzida aquém do mínimo legal. 3.ª fase – **pena definitiva**: as causas de aumento e de diminuição são aplicáveis em relação à reprimenda resultante da segunda fase, e não sobre a pena-base. Se existirem no caso concreto, a pena pode ser definitivamente fixada acima ou abaixo dos limites máximo e mínimo abstratamente definidos pelo legislador. **Critério bifásico**: adotado apenas para a **pena de multa** (CP, art. 49, *caput* e § 1.º): **1.ª fase:** O juiz estabelece o **número de dias-multa**, que varia entre o mínimo de 10 (dez) e o máximo de 360 (trezentos e sessenta), com base nas circunstâncias judiciais do art. 59, *caput*, do CP, bem como eventuais atenuantes e agravantes e causas de diminuição e aumento da pena. **2.ª fase:** o magistrado fixa o **valor de cada dia-multa**, que não pode ser inferior a um trigésimo do maior salário mínimo mensal vigente ao tempo do fato, nem superior a cinco vezes esse salário (CP, art. 49, § 1.º). Leva-se em conta a **situação econômica do réu**, (CP, art. 60, *caput*).
Suspensão condicional da pena	*Sursis* é a suspensão condicional da execução da pena privativa de liberdade, na qual o réu, se assim desejar, se submete durante o período de prova à fiscalização e ao cumprimento de condições judicialmente estabelecidas.

Suspensão condicional da pena	Requisitos objetivos: pena privativa de liberdade, pena não superior a dois anos e que não tenha sido a pena privativa de liberdade substituída por restritiva de direitos. Requisitos subjetivos: condenado não reincidente em crime doloso e que a culpabilidade, os antecedentes, a conduta social e personalidade do agente, bem como os motivos e as circunstâncias autorizem a concessão do benefício. Condições: a) **Condições legais**: no *sursis* simples, a condição legal é a **prestação de serviços à comunidade** ou **limitação de fim de semana**, durante o primeiro ano do período de suspensão (CP, art. 78, § 1.º). No *sursis* especial, as condições legais são: **proibição de frequentar determinados lugares** e **de ausentar-se da comarca onde reside, sem autorização do juiz**, e **comparecimento pessoal e obrigatório a juízo**, mensalmente, para informar e justificar suas atividades. b) **Condições judiciais**: outras condições desde que adequadas ao fato e à situação pessoal do condenado (CP, art. 79). c) **Condições legais indiretas:** são condições proibitivas que, se presentes, acarretarão a revogação do benefício (CP, art. 81). **Período de prova**: Regra geral (CP, art. 77, *caput*): dois a quatro anos, o que também se dá nos crimes ambientais, embora o limite da condenação seja de três anos, diferentemente do previsto na legislação comum. *Sursis* etário ou humanitário (CP, art. 77, § 2.º): quatro a seis anos, desde que a condenação seja superior a dois anos e inferior a quatro anos. Lei das Contravenções Penais – Decreto-lei 3.688/1941 (art. 11): um a três anos. **Revogação** (CP, art. 81, caput e § 1.º): a) *obrigatória*: condenado, em sentença irrecorrível, por crime doloso; frustra, embora solvente, a execução de pena de multa ou não efetua, sem motivo justificado, a reparação do dano; descumprimento da prestação de serviços à comunidade ou da limitação de fim de semana, no primeiro ano do período de prova do *sursis* simples. b) *facultativa*: descumpre qualquer outra condição imposta ou é irrecorrivelmente condenado, por crime culposo ou por contravenção, a pena privativa de liberdade ou restritiva de direitos.

Livramento condicional	É o benefício que permite ao condenado à pena privativa de liberdade superior a 2 (dois) anos a liberdade antecipada, condicional e precária, desde que cumprida parte da reprimenda imposta e sejam observados os demais requisitos legais. Requisitos: a) **Objetivos** (relacionados à pena e à reparação do dano): – pena privativa de liberdade (reclusão, detenção ou prisão simples) igual ou superior a 2 (dois) anos; – reparação do dano, salvo comprovada impossibilidade; – condenado não reincidente em crime doloso com bons antecedentes: cumprimento de 1/3 da pena (CP, art. 83, I); – condenado reincidente em crime doloso: exige-se o cumprimento de mais de metade da pena (CP, art. 83, II); – condenado pela prática de crime hediondo ou equiparado ou pelo tráfico de pessoas que não seja reincidente específico em delitos dessa natureza: cumprimento de mais de 2/3 da pena (CP, art. 83, V); – condenado por crime hediondo (ou equiparado) ou tráfico de pessoas quando reincidente específico em delito dessa natureza: é vedado o livramento condicional (CP, art. 83, V); – condenado, primário ou reincidente, por crime hediondo ou equiparado com resultado morte: não se admite o livramento condicional (Lei 7.210/1984 – Lei de Execução Penal, art. 112, VI, "a" e VIII). b) **Subjetivos** (relacionados às condições pessoais do condenado): – *bom comportamento durante a execução da pena* (CP, art. 83, III, "a"); – *não cometimento de falta grave nos últimos 12 meses* (CP, art. 83, III, "b"); – *bom desempenho no trabalho que lhe foi atribuído* (CP, art. 83, III, "c"): esse requisito deve ser desprezado quando, em face de problemas do estabelecimento prisional, nenhum trabalho foi atribuído ao condenado; – *aptidão para prover a própria subsistência mediante trabalho honesto* (CP, art. 83, III, "d"); – *para o condenado por crime doloso, cometido com violência ou grave ameaça à pessoa, a constatação de condições pessoais que façam presumir que o liberado não voltará a delinquir* (art. 83, parágrafo único).

Livramento condicional	**Revogação**: a) ***Obrigatória***: se o liberado vem a ser condenado a pena privativa de liberdade, em sentença irrecorrível *por crime cometido durante a vigência do benefício; ou por crime anterior, observado o disposto no art. 84 do CP* (somente é possível a revogação quando a nova pena privativa de liberdade, somada à anterior, que ensejou o livramento condicional, resultar na impossibilidade de manutenção do benefício). b) ***Facultativa***: s*e o liberado deixar de cumprir qualquer das obrigações constantes da sentença; ou se o liberado for irrecorrivelmente condenado, por crime ou contravenção, a pena que não seja privativa de liberdade.*
Efeitos da condenação e da reabilitação	**Efeitos da condenação**: 1) **Principais**: são a imposição da pena privativa de liberdade, restritiva de direitos, pecuniária, e, ainda, de medida de segurança ao semi-imputável dotado de periculosidade. 2) **Secundários**: se dividem em dois blocos: a) **Penais**: caracterização da reincidência, se posteriormente for praticado novo crime, com todas as consequências daí resultantes (CP, arts. 63 e 64); fixação de regime fechado para cumprimento da pena privativa de liberdade, se for cometido novo crime (CP, art. 33, § 2.º); configuração de maus antecedentes (CP, art. 59); impedimento à concessão da suspensão condicional da pena, quando da prática de novo crime, e revogação, obrigatória ou facultativa, do *sursis* e do livramento condicional (CP, arts. 77, I e § 1.º, 81, I, 86, *caput*, e 87); aumento ou interrupção do prazo da prescrição da pretensão executória (CP, arts. 110, *caput*, e 117, VI), em face do reconhecimento da reincidência quando da prática de novo crime; revogação da reabilitação, como consequência do reconhecimento da reincidência (CP, art. 95); conversão da pena restritiva de direitos por privativa de liberdade, se não for possível ao condenado o cumprimento simultâneo da pena substitutiva anterior (CP, art. 44, § 5.º); vedação da concessão de privilégios a crimes contra o patrimônio, como desdobramento do reconhecimento da reincidência (CP, arts. 155, § 2.º, 170 e 171, § 1.º); impossibilidade de concessão da transação penal e da suspensão condicional do processo, na eventual prática de novo delito (Lei 9.099/1995, arts. 76, § 2.º, I, e 89, *caput*). b) **Extrapenais**: *Genéricos* (CP, art. 91): obrigação de reparar o dano; a **perda de bens de natureza ilícita** em favor da União. *Específicos* (CP, art. 92): perda de cargo, função pública ou mandato eletivo.

Efeitos da condenação e da reabilitação	**Reabilitação** É o instituto jurídico-penal que se destina a **promover a reinserção social do condenado**, a ele assegurando o **sigilo de seus antecedentes criminais**, bem como a **suspensão condicional de determinados efeitos secundários de natureza extrapenal e específicos da condenação**, mediante a declaração judicial no sentido de que as penas a ele aplicadas foram cumpridas ou por qualquer outro modo extintas. Modalidades: 1) **sigilo das condenações** (art. 93, *caput*, parte final); 2) **efeitos secundários de natureza extrapenal e específicos da condenação** (art. 93, parágrafo único): a) *perda de cargo, função pública ou mandato eletivo*; b) *incapacidade para o exercício do poder familiar, da tutela ou da curatela*; c) *inabilitação para dirigir veículo*. Requisitos: a) *Objetivos*: deve ter transcorrido o período de **2 (dois) anos** do dia em que tiver sido extinta, de qualquer modo, a pena ou terminar a sua execução, computando-se o período de prova do *sursis* e do livramento condicional, se não sobrevier revogação; *reparação do dano*: ou demonstração da absoluta impossibilidade de fazê-lo ou apresentação de documento que comprove a renúncia da vítima ou novação da dívida. b) *Subjetivos*: domicílio no país e bom comportamento público e privado.
Das medidas de segurança	É a modalidade de sanção penal com finalidade exclusivamente preventiva, e de caráter terapêutico, destinada a tratar inimputáveis e semi-imputáveis portadores de periculosidade, com o escopo de evitar a prática de futuras infrações penais. Espécies de medidas de segurança: **Detentiva** (CP, art. 96, I): consiste em **internação** em hospital de custódia e tratamento psiquiátrico ou, à falta, em outro estabelecimento adequado. Importa em privação da liberdade do agente. Aplicável se o fato for punível com reclusão. **Restritiva** (CP, art. 96, II): é a sujeição a **tratamento ambulatorial**. O agente permanece livre, mas submetido a tratamento médico adequado. Aplicável se o fato for punível com detenção.

Da extinção da punibilidade	Causas de extinção da punibilidade (CP, art. 107): 1) morte do agente; 2) anistia, graça ou indulto; 3) *abolitio criminis*; 4) prescrição; 5) decadência; 6) perempção; 7) renúncia do direito de queixa ou pelo perdão aceito, nos crimes de ação privada; 8) retratação do agente, nos casos em que a lei a admite; 9) perdão judicial.